CONTABILIDADE BÁSICA

MARCOS TRAVASSOS

CONTABILIDADE BÁSICA

Atualizada pelas leis nº 11.638/2007 e
nº 11.941/2009 e regras emitidas pelo Comitê de
Pronunciamentos Contábeis

1ª Edição

Freitas Bastos Editora

Copyright © 2022 by Maria Augusta Delgado Livraria, Distribuidora e Editora
Todos os direitos reservados e protegidos pela Lei 9.610, de 19.2.1998.
É proibida a reprodução total ou parcial, por quaisquer meios,
bem como a produção de apostilas, sem autorização prévia,
por escrito, da Editora.

Direitos exclusivos da edição e distribuição em língua portuguesa:

Maria Augusta Delgado Livraria, Distribuidora e Editora

Editor: *Isaac D. Abulafia*
Diagramação e Capa: *Julianne P. Costa*

Dados Internacionais de Catalogação na Publicação (CIP) de acordo com ISBD

T779c	Travassos, Marcos
	Contabilidade Básica Atualizada pelas leis nº 11.638/2007 e nº 11.941/2009 e regras emitidas pelo Comitê de Pronunciamentos Contábeis / Marcos Travassos. - Rio de Janeiro : Freitas Bastos, 2022
	286 p. ; 16cm x 23cm.
	Inclui bibliografia.
	ISBN: 978-65-5675-098-9
	1. Contabilidade. I. Título
2022-307	CDD 657
	CDU 657

Elaborado por Odilio Hilario Moreira Junior - CRB-8/9949

Índices para catálogo sistemático:
1. Contabilidade 657
2. Contabilidade 657

Freitas Bastos Editora
atendimento@freitasbastos.com
www.freitasbastos.com

À memória dos meus pais.
A meus bichos.

A meu mestre espiritual
Srila Prabhupada.

Hare Krishna Hare Krishna
Krishna Krishna Hare Hare
Hare Rama Hare Rama
Rama Rama Hare Hare

Sumário

Sobre o autor	XV
Prefácio	XVII
Apresentação	XIX
Nota do Autor	XXI

1 Fundamentos Básicos da Contabilidade	1
1.1 Breve histórico	1
1.2 O Padrão Contábil Internacional (IFRS x CPC)	2
1.3 Os esforços do Brasil para convergência aos padrões internacionais	4
1.4 Padrão Contábil para pequenas e médias empresas	4
1.5 Normas Brasileiras de Contabilidade (NBC)	5
1.6 Exercícios Resolvidos – NBC	7
1.7 Conceito de Contabilidade	9
1.8 A quem serve a Contabilidade	10
1.9 Objeto e Objetivos da Contabilidade	11
1.10 Princípios Contábeis (já revogados)	12
1.10.1 Princípios Contábeis - Histórico da criação a revogação	12
1.11 Exercícios Propostos	16
2 Patrimônio	18
2.1 Conceito	18
2.2 Características do Patrimônio	19
2.2.1 Qualitativo	19
2.2.2 Quantitativa	19
2.3 Técnicas e Métodos Contábeis	20
2.3.1 Escrituração	20

2.3.2 Demonstrações Financeiras 23
2.3.3 Auditoria 25
2.3.4 Análise de Balanços 25
2.3.5 Consolidação de Balanços 25
2.4 Representação Gráfica do Patrimônio 25
2.5 Patrimônio Líquido é Passivo? 26
2.6 Variações Patrimoniais 27
    2.6.1 Falência, Concordata, Recuperação Judicial e extrajudicial 29
2.7 Exercícios Propostos 30

3 Contas Contábeis 32
3.1 Conceito 32
3.2 Classificação das Contas 33
    3.2.1 Contas Patrimoniais – Ativo, Passivo e Patrimônio Líquido 33
    3.2.2 Contas de Resultado – Receitas, Despesas e Apuração do
        Resultado do Exercício 34
    3.2.3 Conceito de Despesas e suas Contas 34
    3.2.4 Conceito de Receitas e suas Contas 35
    3.2.5 Conta de Apuração dos Resultados (ARE) 36
3.3 Diferença entre as Contas Patrimoniais e as Contas de Resultados 36
3.4 Gastos: Custos x Despesas 36
3.5 Plano de Contas 38
    3.5.1 Exercício Contábil ou Período Contábil ou Exercício Social 38
    3.5.2 Exemplo de Plano de Contas 38
    3.5.3 Curiosidade sobre a conta CAIXA 44
    3.5.4 Ativos Biológicos 44
3.6 Exercícios Resolvidos – Plano de Contas 46
3.7 Exercícios Propostos – Plano de Contas 49

4 Método dos Balanços Sucessivos ou Método "Americano" 52
4.1 Exercícios Resolvidos – Balanços Sucessivos 56
4.2 Exercícios Propostos – Balanços Sucessivos 59

5 Balanço Patrimonial 60
5.1 Ativo 60

5.1.1 Ativo Circulante (AC) 61
5.1.2 Ativo Não Circulante (ANC) 62
5.1.3 Realizável a Longo Prazo 62
5.1.4 Investimentos 62
5.1.5 Imobilizado 63
5.1.6 Intangível 63
5.2 Passivo 64
  5.2.1 Passivo Circulante 64
  5.2.2 Passivo não circulante 65
5.3 Critérios de avaliação do Ativo e Passivo 65
5.4 Patrimônio Líquido (PL) 67
  5.4.1 Componentes do PL 67
5.5 Conceituação do Capital 69
  5.5.1 Capital Nominal ou Capital Social 69
  5.5.2 Capital Próprio 69
  5.5.3 Capital de Terceiros 69
  5.5.4 Capital Total 69
5.6 Outros aspectos do Capital Social 70
  5.6.1 Capital Autorizado 70
  5.6.2 Capital Subscrito 70
  5.6.3 Capital não subscrito 70
  5.6.4 Capital Integralizado 70
  5.6.5 Capital a integralizar 70
5.7 Remuneração sobre Capital Próprio 71
  5.7.1 Dividendos 71
  5.7.2 Juros sobre Capital Próprio (JCP) 71
  5.7.3 Diferenças entre dividendos e JCP 72
5.8 Exercícios Resolvidos – BP 72
5.9 A estática do Balanço Patrimonial (BP) – lei nº 6.404/1976 e CPC
    26 R1 77
  5.9.1 Origem ou fonte dos recursos 77
  5.9.2 Destino ou aplicação dos recursos 77
5.10 Exercícios Resolvidos – Origem e Aplicação 94 78
5.11 Exercícios Propostos – Balanço Patrimonial 79

6 Demonstração do Resultado do Exercício (DRE) 81
6.1 Composição 81
6.2 Detalhamento da DRE 85
    6.2.1 (-) Deduções 85
    6.2.2 Lucro Bruto 85
    6.2.3 Despesas operacionais 85
    6.2.4 Despesas administrativas 86
    6.2.5 Despesas com vendas ou comerciais 86
    6.2.6 Despesas Gerais 86
    6.2.7 Outras receitas e despesas operacionais 86
    6.2.8 Outras receitas e despesas financeiras 87
6.3 Exercícios Resolvidos – DRE 87
6.4 Exercícios Propostos – DRE 92

7 Representação Gráfica das Contas – Razonetes ou Razão em T 1 ... 93
7.1 Débito e Crédito 93
    7.1.1 Método da Origem e Destino (ou Fonte e Aplicação) 94
    7.1.2 Método da Natureza das Contas 96

8 Método das Partidas Dobradas 99
8.1 Livro Diário e Livro Razão 101
    8.1.1 Livro Diário 101
    8.1.2 Livro Razão 101
8.2 Partidas no Diário 102
8.3 Exercícios Propostos – Método das partidas dobradas 103

9 Prática do Debitar e Creditar 104
9.1 Atos e Fatos Administrativos 104
    9.1.1 Fatos contábeis permutativos 105
    9.1.2 Fatos contábeis modificativos 105
    9.1.3 Balancete de Verificação 105
9.2 Uso dos Razonetes e Partidas no Diário 106
9.3 Exercícios Resolvidos 109
9.4 Encerramento das Contas de Resultados e Apuração do Resultado
    do Exercício 114

9.5 Conta Mista x Conta Desdobrada 116
    9.5.1 Conta Mista 116
    9.5.2 Conta Desdobrada 116

10 Regimes de Contabilização das Receitas e Despesas 122
10.1 Regime de Caixa 122
10.2 Regime de Competência 123
    10.2.1 Receitas sob o Regime de Competência 124
    10.2.2 Despesas sob o Regime de Competência 125
10.3 Situações possíveis considerando o Regime de Competência 125
    10.3.1 Despesas pagas e NÃO incorridas 126
    10.3.2 Despesas pagas e incorridas 126
    10.3.3 Despesas não pagas e incorridas 126
    10.3.4 Receitas recebidas e NÃO realizadas 127
    10.3.5 Receitas recebidas e realizadas 127
    10.3.6 Receitas NÃO recebidas e realizadas 127
10.4 Exemplos comparativos entre o regime de caixa e competência 128
10.5 Exercícios Resolvidos – Regime de Competência x Caixa 128

11 Produtos e Mercadorias 143
11.1 Estoques 143
11.2 Avaliação dos Estoques (de mercadorias ou de produtos) 144
11.3 Exercícios Resolvidos – valor dos estoques 147
11.4 Tipos de Inventário 148
    11.4.1 Periódico 148
    11.4.2 Permanente 149
11.5 Exercícios Resolvidos 152
11.6 Conta Mista e Desdobrada X Inventário Periódico e Permanente 156
11.7 Métodos de Apuração – aspectos básicos – PEPS x UEPS x
    MPM X MPF 156
11.8 Exercícios Resolvidos 157
11.9 Outros métodos de apuração 164
    11.9.1 Método do Varejo 164
    11.9.2 Método do Preço específico 164
    11.9.3 Método do Preço de Reposição 165

12 Outras Operações **166**
12.1 Devoluções e Abatimentos de compras e vendas 166
12.2 Gastos com Transportes (Fretes / Seguros) 168
12.3 Provisão para créditos de liquidação duvidosa (PCLD) 171
12.4 Descontos 172
    12.4.1 Descontos Comerciais 172
    12.4.2 Descontos Financeiros 172
12.5 Juros 173
12.6 Aluguéis 174
12.7 Retificação de lançamentos 174
12.8 Gastos Antecipados – Seguros 176
12.9 Estoques de uso e consumo 177

13 Tributos **178**
13.1 Regimes vigentes – Cumulatividade x Não Cumulatividade 179
13.2 ISS 181
13.3 ICMS 181
    13.3.1 ICMS entre os Estados 185
13.4 PIS/COFINS 185
13.5 IPI 186
13.6 Exercícios Resolvidos – IPI 188
13.7 Substituição Tributária (ST) 193
    13.7.1 Substituição para frente 193
    13.7.2 Substituição para trás 193
    13.7.3 Substituição propriamente dita 193

14 Regime Tributário – Simples Nacional x Lucro Real x Lucro Presumido x Lucro Arbitrado **194**
14.1 Lucro Real 194
    14.1.1 Quem deve usar Lucro Real 195
14.2 Lucro Presumido 195
    14.2.1 Quem pode usar Lucro Presumido 195
14.3 Simples nacional 195
    14.3.1 Quais empresas podem optar pelo Simples Nacional 196

14.3.2 Produtos Monofásicos no Simples Nacional 196
14.4 Diferença entre os regimes 197
14.5 Lucro Arbitrado 197

15 A Contabilidade e as Operações com Pessoal 199
15.1 Detalhamento da folha de pagamento 200
    15.1.1 Salário Bruto 200
15.2 Descontos autorizados, retenções e compensações 203
15.3 Despesas Adicionais 204
    15.3.1 Previdência Social (INSS-empresa) 204
    15.3.2 Fundo de Garantia (FGTS) 205
    15.3.3 Décimo Terceiro Salário 206
    15.3.4 Férias e adicional de férias 207
    15.3.5 Vale-Transporte 207
15.4 Exercícios Resolvidos – Folha de Pagamento 208

16 Depreciação, Amortização, Exaustão 210
16.1 Algumas definições 210
16.2 Depreciação 211
    16.2.1 Valor Depreciável 211
    16.2.2 Critérios de cálculo da depreciação 211
    16.2.3 Método de cálculo – quotas ou linear 212
    16.2.4 Cálculo da taxa de depreciação 212
    16.2.5 Tipos de bens NÃO depreciáveis segundo a Receita Federal 212
    16.2.6 Início e fim da depreciação 212
16.3 Exercícios Resolvidos – Depreciação 217
16.4 Amortização 217
    16.4.1 Diretos amortizáveis 218
    16.4.2 Itens não amortizáveis 218
16.5 Exaustão 220

17 Demais Demonstrações Contábeis 222
17.1 Características Qualitativas (CPC 00 R2) 223
17.2 DRA – Demonstração de Resultados Abrangentes 225

17.2.1 Alguns exemplos de resultados abrangentes como respectivos CPCs 226
17.2.2 Modelo simplificado da DRA 226
17.3 DMPL – Demonstração das Mutações do Patrimônio Líquido 227
17.3.1 Modelo simplificado da DMPL 228
17.4 DLPA – Demonstração de Lucros e Prejuízos Acumulados 229
17.5 Exercícios Resolvidos – DMPL 229
17.6 DFC – Demonstração do Fluxo de Caixa 229
17.6.1 Atividades Operacionais 230
17.6.2 Atividades de Investimentos 230
17.6.3 Atividades de Financiamentos 230
17.6.4 Método Direto 231
17.6.5 Método Indireto 232
17.6.6 Diferenças Direto x Indireto 232
17.7 Exercícios Resolvidos – DFC 232
17.8 DVA – Demonstração de Valores Adicionados 236
17.8.1 Modelo I simplificado da DVA 237
17.8.2 Exemplo da DVA (método tradicional conforme lei nº 6.404/1976) 238
17.8.3 Exemplo da DVA conforme CPC 09 238
17.9 Exercício Resolvido – DVA 238
17.10 Notas explicativas 240

18 Contabilidade Ambiental 242
18.1 Princípios ambientais previstos na legislação brasileira 243
18.1.1 Princípio do desenvolvimento sustentável 244
18.2 Gestão Ambiental 244
18.2.1 Benefícios da gestão ambiental 245
18.3 Demonstrações Contábeis 245
18.4 Plano de Contas Ambiental 246
18.5 Conceitos 249
18.6 Exercícios Resolvidos 251

Gabarito dos exercícios propostos 254

Referências Bibliográficas 257

Índice Remissivo 260

Sobre o autor

- Mais de 40 anos de experiência em Tecnologia da Informação tendo atuado em diversas empresas de porte e segmentos variados em diversos cargos e funções. Experiência em gerenciamento de projetos e desenvolvimento de aplicações em bases diversas.
- Especialista em Custeio Baseado em Atividades (ABC).
- Mestre em administração de empresas dedicado a pesquisa em redes organizacionais.
- Bacharel em ciências contábeis.
- Especialista em Engenharia de Sistemas.
- Especialista em Contabilidade Pública.
- Professor e conteudista em diversas instituições de ensino nas disciplinas das Contabilidades e Administração de Empresas.
- Psicanalista Integrativo.
- linkedin.com/in/marcos-travassos-69a21b1a
- lattes.cnpq.br/5915468600866545
- travassosacademico@gmail.com

Prefácio

Recebi o honroso convite para prefaciar este livro escrito pelo professor Marcos Travassos que nos brinda com sua experiência e vivência quando os assuntos são empresas e Contabilidade.

É um professor inspirador, mentor, exemplo de profissional engajado, e generoso em compartilhar através de seu livro, sua vivência empresarial e da sala de aula.

Trata-se de um livro de Contabilidade Básica, e como o próprio título sugere, destina-se não somente aos profissionais de Ciências Contábeis, mas à iniciação daqueles que pretendem compreender os fundamentos básicos da Contabilidade de forma prática.

Com a evolução e uso constante da tecnologia, há um consenso que podemos oferecer mais credibilidade, agilidade, modernidade e dinamismo para nossos clientes quando conhecemos, aplicamos e utilizamos os princípios da Contabilidade Básica como um poderoso instrumento para tomada de decisões estratégicas.

É um livro que pode ser utilizado por diferentes profissionais com variados níveis de conhecimento e graduações, mesmo quem não tem formação em Ciências Contábeis poderá entender seus textos didáticos escritos de forma simples e objetiva.

Os capítulos do livro Contabilidade Básica estão recheados de exercícios, figuras, quadros e tabelas que ajudam a fortalecer a compreensão de seus leitores, isso o torna diferenciado. Além dos profissionais de Contabilidade, professores e estudantes de Ciências Contábeis, Administração e Economia podem fazer uso constante de seus fundamentos no dia a dia, além de servir de base para estudo de candidatos que desejam participar de concursos públicos.

Pensando neste cenário, o livro do professor Marcos Travassos se diferencia, o conceito contábil é explicado abrangendo as partes econômica, financeira, patrimonial e não financeira com texto técnico contextualizada com a Contabilidade Brasileira incluindo inclusive um capítulo sobre gestão ambiental.

O livro não tem a pretensão de esgotar o tema, pelo contrário, ele contribui explicando a importância da Contabilidade Pública e Privada em nossas vidas, e qual é o seu impacto quando é má empregada passando pelo campo da ética.

É um momento oportuno a chegada do livro para inspirar práticas relacionadas com a ética na gestão pública e privada quando o assunto é Contabilidade. O leitor vai se deliciar com a leitura.

Genival Evangelista de Souza
Empresário, professor, escritor, representante do Conselho Regional de Administração de São Paulo.

Apresentação

Na experiência em sala de aula, muitas vezes me deparei com receios infundados de alunos que já haviam tido algum contato com a contabilidade principalmente em aspectos mais básicos da disciplina, como, por exemplo, quando debitar ou quando creditar.

Acredito que esse "preconceito" criado em relação ao aprendizado da contabilidade ocorre através da tentativa do seu ensino diretamente baseado no uso extensivo de teoria, uso inicial dos razonetes e dos conceitos contábeis de débito e crédito, o que torna tudo aparentemente muito mais complexo. Essa maneira de ensinar realmente pode assustar o iniciante.

Assim, antes de qualquer teoria mais complexa, passei a adotar o chamado método americano ou método dos balanços sucessivos, onde mesmo antes de o estudante saber qualquer coisa sobre débito e crédito, aprende a elaborar o balanço patrimonial e a demonstração de resultados básicas, a ordenação das contas contábeis e a sistemática e dinâmica desses demonstrativos.

Somente após esse conhecimento prévio, é que o estudante é introduzido ao conceito de débito e crédito, onde apresento dois métodos diferentes para se saber quando e como se debitar e creditar. A partir desse entendimento, já é possível navegar por assuntos mais complexos.

A contabilidade não é difícil, mas o que a torna complexa é a legislação fiscal a que se sujeita. Basta vermos quão complexo é o nosso sistema tributário.

Na medida do possível para não tornar o texto demasiadamente técnico, são elencadas as leis e normas nas quais os principais elementos da contabilidade se baseiam.

Além disso, incorporei a obra uma contextualização básica da contabilidade brasileira em relação à contabilidade internacional, o padrão contábil internacional IFRS x CPC, os esforços do Brasil para convergência as normas internacionais, o padrão contábil para pequenas e médias empresas e a relação das normas brasileiras de contabilidade (NBC).

O último capítulo é reservado a uma breve introdução a contabilidade ambiental, assunto que vem frequentando a pauta das grandes corporações.

Nota do Autor

Na elaboração desse livro, cuja grande maioria dos temas e assuntos são regulamentados por leis e normas, que por isso podemos considerar quase como "organismos vivos", pois, sofrem constantes mudanças e atualizações, sempre indico que em caso de necessidade, tais leis e normas sejam sempre consultadas através dos sítios de seus órgãos reguladores. Isso faz com que não se corra o risco de aprender algo que já foi alterado ou mesmo revogado.

No caso dos pronunciamentos emitidos pelo Comitê de Pronunciamentos Contábeis o sítio indicado é o do CPC http://www.cpc.org.br/CPC/Documentos-Emitidos/Pronunciamentos que possibilita acesso não só aos pronunciamentos, mas também suas interpretações, revisões e aprovações dos reguladores. Portanto, em qualquer citação de pronunciamentos CPC considere o link acima para maiores detalhamentos.

Da mesma forma, leis e resoluções federais podem ser consultadas online no sítio da Câmara dos Deputados – Centro de documentação e Informação – CEDI através de https://www2.camara.leg.br/a-camara/visiteacamara/cultura-na-camara/copy_of_museu/um-acervo-institucional-da-historia-legislativa-do-brasil ou através do Portal do Governo Brasileiro através do link http://www4.planalto.gov.br/legislacao/.

Dessa maneira, busquei simplificar o uso de citações a normas e as leis no decorrer da obra, bem como nas Referências Bibliográficas, onde indico em sua grande maioria, obra de autores consagrados que foram pesquisados na elaboração desse livro.

1 Fundamentos básicos da Contabilidade

1.1 Breve histórico

A palavra contabilidade aceita algumas definições, que nos remetem a uma teoria ou prática de registro e cálculo sobre a movimentação dos valores monetários envolvidos em uma atividade empresarial para efeito de controle, planejamento, apoio a TOMADA DE DECISÃO dos gestores e atendimento as necessidades fiscais e tributárias, dentre outras possibilidades.

Várias são as teorias a respeito da origem da contabilidade, mas podemos imaginar através do bom senso que ela deva nos acompanhar desde os primórdios da humanidade, registrando possíveis criações pecuárias, atividades agrícolas primitivas, trocas de produtos entre tribos, situações em que começa a surgir a necessidade de algum tipo de registro e controle patrimonial. E conforme aumentava essa complexidade, a contabilidade seguia no mesmo sentido, recebendo diversos aprimoramentos, regulamentos, normas até chegar à atualidade. Isso não se deu rapidamente, levando alguns milhares de anos. Diversos autores dividem a contabilidade em períodos. Dentre esses, o professor Federigo Melis (*apud* CRCSC, 2021) adaptado pelo autor na tabela a seguir:

Fase	Nome	Período	Contexto
1ª	História Antiga ou da Contabilidade Empírica	Cerca de 8.000 anos atrás até o ano de 1202	Registro de fatos contábeis na Suméria, Egito etc., termina com o surgimento de Leonardo Fibonacci, o Pisano.
2ª	História Média ou da Sistematização da Contabilidade	De 1202 até 1494	Período em que a contabilidade assume formas sistemáticas de registro, terminando quando Luca Pacioli publica em sua obra, o método das partidas dobradas.

3ª	História Moderna ou da Literatura da Contabilidade	De 1494 a 1840	Fase em que se publicam centenas de obras em todo o mundo, terminando em 1840 quando Francesco Villa publica sua obra que abre o período científico.
4ª	História Contemporânea ou Científica da Contabilidade	De 1840 aos dias atuais	Fase das doutrinas contábeis. Aparecem, evoluem, se dividem ou se extinguem. Hoje se encontra em vigoroso progresso.

Hoje, apesar de todo avanço, não há ainda uma unanimidade entre os grandes teóricos e pensadores do assunto – alguns a definem como ciência, outros como uma arte e outros ainda como uma técnica – principalmente no ambiente acadêmico, mas podemos de maneira prática considerar a contabilidade como sendo uma ciência, nos embasando inclusive no conceito dado por Aristóteles, que definiu ciência como "um tipo de conhecimento comprovado que pode ser expresso por meio de uma demonstração, com fundamento em observações, análises e experimentos considerando as mais diversas hipóteses sobre aquele assunto". Nesse sentido, é também uma ciência factual ou empírica, pois estuda fatos ou dados concretos e ainda uma ciência social já que esses fatos e dados são utilizados e influenciam significativamente parte da sociedade. Concluindo, podemos definir a contabilidade como sendo uma ciência social aplicada.

1.2 O Padrão Contábil Internacional (IFRS x CPC)

A globalização e o avanço da tecnologia, propiciou uma integração muito mais rápida e significativa entre os países em diversos aspectos. A interação dos mercados internacionais de capitais é hoje uma realidade, propiciando que qualquer pessoa com acesso à internet e com pequeno conhecimento possa investir em bolsas de valores em qualquer lugar do mundo. Além disso, as empresas transnacionais evoluíram, cresceram, favorecendo os processos de reorganização societária, com fusões, aquisições e incorporações que passaram a exigir normas contábeis de qualidade, fortalecendo a transparência e possibilitando a comparação das demonstrações financeiras entre entidades de países diferentes, facilitando e agilizando a gestão dos investidores;

Com isso se tornou necessária a adoção de uma linguagem harmoniosa entre as contabilidades praticadas nos diversos países. Em 2001 foi criado o IASB – *International Accounting Standards Board* ou Comitê de Normas Internacionais de Contabilidade, que assumiu as responsabilidades técnicas do IASC – *International Accounting Standards Committee* ou Comitê de Normas Internacionais da Contabilidade. A criação do IASB teve por objetivo melhorar os pronunciamentos contábeis internacionais (IAS – *International Accounting Standard* ou Normas Internacionais de Contabilidade) emitidos pelo IASC anteriormente e buscar a convergência com normas nacionais de cada país participante. Atualmente, os pronunciamentos contábeis internacionais publicados pelo IASB são compostos por Normas sobre tópicos específicos sob as siglas IFRS – *International Financial Reporting Standards* ou Normas Internacionais de Relatório Financeiro ou IAS e as interpretações sobre assuntos contenciosos sob a sigla SIC – *Standing Interpretations Committee* ou IFRIC – *International Financial Reporting Interpretations Committee*.

Cada país participante possui um comitê próprio responsável por adequar os IFRS emitidos pelo IASB as suas próprias realidades. Temos aqui que lembrar que a contabilidade não é uma ciência exata e sim uma ciência social aplicada, logo, sofre influências da cultura e contexto de cada país. No Brasil, para fazer essa tarefa de harmonização das publicações do IASB foi criado o CPC – Comitê de Pronunciamentos Contábeis, idealizado a partir de esforços e comunhão de objetivos de diversas entidades conforme Resolução CFC nº 1.055/05:

- Associação Brasileira das Companhias Abertas (ABRASCA);
- Associação dos Analistas e Profissionais de Investimento do Mercado de Capitais (APIMEC Nacional);
- B3 Brasil Bolsa Balcão;
- Conselho Federal de Contabilidade (CFC);
- Instituto dos Auditores Independentes do Brasil (IBRACON);
- Fundação Instituto de Pesquisas Contábeis, Atuariais e Financeiras (FIPECAFI);
- Entidades representativas de investidores do mercado de capitais;
- Além de convidados como membros do Banco Central do Brasil, da CVM (Comissão de Valores Mobiliários), da Secretaria da Receita Federal e da SUSEP (Superintendência de Seguros Privados).

Os produtos do CPC são pronunciamentos técnicos, interpretações, orientações e comunicados. Atualmente há por volta de 53 pronunciamentos já emitidos, alguns já revogados. Por se tratar de assunto volátil é importante sempre consultar as últimas atualizações através do sítio do Comitê de Pronunciamentos Contábeis (CPC Pronunciamentos, 2021).

1.3 Os esforços do Brasil para convergência aos padrões internacionais

No Brasil tivemos movimentos no sentido de modernizar a contabilidade societária primeira e principalmente com o advento da lei nº 6.404/1976[1] e o segundo por iniciativa da CVM – Comissão de valores mobiliários, em meados dos anos de 1990 que a partir de um grupo formado por especialistas estudou as necessidades de mudanças na lei nº 6.404/1976 que vinha "envelhecendo" desde o início de sua vigência. Com isso, o trabalho desses especialistas se transformou na lei nº 11.638/2007, inaugurando formal e legalmente o caminho para a convergência contábil brasileira rumo a IFRS. A partir dessa lei, inaugura-se a Contabilidade Principiológica[2] no Brasil. Ou seja, uma contabilidade com normas baseadas em princípios e não baseada em regras.

- **Regras são rígidas e objetivas,**
- **Princípios são subjetivos, exigem mais julgamento.**

Outras inovações importantes surgiram, como, por exemplo, **"da prevalência da essência sobre a forma"** e a **"do valor justo em substituição ao valor histórico como base de valor"**. (ALMEIDA et al., 2014).

1.4 Padrão Contábil para pequenas e médias empresas

Em função da economia de muitos países serem sustentadas por pequenas e médias empresas, o IASB (*International Accounting Standards Board*) elaborou normas específicas para esse porte de empresas.

Permitem que essas empresas tenham melhor padrão contábil com as mesmas prerrogativas das elaboradas em conformidade com o padrão completo (*IFRS Full*), mas de maneira simplificada (*IFRS for SME*). SME significa *Small and medium-sized enterprises*.

A diferença entre a *IFRS Full* e a *IFRS for SME* refere-se principalmente ao tamanho dos pronunciamentos, enquanto a *full* tem 4 mil páginas a *SME* tem 240 páginas. Também as Notas Explicativas foram reduzidas de 3 mil para 300 itens. Algumas práticas foram eliminadas e outras simplificadas.

No Brasil o processo de convergência à IFRS para as PMEs ocorreu por meio do CPC PME, emitida pelo CFC, aprovado e regulamentado para aplicação prática diária dos profissionais contábeis pelo CFC por meio da resolução 1.255/2009.

---

[1] Vide esclarecimentos sobre citações a leis e normas, na Nota do Autor no início do livro.
[2] Representa todo um conjunto de preceitos normativos ou convencionais, obrigatórios e inalteráveis, que regem os registros dos fatos e dados das relações patrimoniais, pela contabilidade, enquanto ciência ou política.

Conforme Almeida et al. (2014), grandes questões surgiram quando se mudou o paradigma do profissional contábil da administração das entidades em relação à validade e ao fazer valer a aplicação do CPC PME no Brasil:
- o país vinha com forte influência da legislação fiscal na prática profissional
- os profissionais tinham acesso a regras claras do que fazer e de como proceder com o reconhecimento e mensuração de ativos e passivos e em caso de dúvida bastava consultar as taxas e os métodos sugeridos pela legislação fiscal ou pelo órgão regulador a que estavam submetidos, e
- em geral, o treinamento e a formação do profissional estavam voltados para a escrituração fiscal e as influências normativas.

A ruptura de um paradigma não é instantânea por tratar-se de um processo que envolve desde as exigências dos órgãos reguladores até a postura do profissional contábil e das entidades em seguir o CPC PME.

Espera-se que o profissional esteja mais perto do negócio do seu cliente e das pessoas envolvidas com a TOMADA DE DECISÃO. Para tanto, deverá ter uma postura proativa, fazer treinamentos e se conscientizar e conscientizar aos demais *stakeholders* da importância para a profissão e para o país.

É importante que o profissional (principalmente o ligado a Contabilidade societária) se desprenda dos aspectos unicamente fiscais para pensar em uma contabilidade com finalidades efetivamente informativas sobre desempenho e fluxo de caixa e de uso geral. A Contabilidade Principiológica é mais subjetiva, exige mais julgamento e nesse sentido se abre um mundo novo para os profissionais da área e de áreas correlatas como o Direito.

1.5 Normas Brasileiras de Contabilidade (NBC)

São um conjunto de regras de procedimentos e condutas, requisitos imprescindíveis para o exercício da profissão contábil. Contém os conceitos doutrinários, princípios, estrutura técnica e procedimentos a serem aplicados na realização dos trabalhos previstos nas normas aprovadas por resolução emitidas pelo Conselho Federal de Contabilidade (CFC). São emitidas pelo CFC devendo seguir os mesmos padrões de elaboração e estilo utilizados nas normas internacionais e compreendem as Normas propriamente ditas (NBC)[3], as Interpretações Técnicas (ITG) e os comunicados técnicos. Dividem-se em normas profissionais e normas técnicas.

A Estrutura das Normas Brasileiras de Contabilidade está regulamentada na Resolução CFC nº 1.328/2011 e revisado conforme Resolução CFC nº 1.548/2018, e são compostas obedecendo a seguinte classificação (BRASIL. Normas Brasileiras de Contabilidade, 2018):

---

3   NBC refere-se a norma e CPC ao pronunciamento referente a norma.

Normas Profissionais
- NBC PG – Geral
- NBC PA – do Auditor Independente
- NBC PP – do Perito Contábil

Normas Técnicas
- NBC TG – Geral
- Normas Completas
- Normas Simplificadas para PMEs
- Normas Específicas
- NBC TSP – do Setor Público
- NBC TA – de Auditoria Independente de Informação Contábil Histórica
- NBC TASP – de Auditoria Independente de Informação Contábil Histórica Aplicável ao Setor Público
- NBC TR – de Revisão de Informação Histórica
- NBC TO – de Asseguração de Informação não Histórica
- NBC TSC – de Serviço Correlato
- NBC TI – de Auditoria Interna
- NBC TP – de Perícia

A Interpretação Técnica tem por objetivo esclarecer a aplicação das NBCs, definindo regras e procedimentos a serem aplicados em situações, transações ou atividade específicas sem alterar a substância dessas normas.

O Comunicado Técnico tem por objetivo esclarecer assuntos de natureza contábil, com a definição de procedimentos a serem observados, considerando os interesses da profissão e as demandas da sociedade.

A inobservância das NBC constitui infração disciplinar sujeitas a penalidades.

Para aprofundamento nessa matéria é aconselhável sempre acesso ao sítio do Conselho Federal de Contabilidade (CFC) que mantém as NBC e demais resoluções, leis e outras informações sempre atualizadas.

Aplicação das Normas Contábeis	
Sociedades Anônimas de Capital Aberto Sociedades Anônimas de Capital Fechado	Aplicação dos CPCs
Pequenas e médias empresas (que não sejam sociedades anônimas)	Aplicação do CPC PME[4] Resolução CFC 1.255/2009

---

4 CPC PME

Disponível em: < http://static.cpc.aatb.com.br/Documentos/392_CPC_PMEeGlossario_R1_rev%214.pdf>

Capítulo 1 – Fundamentos Básicos da Contabilidade 7

| Microempresas e empresas de pequeno porte | Aplicação do ITG 1.000 (interpretação técnica)[5] Resolução CFC 1.418/2012 |

1.6 Exercícios Resolvidos – NBC

Exercício 1 – NBC

(CFC, 2020-1)

A Norma Brasileira de Contabilidade NBC PG 01 – Código de Ética Profissional do Contador tem por objetivo fixar a conduta do contador, no exercício da sua atividade e nos assuntos relacionados à profissão e à classe. Em relação ao conteúdo dessa Norma, assinale a afirmativa correta.

a) A transgressão de preceito da NBC PG 01 – Código de Ética Profissional do Contador, constitui infração ética, sancionada, segundo a gravidade, com a aplicação de uma das seguintes penalidades: (a) advertência reservada; (b) censura reservada; ou (c) censura pública

b) No desempenho de suas funções, o contador pode renunciar à liberdade profissional, devendo evitar quaisquer restrições ou imposições que possam prejudicar a eficácia e a correção de seu trabalho.

c) O contador não pode indicar, em qualquer modalidade ou veículo de comunicação, títulos, especializações, serviços oferecidos, trabalhos realizados e a relação de clientes, mesmo que seja autorizado por esses clientes.

d) Na aplicação das sanções éticas, podem ser consideradas como atenuantes: (a) ação ou omissão que macule publicamente a imagem do contador; (b) punição ética anterior transitada em julgado; e (c) gravidade da infração.

Resolução Exercício 1 – NBC

Vamos analisar cada alternativa

a) **CORRETA** – é a transcrição do item 20 da NBC PG 01

b) **ERRADA** – o item 5 diz o seguinte: "No desempenho de suas funções, é vedado ao contador: (t) renunciar à liberdade profissional, **devendo** evitar quaisquer restrições ou imposições que possam prejudicar a eficácia e a correção de seu trabalho", ou seja, o contador não pode, mas sim deve renunciar.

---
5   ITG 1000
Disponível em: <https://crcsp.org.br/portal/fiscalizacao/projetos/downloads/ITG1000.pdf>

c) **ERRADA** – o item 6 diz o seguinte: "O contador **pode**: (d) indicar, em qualquer modalidade ou veículo de comunicação, títulos, especializações, serviços oferecidos, trabalhos realizados e a relação de clientes, esta quando autorizada por estes)

d) **ERRADA** – o item 21 diz: "Na aplicação das sanções éticas, podem ser consideradas como atenuantes: (a) ação desenvolvida em defesa de prerrogativa profissional; (b) ausência de punição ética anterior; (c) prestação de serviços relevantes à Contabilidade; e (d) aplicação de salvaguardas.

1.7 Conceito de Contabilidade

No primeiro Congresso Brasileiro de Contabilidade realizado em 1924, encontramos possivelmente o primeiro conceito oficial de contabilidade no Brasil:

Contabilidade é uma "Ciência que estuda e pratica as funções de orientação e controle relativas aos atos e fatos de administração econômica". Estamos falando de um conceito proferido há um século e dela podemos tirar algumas conclusões, como, por exemplo: já era considerada uma ciência; ciência essa voltada para orientar e controlar determinadas ocorrências – atos e fatos, que afetavam de alguma forma os valores transitando pela entidade[6].

Outra definição, mais atual e mais abrangente, pois usa os conceitos de sistema e informação foi emitida pelo IBRACON – Instituto Brasileiro de Contadores e aprovada pela CVM – Comissão de Valores Mobiliários através da Deliberação nº 29 de 1986:

"A Contabilidade é, objetivamente, um sistema de informação e avaliação destinado a prover seus usuários com demonstrações e análises de natureza econômica, financeira, física (*ou patrimonial*) e de produtividade (*ou não financeiras*), com relação à entidade objeto de contabilização. Compreende-se por sistema de informação um conjunto articulado de dados, técnicas de acumulação, ajustes e editagens de relatórios que permite:

a) tratar as informações de natureza repetitiva com o máximo possível de relevância e o mínimo de custo;

b) dar condições para, através da utilização de informações primárias constantes do arquivo básico, juntamente com técnicas derivadas da própria Contabilidade e/ou outras disciplinas, fornece relatórios de exceção para finalidades específicas, em oportunidades definidas ou não". (grifos do autor)

---

[6] Entidade é o termo que se usa na contabilidade quando estamos nos referindo, por exemplo, a uma pessoa jurídica ou física sendo tratada do ponto de vista contábil.

- **Econômica:** capacidade de geração de riqueza, ou, as Receitas menos as Despesas igual a Resultado (Lucro ou Prejuízo). O DRE – Demonstração dos Resultados do Exercício é o demonstrativo que detalha a situação econômica.
- **Financeiro** – capacidade de pagamento das obrigações. O BP – Balanço Patrimonial e o DFC – Demonstração do Fluxo de Caixa são os demonstrativos que detalham a situação financeira.
- **Patrimonial** – Conjunto de bens, direitos e obrigações. Também detalhada no BP – Balanço Patrimonial.
- **Não financeiras** – demais informações importantes que aliadas às informações contábeis propiciam o embasamento para a TOMADA DE DECISÃO[7]. Normalmente são informações provenientes de outros departamentos como Recursos Humanos, Logística, Planejamento e Controle de Produção etc.

Outra maneira de conceituarmos Contabilidade, adaptado pelo autor, com base em Iudícibus et al. (2010), refere-se à criação de um mnemônico[8] criado a partir da letra inicial das principais funções da contabilidade. Atenção: a expressão **CRARI** não existe em nenhum glossário contábil, e serve apenas para facilitar a memorização das funções principais.

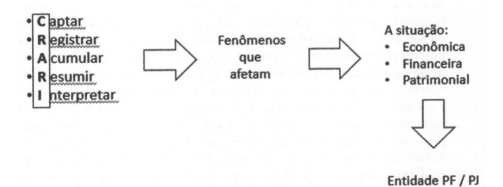

A Contabilidade deve estar estruturada conforme:
- Lei nº 6.404/1976 – Lei das Sociedades por ações, atualizada pelas leis nº 11.638/2007 e nº 11.941/2009.

---

7   Nessa obra, tomada de decisão está sempre em maiúsculo, já que é principalmente através das informações contábeis que os gestores se orientam e planejam o futuro da entidade.
8   Mnemônico – técnica utilizada para auxiliar no processo de memorização

- As normas contábeis emitas pelo CPC – Comitê de Pronunciamentos contábeis.
- A legislação do Imposto de Renda.
- As demais regras de órgãos governamentais (BACEN, CVM etc.) e particulares (Bancos etc.).

1.8 A quem serve a Contabilidade

Os usuários da contabilidade, ou *stakeholders*, são todos os que de alguma forma e por qualquer motivo tem interesse em conhecer os métodos e ferramentas da contabilidade para acompanhar a vida econômica e financeira de uma entidade, ou mesmo para elaborar suas finanças pessoais. Nesse sentido, podemos definir que qualquer pessoa física ou jurídica pode ser um potencial usuário da contabilidade.

Em relação a uma entidade, podem ser usuários internos ou externos. Podemos citar alguns exemplos:

- **Usuários Internos** – normalmente são usuários que através das informações obtidas na contabilidade atuam no planejamento (com relação ao futuro), bem como procuram eventuais ajustes e correções necessárias para tornar as operações mais eficientes (com base histórica e padrões). Da contabilidade se extraem diversos indicadores e informações que devem orientar os gestores a atingir a mais alta eficácia nos processos, sejam produtivos ou comerciais. É possível em uma unidade fabril, através dos custos dos produtos elaborados em cada fase do processo, se definir se há necessidade de manutenção (ou mesmo troca) de equipamentos, treinamentos de operários, novos acordos comerciais com fornecedores de matérias-primas e componentes, ajustes de preços de vendas e novos acordos comerciais com clientes, manter ou retirar produtos de linha, e até se determinado processo executado internamente pode ser terceirizado. Enfim, todo tipo de informação para efeito de TOMADA DE DECISÃO. Podemos dizer, sem medo de errar que a maioria das informações analisadas em uma entidade se originam na contabilidade. São usuários internos, por exemplo:
    ◊ Proprietários e Sócios – se preocupam com o resultado da entidade, seu resultado – Lucro ou Prejuízo e retorno sobre os seus investimentos, por exemplo.
    ◊ Administradores e executivos – dos mais diversos escalões da entidade (Presidente diretores, gerentes de departamentos etc.), todos esses gestores irão se orientar através dos resultados informados pela contabilidade. Se determinado departamento ou mesmo um equipamento está sendo utilizado da maneira mais eficiente possível, ou se os custos envolvidos na produção estão competitivos em

relação à concorrência, se os operadores da produção necessitam de treinamento ou orientação, ou mesmo se é possível desenvolver uma estratégia para diminuir gastos com tributos, retes, seguros etc.

- **Usuários Externos** – São diversas as finalidades para os quais esses tenham interesse nas informações contábeis de uma entidade.
  - ◊ Governo – que tem como fonte principal de suas receitas os tributos que em grande parte se originam das entidades através de diversos impostos, taxas e contribuições.
  - ◊ Economistas financeiros e institutos de pesquisas governamentais – que através da informação de todas as entidades em solo brasileiro elaboram indicadores – como o PIB, e outros que indicam a saúde econômico-financeira do país.
  - ◊ Sistema financeiro através dos bancos, os capitalistas investidores e os emprestadores de dinheiro, a CVM (Comissão de Valores mobiliários) que analisam informações da entidade para estudar sua liquidez (capacidade de pagamento), sua rentabilidade e sua lucratividade.
  - ◊ Fornecedores – se interessam em conhecer o histórico da entidade em relação ao pagamento de suas dívidas para efetuar, por exemplo, vendas a prazo com juros adequados.
- Pessoas físicas – Também podemos considerar como potenciais usuários da contabilidade, utilizando seus métodos e técnicas para elaborar seus orçamentos pessoais, e registrar seus gastos, elaborar possíveis aplicações financeiras e planejar gastos futuros como aquisição de bens, passeios, cursos etc.

1.9 Objeto e Objetivos da Contabilidade

O objeto de estudo da contabilidade é o PATRIMÔNIO de um ente, ou seja, é sobre aquilo no qual a contabilidade se debruça, com o objetivo de estudar e controlar esse patrimônio e as suas variações.

A Resolução nº 774/1994 Conselho Federal de Contabilidade (BRASIL, 1994) já revogada, mas que, porém, define bem o conceito de patrimônio como sendo "um conjunto de **bens, direitos e de obrigações** para com terceiros, pertencente a uma pessoa física, a um conjunto de pessoas, como ocorre nas sociedades informais, ou a uma sociedade ou instituição de qualquer natureza, independentemente da sua finalidade, que pode, ou não, incluir o lucro".

O patrimônio também é objeto de outras disciplinas como a Economia, a Administração e o Direito, só que estudadas através de ângulos diferentes que o da Contabilidade, que o estuda em seus aspectos quantitativos e qualitativos. Portanto, o objetivo da contabilidade é buscam estudar as mudanças e variações ocorridas nesse patrimônio. Entende-se por aspecto qualitativo do patrimônio, a natureza dos elementos que o compõem tais como dinheiro em caixa ou Bancos, contas a pagar ou a receber, equipamentos, veículos, imóveis e outras diversos elementos constitutivos de um patrimônio. Já no aspecto quantitativo a valorização em moeda desses elementos.

1.10 Princípios Contábeis (já revogados)

A inclusão desse tópico tratando dos princípios contábeis, que já foram inclusive revogados se deve a duas razões:

A primeira razão em função da importância desses princípios que na prática, sob outra redação ou com pequenas modificações, continuam na sua essência existindo implicitamente e fazendo parte do arcabouço contábil na forma de conceitos semelhantes encontrados nas Normas Brasileiras de Contabilidade. Deixou de ser necessária a existência separada desses princípios, mas continuam a ser observados pela contabilidade, de forma indireta.

A segunda razão é para efeito de concursos públicos de contabilidade geral, onde há a possibilidade dependendo da banca examinadora que determinados princípios continuem a ser cobrados, já que são válidos enquanto doutrina e continuam existindo dentro de outras normas.

1.10.1 Princípios Contábeis – Histórico da criação a revogação

Em 1981 com a finalidade de uniformizar os procedimentos contábeis praticados no Brasil, o Conselho Federal de Contabilidade, por meio da Resolução CFC 530/1981, aprovou os então chamados "Princípios Fundamentais da Contabilidade". Possuía então 16 princípios.

Em 1993 ocorreu uma revisão através da Resolução CFC n° 750/1993 que resumiu o número de Princípios de 16 para 7. Em 2010, uma nova revisão ocorreu através da Resolução CFC n° 1.282/2010[9] que a renomeou de "Princípios Fundamentais de Contabilidade (PFC)" para apenas "Princípios de Contabilidade (PC)" e revogou-se então o art. 8° alterando-se outros já no processo de harmonização com a contabilidade internacional.

A partir de 28 de maio de 2010, os Princípios de Contabilidade que foram adotados por todos os contabilistas brasileiros foram os seguintes:

---

9   A referida resolução (já revogada) pode ser encontrada em <http://www.normaslegais.com.br/legislacao/respcaocfc1282_2010.htm>

- Entidade
- Continuidade
- Oportunidade
- Registro pelo valor original
- Competência
- Prudência

Em 4/10/2016, o CFC revogou ambas as resoluções, tanto a 750/93 quanto a 1.282/2010, juntamente com algumas NBCs que também foram revogadas. Essa revogação deu-se juntamente com a edição da chamada Norma Brasileira Aplicada ao Setor Público NBC T SP – Estrutura Conceitual, que nada mais é do que a nova norma básica da contabilidade pública, continuação do processo de convergência as normas internacionais, e visou evitar algum tipo de divergência na concepção doutrinária e teórica que poderiam comprometer aspectos formais das Normas Brasileiras de Contabilidade (NBCs).

Apenas para embasar a necessidade da revogação segue declaração de proeminente autor e professor da USP, Eliseu Martins, publicada pelo CFC:

"A revogação da Resolução nº 750/1993 (e da Resolução 1.282/2010) me deixou muito satisfeito, porque não é bom para a contabilidade a existência de duas Estruturas Conceituais para as mesmas entidades, ainda mais aprovadas pelo mesmo órgão. Acabou agora o meu desconforto. Desconforto que seria muito maior existindo duas Estruturas Conceituais para entidades comerciais e outra para entidades públicas. Assim, acho que, com essa revogação, o CFC está agindo em prol da unificação de entendimentos, da Contabilidade, da nossa classe e, inclusive, em prol da simplificação perante nossos usuários. Só tenho a parabenizar o Conselho Federal." [10] (grifo do autor)

Vamos analisar sucintamente um a um desses "antigos" princípios:

ENTIDADE
- É considerado um dos postulados da estrutura contábil (juntamente com o princípio da Continuidade), ou seja, a base, o alicerce onde os demais princípios se apoiam.
- Reconhece o **Patrimônio como objeto da Contabilidade** e afirma a autonomia patrimonial, ou seja, a necessidade de diferenciação entre um patrimônio particular no universo de patrimônios existentes

---

10 Disponível em: < https://cfc.org.br/noticias/revogacao-da-resolucao-no-7501993-contexto-e--consideracoes/>

independentemente de pertencerem a uma mesma pessoa, um conjunto
de pessoas ou a uma instituição.

> **Ideia: O Patrimônio da entidade não se confunde com o patrimônio do proprietário ou dos sócios.**

- Redação original conforme CFC 1.282/2010:

Art. 4º. O princípio da ENTIDADE, reconhece o Patrimônio como objeto da Contabilidade e afirma a autonomia patrimonial, a necessidade da diferenciação de um Patrimônio particular no universo de Patrimônios existentes, independentes de pertencer a uma pessoa, um conjunto de pessoas, uma sociedade ou instituição de qualquer natureza ou finalidade, com ou sem fins lucrativos. Por consequência, nesta acepção, o Patrimônio não se confunde com aquele dos seus sócios ou proprietários, no caso de sociedade ou instituição.

Parágrafo único – O PATRIMÔNIO pertence à ENTIDADE, mas a recíproca não é verdadeira. A soma ou agregação contábil de patrimônios autônomos não resultam em uma nova ENTIDADE, mas numa unidade de natureza econômico-contábil.

CONTINUIDADE

- Assim como a Entidade, também é considerado um postulado.
- Quando iniciamos uma empresa, (salvo situações muito específicas), entendemos que ela existirá por tempo indeterminado, indefinido, e que as suas operações e registros contábeis deverão obedecer/considerar a essa situação.

> **Ideia: A entidade tem existência indeterminada**

- Redação original conforme CFC 1.282/2010:

Art. 5º. O Princípio da CONTINUIDADE pressupõe que a Entidade continuará em operação no futuro e, portanto, a mensuração e apresentação dos componentes do Patrimônio levam em conta essa circunstância.

OPORTUNIDADE

- A medida e apresentação dos componentes patrimoniais (registros) deve apresentar-se forma íntegra, ou seja, completas e corretas e a tempo e dentro do prazo legal para serem de fato relevantes e úteis.

Ideia: Presteza e retidão no registro e divulgação das informações.

- Redação original conforme CFC 1.282/2010:

    Art. 6º. O Princípio da OPORTUNIDADE refere-se ao processo de mensuração e apresentação dos componentes patrimoniais para produzir informações íntegras e tempestivas.

    Parágrafo Único: A falta de integridade e tempestividade na produção e na divulgação da informação contábil pode ocasionar perda de sua relevância, por isso é necessário ponderar a relação entre a oportunidade e a confiabilidade da informação.

REGISTRO PELO VALOR ORIGINAL

Ideia: Utilizar valor de entrada para o registro dos componentes patrimoniais e de resultado.

- Redação (*baseado no original, modificados pelo autor para facilitar entendimento*) conforme CFC 1.282/2010:

    Art. 7º. O Princípio do REGISTRO PELO VALOR ORIGINAL determina que os componentes do patrimônio devem ser inicialmente registrados pelos valores originais das transações, expressos em moeda nacional.

    Parágrafo 1º. As seguintes bases de mensuração devem ser utilizadas em graus distintos e combinadas, ao longo do tempo, de diferentes formas:

    Custo Histórico – os ativos e passivos são registrados pelos valores efetivamente PAGOS ou a serem pagos / RECEBIDOS ou a serem recebidos; e

    Variação do custo histórico – uma vez integrado ao patrimônio, os componentes patrimoniais ativos e passivos podem sofrer variações decorrentes dos seguintes fatores:

    Custo Corrente: Os ativos / passivos são reconhecidos pelos valores que teriam de ser pagos / recebidos na data ou no período das demonstrações contábeis.

    Valor Realizável: Os ativos são mantidos pelos valores obtidos pela venda e os passivos são mantidos pelos valores que se espera seriam pagos para liquidar as obrigações.

    Valor presente: Os ativos são mantidos pelos valores obtidos pela venda descontados eventuais juros e outras obrigações decorrentes de prazo. O mesmo ocorre com o Passivo.

COMPETÊNCIA

> **Ideia: determinar quais despesas e quais receitas devem ser reconhecidas na apuração do Resultado do Exercício.**

Art. 9º. O Princípio da Competência determina que os efeitos das transações e outros eventos sejam reconhecidos nos períodos a que se referem, independentemente de recebimento ou pagamento. (Ou seja, ocorrendo o FATO GERADOR, o lançamento (despesa ou receita) deve ser efetuado mesmo que não tenha ocorrido o recebimento ou pagamento.)

Parágrafo Único. O Princípio da competência pressupõe a simultaneidade da confrontação de receitas e despesas correlatas (e a realização do lucro [ou prejuízo]).

PRUDÊNCIA

> **Ideia: cautela na avaliação dos componentes do patrimônio para evitar que o Patrimônio Líquido seja superestimado.**

Art. 10º. O Princípio da Prudência determina a adoção do menor valor para os componentes do Ativo e do maior para os do Passivo, sempre que se apresentem alternativas igualmente válidas para a quantificação das mutações patrimoniais que alterem o PL.

Parágrafo Único. O Princípio da Prudência pressupõe o emprego de certo grau de precaução no exercício dos julgamentos necessários às estimativas em certas condições de incerteza, no sentido de que ativos e receitas não sejam superestimados e que passivos e despesas não sejam subestimados, atribuindo maior confiabilidade ao processo de mensuração e apresentação dos componentes patrimoniais.

1.11 Exercícios Propostos

1) Qual o nome do Comitê criado no Brasil com a função de "harmonizar" a contabilidade brasileira aos padrões internacionais?
a) ABRASCA
b) CVM
c) CPC

d) FIPECAFI

e) B3

2) O objeto da contabilidade é:

a) Ativo

b) Passivo

c) Patrimônio

d) Conta contábil

e) Patrimônio Líquido

3) Quais os potenciais *stakeholders* da contabilidade:

a) Somente as Instituições bancárias

b) Somente o Governo

c) Somente a Receita Federal

d) Todas as Pessoas jurídicas

e) Todas as Pessoas físicas e jurídicas

4) A finalidade fundamental da contabilidade é:

a) Atender fornecedores e instituições bancárias

b) Atender a fiscalização

c) Prover gestores com informações para tomada de decisões

d) Elaborar o imposto de renda

e) Apurar o Resultado do Exercício

2 Patrimônio

2.1 Conceito

Como vimos anteriormente, podemos numa simplificação didática definir como patrimônio, **um conjunto de bens, direitos e obrigações**. Normalmente, mesmo que não saibamos conceituar claramente, conseguimos entender do que se tratam os bens, os direitos e as obrigações.

Mas, para deixar um pouco mais claro, poderíamos definir:

Bens – aquilo que é meu e está comigo, ou seja, eu tenho a posse e o poder. Por exemplo, meu apartamento, posso considerar como um bem, pois, já está quitado, portanto, é meu (tenho o poder) e moro nele (tenho a posse).

Direitos – conceito parecido com o de bens. Para exemplificar, utilizando o meu apartamento novamente, só que agora resolvi me mudar e o aluguei a um terceiro. Nesse caso, o apartamento continua sendo meu (tenho o poder), só que agora ele não está mais comigo, não moro mais nele, (não tenho a posse). Esse direito se constitui no aluguel que eu tenho direito de receber.

Obrigações – nesse caso, ainda considerando meu apartamento (tenho o poder) e agora, o meu inquilino (tem a posse), logo, para o meu inquilino a obrigação se constitui no pagamento que ele tem que fazer a todo mês a mim.

- **Objeto - PATRIMÔNIO**
- **Objetivo** – O estudo do patrimônio e sua variações

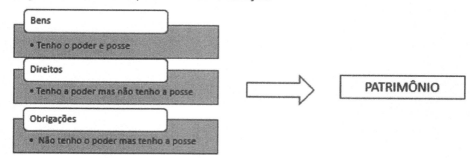

Os elementos componentes do Patrimônio também podem ser classificados quanto **sua natureza:**

- materiais, corpóreos, tangíveis, ou seja, existem fisicamente, podemos vê-los e pegá-los. Exemplo: imóveis, veículos etc.

- imateriais, incorpóreos, intangíveis, ou seja, embora não existam "fisicamente" têm valor econômico e reconhecimento legal. Exemplo: marcas, patentes etc.

Os elementos componentes do Patrimônio também podem ser classificados **quanto à disposição**:
- Próprios (bens e direitos)
- De terceiros (obrigação)

2.2 Características do Patrimônio

O Patrimônio pode ser classificado a partir de dois aspectos.
- Qualitativo
- Quantitativo

2.2.1 Qualitativo

Refere-se a **natureza dos elementos** que compõem o Patrimônio. Por exemplo, supondo hipoteticamente que o patrimônio da empresa seja composto apenas dinheiro no caixa no valor de $ 1.000, e em determinado momento esse dinheiro seja gasto na compra de um veículo de mesmo valor. Houve uma mudança qualitativa do Patrimônio, pois se antes havia dinheiro agora há um veículo.

2.2.2 Quantitativa

Refere-se ao valor dos elementos que compõem o Patrimônio. Veja que no exemplo dado anteriormente, sobre o aspecto qualitativo, não houve mudança dos valores, apenas a transferência do valor de um bem para outro bem. Por exemplo, supondo que haja o pagamento em dinheiro de uma conta de energia elétrica. Nesse caso, há uma mudança quantitativa já que foi paga uma despesa, ou seja, o dinheiro saiu da empresa, diminuindo seu Patrimônio. Normalmente, uma mudança quantitativa envolve o pagamento de despesas e o recebimento de receitas.

Há também situações em que o patrimônio sofre mudanças simultâneas tanto qualitativamente quanto quantitativamente.

A seguir apenas para exemplificar, elenco os elementos que na contabilidade são as chamadas Contas Contábeis que trataremos em um capítulo específico no decorrer do livro.

Exemplos de Bens:
- Dinheiro em espécie (Caixa)
- Estoques, mercadorias
- Imóveis
- Terrenos
- Veículos etc.

Exemplos de Direitos:
- Depósitos bancários (Bancos-Conta movimento)
- Contas a receber
- Duplicatas a receber, Clientes
- Aplicações financeiras etc.

Exemplos de Obrigações:
- Empréstimos
- Financiamentos
- Contas a pagar
- Duplicatas a pagar, Fornecedores etc.

2.3 Técnicas e Métodos Contábeis

Conforme Araújo (2009, p. 4, apud FRANCO, 1997), a contabilidade se vale de algumas técnicas e métodos para registrar os fatos contábeis. Podemos partir basicamente da escrituração dos livros auxiliares, que compilados, dão origem as demonstrações contábeis que podem ser analisadas gerando indicadores/índices contábeis atendendo necessidades gerenciais e as demonstrações contábeis consolidadas, para a elaboração de um único conjunto de demonstrações contábeis reunindo mais de uma entidade pertencente a um mesmo grupo empresarial. Podemos também considerar a auditoria, como uma forma de controle interno ou externo ratificando ou solicitando mudanças ou correções das técnicas e métodos utilizados, assim como dos resultados obtidos.

2.3.1 Escrituração

O objetivo da escrituração é registrar de maneira formal e padronizada, os fatos contábeis.

Para tanto a empresa se utiliza dos Livros Empresariais que podem ser subdivididos em:
- Livros Fiscais,
- Livros Societários ou Sociais

- Livros Trabalhistas,
- Livros Contábeis.

Observação: a relação a seguir, não pretende ser completa ou mesmo a mais atualizada, mas apenas para exemplificar alguns dos livros existentes. Nesses assuntos é sempre interessante pesquisar os sítios oficiais para ter acesso a legislação mais recente.

2.3.1.1 Livros Fiscais

Os principais livros fiscais (exigidos pelo fisco[11]) e organismos de controle são:

- Municipal (variam de acordo com o município).
    ◊ Registro de Notas Fiscais de Prestação de Serviços
    ◊ Registro de Contrato e Prestação de serviços
    ◊ Recebimento de impressos fiscais e Termos de ocorrência
- Estadual - variam de acordo com o Estado. São apresentados abaixo, os exigidos pelo Estado do Rio de Janeiro – (SEFAZ-RJ)
    ◊ Registro de apuração do ICMS (modelo 9)
    ◊ Registro de inventário (modelo 7)
    ◊ Registro de entrada de mercadorias (modelo 1 ou 1-A)
    ◊ Registro de saída de mercadorias (modelo 2 ou 2-A)
    ◊ Registro de controle da produção e do estoque (modelo 3)
    ◊ Registro de impressão de documentos fiscais (modelo 5)
    ◊ Registro de utilização de documentos fiscais e termos de ocorrência. (modelo 6)
    ◊ Livro de Movimentação de Combustível (LMC)
    ◊ Livro de controle de ICMS de Ativo Permanente (CIAP)

A partir de 1º de janeiro de 2014 todos os contribuintes fluminenses estão obrigados à Escrituração Fiscal Digital (EFD), de acordo com o artigo 1º do Anexo VII da Parte II da Resolução SEFAZ nº 720/14.

- Federal (normalmente para atender a Regulamentação do Imposto de Renda – RIR)
    ◊ LALUR – Livro de apuração do lucro Real

---

11 Fisco – é o termo utilizado para nomear a fiscalização, normalmente efetuadas por órgãos governamentais, verificando principalmente se a entidade está cumprindo a legislação tributária e recolhendo devidamente seus impostos.

- ◊ Registro de inventário
- ◊ Livro de apuração do IPI

2.3.1.2 Livros sociais ou societários

Os principais livros societários ou sociais conforme art. 100 da lei nº 6.404/1976, ou seja, para sociedades por ações (sociedades anônimas – S/A) são:

- Livro de registro de ações nominativas (inc. I)
- Livro de transferência de ações nominativas (inc. II)
- Livro de registro das partes beneficiárias nominativas e o de transferência das partes beneficiárias nominativas (inc. III)
- Livro de atas das assembleias gerais (inc. IV)
- Livro de presença dos acionistas (inc. V)
- Livro de atas das reuniões do Conselho de Administração, se houver, e o Livro de atas das reuniões de Diretoria (inc. VI)
- Livro de atas e pareceres do Conselho Fiscal. (inc. VII)
- Nas companhias abertas, os livros referidos nos incisos I a V do caput deste artigo poderão ser substituídos, observadas as normas expedidas pela Comissão de Valores Mobiliários, por registros mecanizados ou eletrônicos.

2.3.1.3 Livros Trabalhistas

Os principais são:

- Livro de registro de empregados
- Livro de inspeção do trabalho etc.

2.3.1.4 Livros Contábeis

Os principais livros contábeis são:

- Livro Diário
- Livro Razão
- Livro Caixa
- Livro de registro de prestação de serviços
- Livro de registro de inventário
- Livros auxiliares.

2.3.2 Demonstrações Financeiras[12]

Conforme o art. 176 da lei n° 6.404/1976 as demonstrações financeiras a serem elaboradas ao final de cada exercício são:

- Balanço patrimonial (BP)[13];
- Demonstração dos lucros e prejuízos acumulados (DLPA);
- Demonstração do resultado do exercício (DRE);
- Demonstração dos fluxos de caixa (DFC) (inciso dado pela lei n° 11.638/07);
- Demonstração do valor adicionado (DVA) – (inciso dado pela lei n° 11.638/07), se companhia de capital aberto.

§ 4° As demonstrações serão complementadas por notas explicativas e outros quadros analíticos ou demonstrações contábeis necessárias para esclarecimento da situação patrimonial e dos resultados do exercício.

Conforme a CPC 26 R1, item 9, a finalidade das demonstrações contábeis são:

"As demonstrações contábeis são uma representação estruturada da posição patrimonial e financeira e do desempenho da entidade. O objetivo das demonstrações contábeis é o de proporcionar informação acerca da posição patrimonial e financeira, do desempenho e dos fluxos de caixa da entidade que seja útil a muitos usuários em suas avaliações e **TOMADA DE DECISÕES** (grifo do autor) econômicas. As demonstrações contábeis também objetivam apresentar os resultados da atuação da administração, em face de seus deveres e responsabilidades na gestão diligente dos recursos que lhe foram confiados. Para satisfazer a esse objetivo, as demonstrações contábeis proporcionam informação da entidade acerca do seguinte: (Redação alterada pela Resolução CFC n° 1.376/2011)

- ativos;
- passivos;
- patrimônio líquido;
- receitas e despesas, incluindo ganhos e perdas;
- alterações no capital próprio mediante integralizações dos proprietários e distribuições a eles; e
- fluxos de caixa.

---

12 A lei n° 6.404/1976 designa os relatórios contábeis como demonstrações financeiras, já a CPC 26 R1 designa como demonstrações contábeis. Vários autores também designam como demonstrações financeiras-contábeis ou vice-versa. Qualquer que seja a designação dada, estaremos nos referindo aos mesmos demonstrativos. Iremos no decorrer da obra utilizar qualquer dos termos indistintamente.

13 As siglas das demonstrações financeiras foram adicionadas pelo autor. Nessa obra, iremos na medida do possível nos referenciar aos Demonstrativos através dessas siglas.

Essas informações, juntamente com outras informações constantes das notas explicativas, ajudam os usuários das demonstrações contábeis na previsão dos futuros fluxos de caixa da entidade e, em particular, a época e o grau de certeza de sua geração.

Já no item 10 do CPC 26 R1, define que o conjunto completo das demonstrações contábeis são:

- Balanço patrimonial ao final do período (BP);
- Demonstração do resultado do período (DRE);
- Demonstração do resultado abrangente do período (DRA);
- Demonstração das mutações do patrimônio líquido do período (DMPL);
- Demonstração dos fluxos de caixa do período (DFC); (CPC 03)
- Demonstração do valor adicionado (CPC 09), se exigido legalmente ou por algum órgão regulador ou mesmo se apresentada voluntariamente (CPC 21 – item 5)
- Notas explicativas

Conforme a ITG 1.000 (Micro e pequenas empresas) em seus artigos 26 e 27 temos:

"26 e 27- A entidade deve elaborar o BP, a DRE as Notas Explicativas ao final de cada exercício social. Quando houver necessidade, a entidade deve elaborá-los em períodos intermediários. As demais, a DMPL, a DFC e a DRA apesar de não serem obrigatórias para as entidades alcançadas por esta Interpretação, é estimulada pelo Conselho Federal de Contabilidade".

A entidade pode usar outros títulos nas demonstrações em vez daqueles usados nesta Norma, desde que não contrarie a legislação societária brasileira vigente. A demonstração do resultado abrangente (DRA) pode ser apresentada em quadro demonstrativo próprio ou dentro das mutações do patrimônio líquido (DMPL).

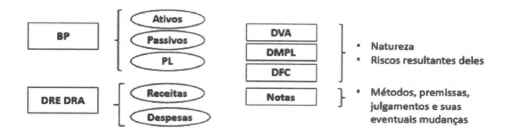

2.3.3 Auditoria

A auditoria promove através de procedimentos específicos a conferência da escrituração e elaboração dos relatórios contábeis, ou seja, se todos os fatos contábeis estão devidamente registrados e de acordo com as normas e legislação vigente, promovendo uma maior garantia para o uso dessas informações pelo *stakeholders*.

2.3.4 Análise de Balanços

A análise de Balanços é uma poderosa ferramenta gerencial que propicia a elaboração de indicadores dos mais diversos que auxiliam principalmente aos gestores internos na TOMADA DE DECISÃO. Também é utilizada por *stakeholders* externos como acionistas, bancos etc.

2.3.5 Consolidação de Balanços

A consolidação de balanços é um procedimento legal, em que empresas do mesmo grupo (controladas e coligadas) consolidam seus balanços em um único balanço, possibilitando uma visão geral do grupo econômico. Essa visão, facilita na TOMADA DE DECISÃO dos gestores e *stakeholders* externos.

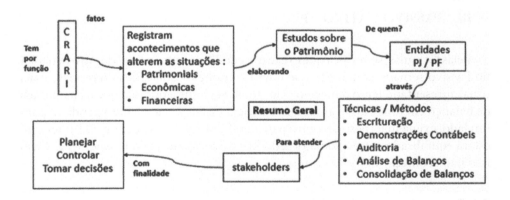

2.4 Representação Gráfica do Patrimônio

A representação gráfica do Patrimônio se expressa pelo Demonstrativo Financeiro chamado de Balanço Patrimonial, a que iremos no referir simplesmente por BP. A representação mais usual é a de um quadro dividido ao meio no sentido vertical e do lado direito dessa divisão, dividido em 2 partes no sentido horizontal. Portanto, o BP é composto por 3 partes. Não é a única maneira de representá-lo.

Nessa disposição, temos do lado esquerdo o ATIVO que é composto pelos bens e direitos. Do lado direito temos, na divisão superior o PASSIVO que é composto pelas obrigações. Na divisão do lado direito abaixo, temos o PATRIMÔNIO LÍQUIDO (a quem iremos nos referir por PL) que representa a riqueza da entidade, e pode ser calculado pela diferença entre o ATIVO e o PASSIVO.

Balanço Patrimonial – BP	
ATIVO	**PASSIVO**
Bens e Direitos	Obrigações
	PL
	Ativo – Passivo

Chegamos assim à equação fundamental do Patrimônio:

i. PL = ATIVO – PASSIVO

Outras maneiras de escrevermos essa fórmula seriam:

ii. ATIVO = PASSIVO + PL

Ou

iii. PASSIVO = ATIVO – PL

Pelas fórmulas, se verifica que existe um equilíbrio entre o total do Ativo e o total do Passivo somado com o PL. Isso quer dizer que os dois lados do modelo mais usual apresentado terão o mesmo valor total. Será que é por isso que o chamamos de balanço em uma alusão as antigas balanças de feira, que quando pendiam para um lado, exigia mais peso do outro para equilibrá-la? Acho que sim. O BP sempre estará equilibrado entre a somatória do Ativo e a somatória do Passivo + PL. Caso isso não aconteça, algo está errado.

2.5 Patrimônio Líquido é Passivo?[14]

Aqui temos uma questão conceitual que na prática pouco importa, mas como surge em alguns debates, é importante pelo menos citarmos, pois há divergências e podem surgir dúvidas até em meios acadêmicos.

Para a lei nº 6.404/1976, art. 178, § 2º, o PL faz parte do Passivo, já que essa lei diz que o Passivo é formado pelo Passivo Circulante, Passivo não Circulante e

---

14 Adaptado pelo autor a partir de artigo "Patrimônio Líquido" é Passivo? da EBRACON – Escola Brasileira de Contabilidade disponível em: < http://www.ebracon.com.br/artigos/27/patrimonio-liquido-e-passivo>

Patrimônio Líquido. Sendo o Passivo as obrigações da entidade, o Passivo Circulante e o Passivo não Circulante seriam as obrigações para com terceiros e o PL as obrigações para com os sócios / acionistas que aplicaram recursos na entidade esperando ser remunerados em momentos futuros. Nesse conceito o Passivo Circulante e o Passivo não Circulante reconhecidos ainda por alguns como Passivo Exigível, faz jus a esse nome, já que se trata de obrigações para com terceiros, e que em algum momento será exigido seu pagamento. Já no PL, as obrigações para com proprietários / acionistas não tem a obrigatoriedade de serem exigidos ou pagos em algum momento. Por isso, alguns autores ainda chamam o PL de Passivo Não Exigível. Essa nomenclatura, se deve a utilizada pela lei nº 6.404/1976 antes de sua atualização pela lei nº 11.638/2007.

Entretanto, o Conselho Federal de Contabilidade (CFC), através da Resolução 774/1994, alterou a lei, já que entende que as obrigações só ocorrem com os recursos de terceiros, ou seja, somente com os recursos do Passivo Circulante e Passivo não Circulante. Os recursos provenientes dos proprietários / acionistas não são obrigações da entidade, pois a aplicação é por conta e risco deles, ou seja, a entidade não se obriga a remunerar os recursos aplicados pelos proprietários / acionistas. Seria um capital de risco pelo qual a entidade não se responsabiliza.

Portanto, para o CFC, o PL é um subgrupo independente do Passivo.

2.6 Variações Patrimoniais

Dadas essas explicações, vamos explorar um pouco mais a equação fundamental do patrimônio e concluir que podem ocorrer algumas variações que vamos resumir em 3 situações. Vamos exemplificar graficamente para facilitar o entendimento:

1a. Situação: Ativo > Passivo

Ativo	Passivo	
	8	Nesse situação, concluímos que para manter o equilíbrio do BP, o PL será 2 (positivo)
10	PL	PL = Ativo - Passivo => PL = 10 - 8 = 2
	2	
10	10	PL > 0 significa que a entidade possui riqueza própria

Essa é a situação mais comum para a maioria das entidades. Possui bens mais direitos superiores as obrigações, portanto, possui uma situação patrimonial positiva. No exemplo, seria como se ao vender todos os bens e receber todos os direitos, pagássemos todas as obrigações e ainda restaria um saldo no PL positivo de 2. Uma riqueza própria.

2a. Situação: Ativo = Passivo

Ativo	Passivo
	10
10	PL
	0
10	10

Nesse situação, concluímos que para manter o equilíbrio do BP, o PL será 0 (zero)

PL = Ativo - Passivo => PL = 10 - 10 = 0

PL = 0 significa que a situação é nula

A 2ª situação quando o Ativo é igual ao Passivo, indica que todos os bens e direitos que a entidade possui estão empenhadas em pagamentos de dívidas. É uma situação crítica, mas não podemos afirmar que a empresa esteja fadada a "quebrar". Havendo uma boa administração do fluxo de caixa, aliado a outros fatores positivos ainda é possível reverter essa situação.

3a. Situação: Ativo < Passivo

Ativo	Passivo
	10
8	PL
	-2
8	8

Nesse situação, concluímos que para manter o equilíbrio do BP, o PL será -2 (negativo)

PL = Ativo - Passivo => PL = 8 - 10 = -2

Chamamos essa situação de "Passivo a descoberto", ou seja, mais obrigações que bens e direitos

A 3ª situação é a mais complicada, porque mesmo que se disponha de todos os bens e direitos, assim mesmo não será possível pagar todas as dívidas. Por isso o nome de "passivo a descoberto", ou seja, uma parte do passivo não tem lastro no ativo. É possível reverter essa situação? Muito complicado, mas quem sabe? A legislação possui meios para aplicar na tentativa de salvar a empresa, como, por exemplo, a recuperação judicial ou extrajudicial.

4a. Situação: Ativo < Passivo e Ativo = 0

Ativo	Passivo
	10
0	PL
	-10
0	0

- quando o Ativo = 0 o PL é igual ao Passivo porém com zinal negativo
- PL = Ativo - Passivo => PL = 0 - 10 = -10
- É a pior situação possível, na prática uma entidade nem chega a essa situação. Já vai a falência antes.

5a. Situação: Ativo < Passivo e Passivo = 0

Ativo	Passivo
	0
10	PL
	10
10	10

- quando o Passivo = 0 o PL é igual ao Ativo
- PL = Ativo - Passivo => PL = 10 - 0 = 10
- Ocorre na abertura da empresa quando os sócios integralizam o capital social

2.6.1 Falência, Concordata, Recuperação Judicial e extrajudicial

Falando de situações patrimoniais, e adaptado de Santiago (2021), podemos digredir e explorar rapidamente essas possibilidades que envolvem a tentativa de recuperação da empresa ou quando isso impossível, como causar menos impactos aos credores.

2.6.1.1 Falência

Popularmente o termo falência é usado em situações em que não haja possibilidade do devedor saldar suas dívidas com os credores. Em termos jurídicos é o nome da organização legal e processual destinada à defesa dos credores, impossibilitados de receberem seus créditos. Possui uma lei específica, a chamada lei de Falências (LF), lei nº 11.101/2005. Essa lei aborda entre outras coisas a recuperação judicial e extrajudicial. Após a publicação dessa lei a concordata deixou de ser praticada. Qualquer credor seja pessoa física ou jurídica pode requerer a falência do devedor, entretanto, diferentes de outros países, no Brasil a lei falimentar só atinge pessoas jurídicas, ou seja, uma pessoa física não pode falir.

2.6.1.2 Recuperação Judicial

A recuperação judicial busca viabilizar a superação de crise econômica do devedor, permitindo a manutenção da fonte produtora, do emprego dos trabalhadores e dos interesses dos credores, promovendo o estímulo à atividade econômica. Existem critérios específicos a serem atendidos para a empresa ser elegível a recuperação judicial. O plano de recuperação será apresentado pelo devedor no prazo de 60 dias da publicação da decisão que deferir a recuperação judicial. São incluídos na recuperação todos os créditos existentes na data do pedido, sejam vencidos ou não.

Permanecerá o devedor em recuperação judicial até que cumpra todas as obrigações previstas no plano, com validade de dois anos a partir da concessão. Durante este período, em caso de descumprimento de qualquer obrigação prevista no plano, é cancelada a recuperação.

Tanto na falência como na recuperação judicial aparece a figura do administrador judicial como figura central, contribuindo para o desenvolvimento positivo, de acordo com o caso. O administrador procura manter ativa a atividade da empresa nos casos de recuperação, ou no caso de falência, procura minimizar os efeitos negativos que a extinção de uma atividade empresarial poderá trazer. O administrador judicial surgiu com a nova lei de falências, substituindo o síndico.

2.6.1.3 Recuperação Extrajudicial

Esse tipo de recuperação não envolve o judiciário e nesse sentido pode tornar o processo muito mais rápido que a recuperação judicial. Nesse caso, o devedor negocia diretamente com os credores elaborando um acordo que poderá ou não ser homologado pelo juiz. Não pode ser usada para dívidas tributárias ou trabalhistas. O plano deve ser aprovado por 3/5 dos credores e uma vez feito, seu cumprimento se torna obrigatório.

2.7 Exercícios Propostos

1) Dadas as afirmativas, selecione a alternativa que apresenta a sequência correta:
   i. aquilo que é meu e está comigo, ou seja, eu tenho a posse e o poder. Por exemplo, meu apartamento que já está quitado, portanto, é meu (tenho o poder) e moro nele (tenho a posse), portanto é parte dos meus:
   ii. conceito parecido com o de bens. Para exemplificar, utilizando o meu apartamento novamente, só que agora resolvi me mudar e o aluguei a um terceiro. Nesse caso, o apartamento continua sendo meu (tenho o poder), só que agora ele não está mais comigo, não moro mais nele, (não tenho a posse). Os aluguéis que tenho a receber se contituem em:

iii. nesse caso, ainda considerando meu apartamento (tenho o poder) e agora, o meu inquilino (tem a posse), logo, para o meu inquilino os aluguéis que ele tem a pagar são:

a) i. Bens; ii. Direitos; iii. Obrigações
b) i. Direitos; ii. Bens; iii. Obrigações
c) i. Obrigações; ii. Direitos; iii. Bens
d) i. Bens; ii. Direitos; iii. Obrigações

2) São considerados técnicas ou métodos contábeis, exceto:
a) Escrituração
b) Auditoria
c) Análise de Balanços
d) Demonstrações Contábeis
e) Custos dos produtos vendidos

3) Calcule o valor do Ativo, considerando que o Passivo é igual a $ 10 e o PL é igual a $ 5.

4) Calcule o valor do PL considerando que o Passivo é igual a $ 20 é o Ativo é igual a $ 15.

5) Calcule o valor do Passivo, considerando que o Ativo é igual $ 15 e o PL é igual a $ 10.

6) Qual das alternativas não representa a equação fundamental do Patrimônio?
a) A = P + PL
b) P = A − PL
c) PL = A − P
d) A = PL − P

3 Contas Contábeis

3.1 Conceito

O plano de contas é um conjunto de contas contábeis identificadas por uma descrição (um nome), normalmente associado a um código numérico que se faz necessário em sistemas computacionais. O formato e o tamanho dos códigos bem como a descrição e agrupamentos pode variar de acordo com a necessidade da empresa em ter informações mais sintéticas ou mais analíticas. Sempre que se elaborar um plano de contas deve-se ter em mente de que ele se trata de um importante instrumento de gestão.

Por exemplo:

Uma empresa possui 3 veículos, sendo 1 automóvel no valor de $ 50, 1 caminhão no valor de $ 100 e 1 ônibus no valor de $ 80. O plano de contas elaborado deve permitir que tenhamos cada um desses elementos separados com seus respectivos valores e agrupados com a somatória dos três.

Código da Conta	Descrição da Conta	Valor ($)
1.2.3.005	Veículos	230,00
1.2.3.005.0001	Automóvel x	50,00
1.2.3.005.0002	Caminhão x	100,00
1.2.3.005.0003	Ônibus x	80,00

No exemplo, elaborei um plano de contas contendo 5 grupos e através deles podemos identificar sua localização dentro do plano de contas da empresa:

Primeiro grupo – 1 – indica ser do Ativo

Segundo grupo – 2 – indica ser do Ativo Não Circulante

Terceiro grupo – 3 – indica do Ativo Não Circulante Imobilizado

Quarto grupo – 005 – indica a conta onde serão agrupados todos os "Veículos" da entidade

Quinto grupo – XXXX – indica individualmente cada um dos "Veículos" da entidade.

Nesse livro, para não tornar os exemplos demasiados densos, não adotaremos os códigos numéricos.

3.2 Classificação das Contas

As contas podem ser classificadas em 2 grupos: Contas Patrimoniais[15] e Contas de Resultado (teoria patrimonialista[16]). Temos também as contas de compensação que servem exclusivamente para controle, não fazem parte do patrimônio e são de uso facultativo. Não serão tratadas nesse livro.

3.2.1 Contas Patrimoniais – Ativo, Passivo e Patrimônio Líquido

As contas que fazem parte do BP são as chamadas contas patrimoniais, portanto as contas patrimoniais fazem parte do Ativo, do Passivo e do Patrimônio Líquido. Através das contas patrimoniais, também se entende como o patrimônio da entidade está evoluindo e como o capital está sendo distribuído. As contas patrimoniais representam os Bens + Direitos + Obrigações da entidade e aparecem no BP.

3.2.1.1 Contas Redutoras ou Retificadoras

Algumas contas patrimoniais têm a função de alterar, reduzindo o valor de uma determinada conta, seja do ativo, do passivo ou do PL, por alguma necessidade do procedimento contábil. São chamadas de contas redutoras ou retificadoras. Como exemplo de contas retificadoras:

- Do Ativo
    ◊ Provisão para Créditos de Liquidação Duvidosa (PLCD);
    ◊ Depreciação / Amortização ou Exaustão Acumulada etc.
- Do Passivo
    ◊ Deságio a amortizar;
    ◊ Juros a vencer etc.
- Do Patrimônio Líquido
    ◊ Capital a Realizar;
    ◊ Prejuízos Acumulados;
    ◊ Ações em Tesouraria;
    ◊ Dividendos antecipados.

---

15 Alguns autores nomeiam as contas patrimoniais por contas ativas, contas passivas ou contas de compensação.
16 Teoria patrimonialista é a teoria que entende que o Patrimônio é o objeto da contabilidade e o estudo de suas variações desse Patrimônio é o objetivo da Contabilidade

3.2.2 Contas de Resultado – Receitas, Despesas e Apuração do Resultado do Exercício

As contas de Resultados são representadas pelas contas de Receitas, as contas de Despesas e a conta ARE – Apuração do Resultado do Exercício e são divulgadas através da DRE.

As **Receitas** são todas as entradas de recursos monetários ou direitos de recebimento futuro desses recursos.

As **Despesas** ocorrem em função da saída de recursos monetários ou obrigações futuras de pagamentos.

O **ARE** – Apuração do resultado do exercício é uma conta utilizada para encerrar e ao final confrontar o total das receitas com o total das despesas, apurando o resultado que pode ser um lucro (quando receita maior que despesas) ou um prejuízo (quando receitas menores que despesas).

As contas de Receitas, Despesas e a ARE são contas transitórias e que, portanto, devem ser encerradas ao final de cada exercício contábil. Somente as contas patrimoniais "carregam" seus saldos de um exercício contábil para outro.

3.2.3 Conceito de Despesas e suas Contas

As despesas ocorrem em função de uma saída de recursos monetários ou obrigações futuras de pagamentos tais como salários, aluguéis passivos, juros passivos pagos ou a pagar etc. Existem situações em que ocorrem as despesas sem que necessariamente haja qualquer necessidade atual ou futura de saída de recursos monetários. Essa situação ocorre com a depreciação, a amortização e a exaustão.

Conforme CPC 00 R2 temos:

> "4.69 Despesas são reduções nos ativos, ou aumentos nos passivos, que resultam em reduções no patrimônio líquido, exceto aqueles referentes a distribuições aos detentores de direitos sobre o patrimônio".

As contas de despesas são as contas utilizadas para o lançamento dos valores gastos. Toda a despesa diminui um Ativo ou aumenta um Passivo. No caso de diminuição de um Ativo temos, por exemplo, a receita obtida com a venda de uma mercadoria gerando uma despesa que é o Custo da Mercadoria Vendida ou o CMV, (o quanto gastamos para comprar e colocar as mercadorias em condições de serem vendidas).

Exemplo de despesas que levam a uma diminuição do Ativo:
- Custo das Mercadorias Vendidas (CMV) e Custo dos Produtos Vendidos (CPV) levam a uma diminuição dos estoques;

- despesas de aluguéis, despesas de seguros, despesas com salários, encargos sociais, INSS, FGTS, Descontos concedidos, despesas com juros, IOF, **desde que pagos à vista**, levam a uma diminuição do Caixa e equivalentes de caixa etc.

Exemplo de despesas que levam a um aumento do passivo:
- Uma operação de salários do mês a serem pagos no mês seguinte, ou seja, gerando uma obrigação de salários a pagar.
- despesas de aluguéis, despesas de seguros, despesas com salários, encargos sociais, INSS, FGTS, Descontos concedidos, despesas com juros, IOF, **desde que pagos em exercícios futuros**, levam a um aumento das respectivas "despesas" a pagar.

3.2.4 Conceito de Receitas e suas Contas

As receitas são todas as entradas de recursos monetários ou direitos de recebimento futuros desses recursos, normalmente, através das vendas de mercadorias, produtos ou serviços, mas também através de aluguéis ativos recebidos ou a receber, juros ativos[17] recebidos ou a receber etc.

Conforme CPC 00 R2 temos:

"4.68 Receitas são aumentos nos ativos, ou reduções nos passivos, que resultam em aumentos no patrimônio líquido, exceto aqueles referentes a contribuições de detentores de direitos sobre o patrimônio".

As contas de receitas são as contas utilizadas para o lançamento dos valores decorrentes das operações de venda de produtos, mercadorias ou serviços (Receitas c/ vendas), ou aluguéis recebidos (Receitas Diversas) ou juros recebidos (Receitas Financeiras). As contas de receita levam a um aumento do Ativo ou a uma diminuição do Passivo.

Por exemplo, a venda de mercadorias leva ao aumento do caixa ou equivalentes de caixa (se à vista) ou o aumento de duplicatas a receber (se a prazo). Já para exemplificar uma receita gerando uma diminuição do passivo, podemos ter uma operação em que um cliente nos pagou antecipadamente por um serviço ainda não prestado. Nesse caso, no momento que recebemos essa antecipação aumentamos nosso ativo (caixa ou equivalentes de caixa), mas aumentamos também o passivo, pois teremos uma obrigação de entregar esse serviço no futuro. Note que enquanto não entregarmos o serviço, mesmo ele já tendo sido pago, não haverá o lançamento da receita. Isso será melhor entendido quando estudarmos o regime

---

[17] Aluguéis ativos e juros ativos são direitos que a empresam tem a receber, por outro lado, aluguéis passivos e juros passivos são obrigações que a empresa deverá pagar.

de competência. No momento em que entregamos o serviço haverá uma diminuição do passivo, já que poderemos dar baixa da obrigação da entrega dos serviços.

3.2.5 Conta de Apuração dos Resultados (ARE)

É uma conta transitória auxiliar utilizada no encerramento do exercício contábil (período contábil) para onde são transferidos os saldos de todas as contas de receita e todas as contas de despesa que são zeradas nessa manobra. A seguir, é apurado o saldo da conta de resultado através do confronto do total das receitas (créditos) com o total das despesas (débitos). Se o resultado for positivo apura-se um lucro e se negativo apura-se um prejuízo que será contabilizado na conta patrimonial Lucros acumulados ou Prejuízos acumulados e lançados no Patrimônio Líquido.

As causas principais que fazem variar o Patrimônio Líquido são:
- O investimento inicial dos sócios e seus aumentos ou diminuições posteriores.
- O resultado obtido do confronto entre as receitas e despesas dentro do exercício contábil resultando em LUCRO (quando Receitas – Despesas > 0) ou PREJUÍZO quando Receitas – Despesas < 0).

3.3 Diferença entre as Contas Patrimoniais e as Contas de Resultados

Contas Patrimoniais	Contas de Resultados
Ativo (Bens + Direitos) Passivo (Obrigações) PL (Ativo menos o Passivo)	Receitas Despesas ARE – Apuração do Resultado do Exercício
Se referem a **posição** financeira da entidade (CPC 00 R2 item 4.1 a)	Se referem ao **desempenho** financeiro da entidade (CPC 00 R2 item 4.1 b)
Exemplo: possibilita identificar a capacidade da empresa para pagar suas obrigações, ou a capacidade de solvência Transferem seus saldos entre um exercício e outro.	Exemplo: se a empresa está obtendo lucro ou prejuízo em suas atividades. Mostra a situação econômica da empresa. São transitórias sendo encerradas ao final de cada exercício.

3.4 Gastos: Custos x Despesas

A ideia não é nos aprofundarmos no conceito de custos, já que não faz parte dessa matéria, existido disciplina específica para seu estudo, mas é importante entendermos seu conceito mais básico possível, já que é utilizado em nossos exemplos e exercícios.

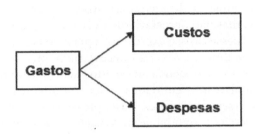

Toda empresa para operar e gerar suas receitas acaba também gerando gastos. Nas empresas com fins lucrativos, o importante é que os gastos sejam menores que as receitas (ganhos). Esses gastos, do ponto de vista da contabilidade de custos se dividem em despesas e custos. A maneira mais prática de diferenciá-los é identificar onde esses gastos são aplicados:

- **Custos**
- Na indústria – são os gastos aplicados na produção de um produto, acrescidos dos demais gastos necessários para se deixar esses produtos em condições de serem vendidos. Exemplo: Matéria-prima e componentes, Mão de obra direta e outros custos indiretos de fabricação, depreciação de equipamentos de fábrica etc.
- Em prestação de serviços – muitos processos de prestação de serviços se assemelham ao de fabricação de um produto industrial. O que muda é o fator principal dos custos que normalmente é a mão de obra qualificada e talvez uso de tecnologia. Por exemplo, em uma fábrica de software, no desenvolvimento de aplicativos, temos desenvolvedores, programadores etc. e uso intensivo de computadores e outras tecnologias.
- No comércio – são os gastos para aquisição das mercadorias acrescidos de outros para deixar essas mercadorias em condições de serem vendidos. Exemplo: embalagens etc.
- Esses custos irão ao final compor o CMV – Custo da Mercadoria Vendida ou CPV – Custo do Produto Vendido ou CSP – Custo do Serviço Prestado.
- **Despesas** – para simplificar, seriam todos os gastos que não se enquadram na categoria de custos acima definido. Por exemplo, os gastos administrativos e comerciais.

3.5 Plano de Contas
3.5.1 Exercício Contábil ou Período Contábil ou Exercício Social

O exercício ou período contábil está ligado ao ciclo operacional. Ciclo operacional é o tempo entre a aquisição de ativos para processamento e a sua realização em caixa. Normalmente, mas não necessariamente, o ciclo operacional da entidade é inferior a 12 meses, e nesse caso, o exercício ou período contábil é definido em 12 meses. Também, normalmente, mas não necessariamente, o exercício ou período contábil corresponde ao ano calendário ou ano fiscal (1/janeiro a 31/dezembro). Quando o ciclo normal de uma entidade não for claramente identificável, pressupõe-se que sua duração seja de 12 meses. Há empresas, normalmente multinacionais que em função do exercício contábil de suas matrizes adotam períodos diferentes das do ano calendário. Entretanto, como o Imposto de Renda no Brasil é apurado em 31/dezembro essas empresas são obrigadas a fazer seu fechamento contábil no mínimo duas vezes ao ano. Uma para atender ao Imposto de Renda e outra para atender seu ciclo da sua matriz.

Caso o ciclo operacional da entidade seja igual ou inferior a 12 meses, tudo que for se realizar (Ativo) ou se exigir (Passivo) será considerado CIRCULANTE ou de Curto Prazo, tendo como base a data de emissão dos demonstrativos, os demais serão classificados como NÃO CIRCULANTE ou de Longo Prazo.

Caso o ciclo operacional da entidade seja superior a 12 meses, a classificação deverá obedecer ao ciclo operacional da entidade.

A lei nº 6.404/1976 no art. 175 especifica:

"O exercício social terá duração de 1 (um) ano e a data do término será fixada no estatuto. Parágrafo único. Na constituição da companhia e nos casos de alteração estatutária o exercício social poderá ter duração diversa."

3.5.2 Exemplo de Plano de Contas

O exemplo a seguir, não pretende ser completo e nem tão pouco a única forma de se apresentar um plano de contas de uma entidade. Na contabilidade privada, ao contrário da contabilidade pública, não existe uma regra para padronização do nome das contas.

A lei nº 6.404/1976, somente padronizou o nome dos grupos e subgrupos, mas nada definiu em relação aos nomes de contas. O que ocorre na prática, é que os contadores procuram utilizar nomes de fácil interpretação e de certa forma acabam criando uma padronização. A CPC 26 R1 no item 54 traz uma relação de contas que devem ser apresentadas minimamente no BP, obedecida à legislação em vigor.

Para aqueles que desejarem um aprofundamento nesse assunto, entre os itens 55 e 58 há também algumas outras informações relativas às contas contábeis.

Apresentamos a seguir um plano de contas elaborado de acordo com o CPC 26 R1 que apresenta algumas diferenças em relação ao plano de contas conforme lei 6.404/1976.

ATIVO

Ativo Circulante (AC)

Caixa e equivalentes de Caixa (Disponibilidades lei nº 6.404/1976)

Caixa

Bancos (conta movimento)[18]

Aplicações de resgate imediato

Valores em trânsito (ou numerário em trânsito) – dinheiro transitando entre estabelecimentos da mesma empresa.

Clientes e outros Recebíveis (ou direitos realizáveis)

Clientes ou Duplicatas a Receber

(-) PCLD[19]

Contas a Receber

Impostos a Recuperar

Juros a receber ou Juros Ativos

Aluguéis a receber ou Aluguéis Ativos

Clientes ou Duplicatas a Receber de Longo Prazo conforme CPC 26 R1 item 68:

---

18 Bancos (conta movimento), Aplicações de Resgate imediato e valores em trânsito são considerados equivalentes de Caixa e assim como o Caixa ficam alocados em um subgrupo chamado de Disponível ou Disponibilidades.
19 A provisão para Crédito de Liquidação Duvidosa (PCLD) é constituída para reconhecer no resultado, as prováveis perdas no recebimento de créditos registrados no ativo. Em outras palavras, informa o valor estimado que a empresa entende perder por conta de clientes inadimplentes.

"[...] Os ativos circulantes incluem ativos (tais como estoque e contas a receber comerciais) que são vendidos, consumidos ou realizados como parte do ciclo operacional normal, **mesmo quando não se espere que sejam realizados no período de até doze meses após a data do balanço** [...]".

Estoques
    Estoques de Matérias-primas
    Estoques de produtos em processo
    Estoques de produtos acabados
    Mercadorias
    Animais para abate
    Ativo não circulante mantido para venda
    Materiais de uso e consumo
    Materiais de escritório
    Materiais de limpeza
    Materiais de Expediente
    Peças para Reparo

Ativos Financeiros
    Instrumentos financeiros disponíveis para venda

Pagamentos Antecipados
    Prêmios de seguros a serem pagos antecipadamente
    Adiantamento a fornecedores
    Adiantamento a empregados
    Encargos financeiros a transcorrer

Ativo não circulante (ANC)

Realizável a Longo Prazo (RLP)

Praticamente as mesmas contas componentes do ativo circulante, porém com prazos de realização no exercício subsequente. Algumas contas com caráter de liquidez, como as participantes do disponível (Caixa, Bancos e Aplicações de resgate imediato) não tem sentido participarem do RLP. Mesmo estoques, normalmente são circulantes, mas pode haver segmentos empresariais ou mesmo algum tipo de produto que por suas características possuem um prazo de realização mais longo, e, portanto, podem fazer parte do RLP. Entretanto, segundo o CPC 26 R1 item 68 devem sempre ser alocados no Ativo Circulante.

Investimentos
    Participações em outras empresas (controladas / coligadas)
    Obras de arte
    Imóveis para renda
    (-) Depreciação acumulada

Imobilizado
    Veículos
    Máquinas e Equipamentos
    Equipamentos de Tecnologia
    Móveis e Utensílios
    Instalações
    Imóveis de uso
    Terrenos em uso
    (-) Depreciação acumulada
    (-) Amortização acumulada
    (-) Exaustão acumulada
    Software (quando essenciais ao funcionamento do equipamento. Ex.: sistema operacional Android, Windows etc.)

Intangível
    Marcas e Patentes
    Fundo de Comércio
    Direitos Autorais
    Concessão para exploração de serviços
    Softwares (quando não essenciais ao funcionamento do equipamento. Exemplo: pacote Office)
    (-) Amortização acumulada

De acordo com o item 54 do CPC 26 R1, deve ainda ser apresentado no Ativo não circulante, adicionalmente ao que já foi apresentado:
- Ativos Biológicos
- Investimentos avaliados pelo método da equivalência patrimonial
- Propriedades para investimento

PASSIVO
Passivo Circulante (PC)

Fornecedores ou Duplicatas a pagar

Contas a Pagar

Salários a pagar

Encargos sociais a recolher

Financiamentos a pagar

Empréstimos a pagar

Dividendos a pagar

Energia Elétrica a pagar

Em resumo "qualquer coisa" a pagar

Adiantamento de Clientes

Imposto de renda a pagar

Impostos a recolher

Financiamentos

Empréstimos

Provisão de 13º

Debêntures – são títulos de crédito, emitidos por sociedades por ações, para captar recursos financeiros para eventuais necessidades, a um custo menor, pagando juros em dinheiro ou através de participação nos lucros aos credores após determinado período. As despesas incorridas na sua emissão serão contabilizadas na conta Despesas antecipadas, por exemplo, e serão amortizadas durante o prazo da dívida. Pode ocorrer tanto ágio quanto deságio na emissão da debênture.

Juros a pagar ou Juros Passivos

Aluguéis a pagar ou Aluguéis Passivos

Duplicatas Descontadas – conforme CPC 38 item 20. Anteriormente essa conta era considerada redutora da conta de clientes (ou duplicatas a receber) do Ativo.

Fornecedores ou Duplicatas a pagar de Longo Prazo conforme CPC 26 R1 item 70:

"Alguns passivos circulantes, tais como contas a pagar comerciais e algumas apropriações por competência relativas a gastos com empregados e outros custos operacionais são parte do capital circulante usado no ciclo operacional normal da entidade. Tais itens operacionais são classificados como passivos circulantes mesmo que estejam para ser liquidados em mais de doze meses após a data do balanço patrimonial. O mesmo ciclo operacional normal aplica-se à classificação dos ativos e passivos da entidade. Quando o ciclo operacional normal da entidade não for claramente identificável, pressupõe-se que a sua duração seja de doze meses".

Passivo não circulante (PNC)

Praticamente as mesmas contas componentes do passivo circulante, porém com prazos de vencimento no exercício subsequente.

Patrimônio Líquido (PL)

Capital

Capital Social

Capital subscrito

(-) Capital a Integralizar

(-) gastos com emissão de títulos

Reserva de Capital

Ágio na emissão de ações – quando o valor da venda de uma ação for maior que seu valor nominal.[20]

Alienação de partes beneficiárias

Reserva de Lucro

Reserva legal

Reserva estatutária

Reserva de incentivos fiscais (após lei nº 11.638/2007, antes era considerada reserva de capital)

Outras reservas de lucro

Ajustes de avaliação patrimonial – ocorrem em função do aumento ou diminuição de elementos do ativo ou do passivo.

Ajustes de Instrumentos financeiros

Ajustes de Ativos

Ajustes de Passivos

Exemplo:

- Um veículo está registrado no ativo imobilizado por $ 20.000, porém seu valor de mercado é $ 30.000. a diferença de $ 10.000 representa um ajuste de avaliação patrimonial a ser registrada nessa conta.

Lucros e Prejuízos acumulados

Lucros acumulados[21]

---

20 Deságio na emissão de ações é quando a ação é negociada a preço inferior ao seu valor patrimonial.
21 As sociedades por ações (S/A) regidas pela lei nº 6.404/1976 modificada pela lei nº 11.638/2007 não apresentam a conta Lucros Acumulados, já que em caso de lucro esse deva configurar a reserva de lucros, aumento do Capital ou ser distribuído. Não significa que a conta não exista, ela apenas não aparece nos demonstrativos.

Prejuízos acumulados
Ações em tesouraria
(-) Ações em tesouraria

Conforme a lei nº 6.404/1976 em seu art. 178 § 1º. no ativo, as contas serão dispostas em ordem decrescente de grau de liquidez dos elementos nelas registrados. As contas mais líquidas são aquelas mais rapidamente convertidas em espécie (dinheiro). Já no passivo, as contas serão normalmente dispostas em ordem de exigibilidade, ou seja, de seu vencimento.

> **As diferenças de critérios de classificação entre a lei nº 6.404/1976 e o CPC 26 R1 devem ser analisadas caso a caso. O mais usual é a obediência à lei, portanto, em caso de dúvida em algum enunciado de exercício, siga a que diz a lei nº 6.404/1976 em relação às classificações.**

3.5.3 Curiosidade sobre a conta CAIXA

Caixa é a conta com maior liquidez do BP de uma empresa. Ela representa o dinheiro em espécie, o numerário, e é mantido normalmente em pequeno volume para atender pequenos pagamentos ou disponibilizar troco em vendas à vista. Alguns a chamam de "caixinha".

Dependendo do tipo de operação da empresa, essa conta pode sofrer muitas movimentações de valores insignificantes, e sendo o processo manual, para se evitar um volume excessivo de trabalho, a atualização e registro do valor atualizado dessa conta pode ser feita em intervalo superior de tempo. Por exemplo, a cada 30 dias. No dia a dia o controle efetuado é apenas financeiro e não contábil. Esse método é chamado de fundo fixo de caixa. Se a empresa optar em manter a escrituração contábil a cada movimentação, normalmente em processos automatizados, recebe o nome de caixa flutuante.

3.5.4 Ativos Biológicos

Os ativos biológicos foram incluídos separadamente por serem normalmente pouco evidenciados, mas que são assuntos de concursos e exames.

- São animais ou plantas, vivos.

De acordo com o CPC 29, os ativos biológicos são seres vivos (plantas e animais), que, após o processo de colheita, tornam-se produtos agrícolas, devendo ser aplicada sobre eles uma avaliação de valor justo.

Sendo assim, a transformação em ativo acontece quando a vida do ser vivo passa por um processo de degeneração e termina.

"item 3 – Este Pronunciamento deve ser aplicado para a produção agrícola, assim considerada aquela obtida no momento e no ponto de colheita dos produtos advindos dos ativos biológicos da entidade. Após esse momento, o CPC 16 – Estoques, ou outro Pronunciamento Técnico mais adequado, deve ser aplicado. Portanto, este Pronunciamento não trata do processamento dos produtos agrícolas após a colheita, como, por exemplo, o processamento de uvas para a transformação em vinho por vinícola, mesmo que ela tenha cultivado e colhido a uva".

Ativos Biológicos	Produtos Agrícolas	Produtos resultantes do processamento após a colheita
Carneiros	Lã	Fios, tapetes
Plantação de árvore para madeira	Árvore cortada	Tora, madeira serrada
Gado de leite	Leite	Queijo
Porcos	Carcaça	Salsicha, presunto
Plantação de algodão	Algodão colhido	Fio de algodão, roupa
Cana de açúcar	Cana colhida	Açúcar
Plantação de fumo	Folha colhida	Fumo curado
Arbusto de chá	Folha colhida	Chá
Videira	Uva colhida	Vinho
Árvore frutífera	Fruta colhida	Fruta processada
Palmeira de Dendê	Fruta colhida	Óleo de palma
Seringueira	Látex colhido	Produtos de borracha
Algumas plantas, por exemplo, arbustos de chá, videiras, palmeira de dendê e seringueira, geralmente, atendem à definição de planta portadora e estão dentro do alcance do CPC 27 (BRASIL. Pronunciamento técnico CPC 27, 2009) No entanto, o produto de planta portadora, por exemplo, folhas de chá, uvas, óleo de palma e látex, está dentro do alcance do CPC 29. (Item alterado pela Revisão CPC 08)		

Por exemplo, as árvores frutíferas que fornecem frutas, são consideradas como ativos biológicos. No entanto, quando elas são colhidas, tornam-se produtos agrícolas que poderão passar por um processamento resultando em algum tipo de suco, por exemplo.

Outro exemplo é o da plantação de fumo, um ativo biológico que, após passar por toda transformação biológica e chegar ao ponto de colheita e, portanto, ter suas folhas colhidas, passará a ser produto agrícola e, após o processamento, torna-se fumo curado.

Para ser considerado ativo biológico, o ativo precisa conseguir o reconhecimento de uma entidade controladora, o que acontece quando se verifica que existirão benefícios econômicos futuros para a entidade.

O cálculo de tais benefícios, por sua vez, é feito pela mensuração confiável do valor justo e do custo do ativo, sendo imprescindível considerar a depreciação e o risco de perda.

3.6 Exercícios Resolvidos – Plano de Contas

Exercício 1 – Plano de Contas

Classifique as contas conforme a tabela

Conta	Ativo Passivo PL	Circulante (C) ou Não Circulante (NC)	Disponível RLP Investimento Imobilizado Intangível
Caixa			
Terrenos			
Mercadorias			
Fornecedores			
Contas a Receber no Curto Prazo			
Veículos			
Clientes			
Bancos (conta movimento)			
Capital Social			
Duplicatas a pagar no longo prazo			
Imóveis para renda			
Software (aplicativo)			
Software (sistema operacional)			
Duplicatas a pagar no curto prazo			

Marcas			
Ações em empresas coligadas			
Aplicações de resgate imediato			
Reservas de Lucros			
Contas a receber no longo prazo			
Capital a Integralizar			
Imóvel para uso			
Estoque de matéria-prima			
Impostos a recolher no curto prazo			
Depreciação Acumulada			
Reserva de Capital			

Resolução Exercício 1 – Plano de Contas

A classificação de determinadas contas (Clientes, Fornecedores, Duplicatas a receber, Duplicatas a pagar, Contas a pagar, contas a receber, Estoques, Mercadorias) é diferente dependendo se a empresa considera a lei nº 6.404/1976 ou se considera o CPC 26 R1. No primeiro caso a classificação de curto ou longo prazo (circulante ou não circulante) é definido pelo prazo de realização ou vencimento. Já conforme o CPC 26 itens 68 e 70, tais contas são sempre consideradas circulantes.

Conta	Ativo Passivo PL	Circulante (C) ou Não Circulante (NC)	Disponível RLP Investimento Imobilizado Intangível
Caixa	Ativo	C	Disponível
Terrenos	Ativo	NC	Imobilizado
Mercadorias	Ativo	C ou NC	C sempre pelo CPC 26 R1 item 68 ou se C ou NC no RLP pela lei nº 6.404/1976
Fornecedores	Passivo	C ou NC	C pelo CPC 26 R1 item 70 ou NC pela lei nº 6.404/76

Contas a Receber no Curto Prazo	Ativo	C	
Veículos	Ativo	NC	Imobilizado
Clientes	Ativo	C ou NC	CPC 26 R1 item 68 ou RLP – lei nº 6.404/76
Bancos (conta movimento)	Ativo	C	Disponível
Capital Social	PL		
Duplicatas a pagar no longo prazo	Passivo	C ou NC	C pelo CPC 26 R1 item 70 ou NC pela lei nº 6.404/76
Imóveis para renda	Ativo	NC	Imobilizado
Software (aplicativo)	Ativo	NC	Investimentos
Software (sistema operacional)	Ativo	NC	Imobilizado
Duplicatas a pagar no curto prazo	Passivo	C	
Marcas	Ativo	NC	Intangível
Ações em empresas coligadas	Ativo	NC	Investimentos
Aplicações de resgate imediato	Ativo	C	Disponível
Reservas de Lucros	PL		
Contas a receber no longo prazo	Ativo	C ou NC	C pelo CPC 26 R1 item 68 ou NC pela lei nº 6.404/76
Capital a Integralizar	PL		
Imóvel para uso	Ativo	NC	Imobilizado
Estoque de matéria-prima	Ativo	C ou NC	C sempre pelo CPC 26 R1 item 68 ou se C ou NC no RLP pela lei nº 6.404/1976
Impostos a recolher no curto prazo	Passivo	C	
Depreciação Acumulada	Ativo	NC	Imobilizado
Reserva de Capital	PL		

Exercício 2 – Plano de Contas

Dadas as contas contábeis e respectivos valores, descubra o valor da conta "Lucros Acumulados".

- Caixa $ 40
- Contas a receber $ 30
- Mercadorias $ 50
- Financiamento $ 35
- Capital Social $ 20
- Fornecedores $ 10
- Qual é a Reserva de Lucros Acumulados?

Resolução Exercício 2 – Plano de Contas

A primeira providência é separar as contas do ativo, do passivo e o PL e, em seguida, aplicar a equação fundamental do patrimônio (A = P + PL). Lembre-se que o total do passivo mais o PL deve ser igual ao total do ativo, portanto, uma vez encontrado o total do ativo basta calcular a diferença encontra com o total do passivo mais o PL. Essa diferença será o valor da conta que se procura, no caso Lucros Acumulados.

Ativo		Passivo	
Caixa	40	Financiamentos	35
Contas a receber	30	Fornecedores	10
Mercadorias	50		
		PL	
		Capital Social	20
		Reserva de Lucros Acumulados	55
Total do Ativo	**120**	**Total do Passivo**	**120**

Resposta: 55

3.7 Exercícios Propostos – Plano de Contas

1) Dadas as contas e respectivos valores, descubra o valor da conta "Mercadorias".
- Caixa $ 40
- Contas a receber (Curto Prazo) $ 30
- Contas a receber (Longo Prazo) $ 10
- Mercadorias $?
- Empréstimos $ 30

- Financiamento $ 35
- Capital Social $ 20
- Fornecedores $ 10
- Reserva de Lucros Acumulados $ 5

2) Considerando que uma empresa possui um ciclo operacional de 1 ano e que seu período contábil esteja 1 de abril de 2021 e 31 de março de 2022. Supondo a data de realização dos ativos abaixo, qual será o valor do ativo circulante e do ativo não circulante. A empresa segue o estipulado pela lei nº 6.404/1976.

- Caixa $ 10
- Mercadorias $ 20 (com previsão de venda a longo prazo)
- Clientes $ 100 (a se realizar em 30 de maio se 2021)
- Clientes $ 80 (a se realizar em 30 de maio de 2022)
- Fornecedores $ 80
- Contas a pagar $ 40
- Contas a receber no curto prazo $ 20
- Capital Social $ 200

3) Qual das alternativas abaixo consideram apenas ativos biológicos?
a) Lã, arbusto de chá. Leite
b) Gado de leite, seringueiras, videiras
c) Látex, Fumo, árvore cortada
d) Tapetes, fio de algodão, palmeira de dendê
e) Plantação de árvores para corte, madeira em tora, fruta processada

4) (CFC 2002-1)
Uma determinada empresa apresenta a conta Móveis e Utensílios com saldo inicial de R$ 15.000,00. Durante o exercício adquiriu mesas e cadeiras no valor de R$ 18.000,00, sendo 50% à vista e o restante a prazo de 30 dias. Vendeu cadeiras usadas a prazo por R$ 4.000,00 sendo esse o preço de custo, e adquiriu à vista prateleiras por R$ 5.000,00. O saldo final da conta é:
a) R$ 25.000,00
b) R$ 33.000,00
c) R$ 34.000,00
d) R$ 38.000,00

5) Considerando o enunciado anterior, supondo que a conta Caixa tivesse um saldo inicial de R$ 20.000,00. Qual é seu saldo final:
a) R$ 7.000,00
b) R$ 11.000,00
c) R$ 8.000,00
d) R$ 6.000,00

4 Método dos Balanços Sucessivos ou Método "Americano"

É o método mais comum no ensino da contabilidade encontrado nos livros didáticos americanos. Uma maneira que consiste em elaborar algumas operações contábeis comuns, nomear as contas e lançar diretamente no BP e conforme necessidade na DRE. Com isso, mesmo sem o conhecimento de conceitos mais complexos o aluno vai se acostumando com a nomenclatura das contas, como a leitura e a interpretação de uma operação contábil e a localização dessa conta dentro do BP. O mecanismo desse método é feito através da elaboração de um novo BP (baseado sempre no BP anterior) a cada operação dada. Assim após, a última operação, se terá elaborado um BP e DRE sem necessidade de conhecer conceitos mais avançados, como, por exemplo, os conceitos de debitar e creditar. É claro que no dia a dia, tal método seria impraticável já que ele demanda sempre elaborar um novo BP e DRE a cada operação. Portanto, trata-se de um método meramente didático.

Vamos inicialmente, resolver um exemplo bem simples, sem a preocupação com o ordenamento correto das contas dento do Ativo, do Passivo e do PL, e nem a separação pelas subdivisões de Circulante e Não Circulante, que até aqui ainda não aprendemos.

Exemplo 1

a) Integralização de capital social em dinheiro pelos sócios $ 80

| Caixa | 80 | Capital Social | 80 |

Sendo o investimento dos sócios em dinheiro, esse dinheiro segue para o caixa da empresa. Veja que sempre há no mínimo o lançamento em 2 contas (no mínimo)

b) Compra à vista de: Móveis e Utensílios, $ 3, um automóvel, $ 25 e mercadorias $ 20.

Caixa	32		
Mercadorias	20		
Móveis e Utensílios	3		

Veículos	25	Capital Social	80
Total	80	Total	80

Sendo a compra à vista, o dinheiro saiu do caixa e foi alocado nos bens comprados. Note que não houve alteração do valor patrimonial, ou seja, quantitativamente não houve alteração patrimonial. A alteração ocorreu apenas em nível qualitativo.

c) Compra de mercadorias a prazo $ 30

Caixa	32	Fornecedores	30
Mercadorias	50		
Móveis e Utensílios	3		
Veículos	25	Capital Social	80
Total	110	Total	110

Mercadorias compradas a prazo significam admitir uma dívida para com um fornecedor ou duplicatas a pagar. Nesse caso aparece um passivo, uma obrigação.

d) Compra de uma casa no valor de $ 100 a prazo

Caixa	32	Fornecedores	30
Mercadorias	50	Financiamento	100
Móveis e Utensílios	3		
Veículos	25		
Imóveis	100	Capital Social	80
Total	210	Total	210

Normalmente, na compra ou venda de mercadorias (para revenda), a prazo, usamos as contas duplicatas a pagar (ou fornecedores) ou duplicatas a receber (ou clientes). Já por se trata da compra de um outro tipo de bem a prazo, fica mais adequado chamarmos de financiamento.

e) Venda de Mercadorias sendo $ 10 à vista e $ 8 a prazo (a preço de custo)

Caixa	42	Fornecedores	30
Mercadorias	32	Financiamento	100
Clientes	8		

Móveis e Utensílios	3		
Veículos	25	Capital Social	80
Imóveis	100		
Total	**210**	**Total**	**210**

Nesse caso, as mercadorias vendidas totalizaram $ 18, sendo que os $ 10 à vista, entraram no caixa, e os $ 8 a prazo como duplicatas a receber (ou clientes). O valor do patrimônio permaneceu o mesmo, portanto, a mudança foi apenas qualitativa.

f) Pagamento de uma duplicata a pagar (fornecedores) em dinheiro $ 10

Caixa	32	Fornecedores	20
Mercadorias	32	Financiamento	100
Clientes	8		
Móveis e Utensílios	3		
Veículos	25	Capital Social	80
Imóveis	100		
Total	**200**	**Total**	**200**

O pagamento da duplicata em $ 10, resultou no abatimento da obrigação com os fornecedores e uma saída de caixa no mesmo valor. Nesse caso, houve a mudança do valor patrimonial.

g) Recebeu uma duplicata a receber (clientes) em dinheiro $ 2

Caixa	34	Fornecedores	20
Mercadorias	32	Financiamento	100
Clientes	6		
Móveis e Utensílios	3		
Veículos	25	Capital Social	80
Imóveis	100		
Total	**200**	**Total**	**200**

O recebimento da duplicata a receber (clientes) fez com que esse direito diminuísse e uma entrada no caixa no mesmo valor. Logo, o valor patrimonial não foi alterado.

Exemplo 2

Nesse exemplo vamos introduzir uma operação que ocasionará uma receita e uma despesa resultando em um lucro.

a) Integralização de Capital Social em dinheiro, pelos sócios, $ 5.000
b) Compra de mercadorias, à vista, $ 4.000
c) Venda da totalidade das mercadorias em estoque, à vista, por $ 7.000

a)

Caixa	5.000	Capital Social	5.000

b)

Caixa	1.000	Capital Social	5.000
Mercadorias	4.000		
Total	5.000	Total	5.000

c)

Caixa	8.000	Capital Social	5.000
Mercadorias			
Total	8.000	Total	5.000

A empresa possuía $ 4.000 em estoques de mercadorias e vendeu a totalidade desses estoques por $ 7.000, à vista. Logo, entrou $ 7.000 no caixa e foi feita a baixa das mercadorias ao preço de custo que foi de $ 4.000. Mas com isso, o BP ficou "desbalanceado", totalizando $ 8.000 no Ativo e $ 5.000 no Passivo mais o PL. Qual a causa disso?

Compramos as mercadorias por $ 4.000 e as revendemos por $ 7.000. Portanto, a diferença que está aparecendo é porque não lançamos o lucro apurado nessa operação que foi de $ 3.000. O lucro é lançado em uma conta patrimonial que aparece no patrimônio líquido, com o nome de Lucros Acumulados.

d)

Caixa	8.000	Capital Social	5.000
Mercadorias		Lucros Acumulados	3.000
Total	8.000	Total	8.000

Receita de Venda	7.000
Custo da Mercadoria Vendida (CMV)	4.000
Resultado do Exercício (Lucro)	**3.000**

4.1 Exercícios Resolvidos – Balanços Sucessivos

Exercício 1 – Balanços Sucessivos

Através do método de balanços sucessivos, elabore o BP
a) Constituição do Capital pelos sócios $ 5.000 em dinheiro
b) Compra, a prazo, de $ 6.000 em mercadorias
c) Compra de um imóvel, à vista, no valor de $ 2.000
d) Venda de 1/3 das mercadorias, à vista, pelo preço de custo.

Resolução Exercício 1

a)

Caixa	5.000	Capital	5.000
Total	**5.000**	**Total**	**5.000**

b)

Caixa	5.000	Fornecedores	6.000
Mercadorias	6.000	Capital	5.000
Total	**11.000**	**Total**	**11.000**

c)

Caixa	3.000	Fornecedores	6.000
Mercadorias	6.000	Capital	5.000
Imóveis	2.000		
Total	**11.000**	**Total**	**11.000**

d)

Caixa	5.000	Fornecedores	6.000
Mercadorias	4.000	Capital	5.000

Imóveis	2.000		
Total	11.000	Total	11.000

Exercício 2 – Balanços Sucessivos

Através do método de balanços sucessivos, elabore o BP. Note que há uma mudança na venda o que ocasionará o aparecimento de um novo item no patrimônio Líquido

a) Constituição do Capital pelos sócios $ 10.000 em dinheiro
b) Compra, a prazo, de $ 18.000 em mercadorias
c) Venda de 1/3 das mercadorias, à vista, por $ 9.000

Resolução Exercício 2

a)

Caixa	10.000	Capital	10.000
Total	10.000	Total	10.000

b)

Caixa	10.000	Fornecedores	18.000
Mercadorias	18.000	Capital	10.000
Total	28.000	Total	28.000

c)

Caixa	19.000	Fornecedores	18.000
Mercadorias	12.000	Capital	10.000
		Lucros Acumulados	3.000
Total	31.000	Total	31.000

Exercício 3 – Balanços Sucessivos

Esse exercício exigirá um pouco mais de raciocínio. Ao contrário dos 2 anteriores onde são propostas inicialmente as operações para então se elaborar os balanços aqui propõe-se o balanço e a partir dele pede-se a operação.

a)

Caixa	12.000	Capital	24.000
Estoque	12.000		
Total	**24.000**	**Total**	**24.000**

b)

Caixa	12.000	Contas a pagar	6.000
Estoques	12.000	Capital	24.000
Móveis e Utensílios	6.000		
Total	**30.000**	**Total**	**30.000**

c)

Caixa	14.000	Contas a pagar	6.000
Estoques	12.000	Capital	26.000
Móveis e Utensílios	6.000		
Total	**32.000**	**Total**	**32.000**

d)

Caixa	13.000	Contas a pagar	6.000
Estoques	12.000	Capital	26.000
Móveis e Utensílios	6.000		
Veículos	1.000		
Total	**32.000**	**Total**	**32.000**

e)

Caixa	10.000	Contas a pagar	3.000
Estoques	12.000	Capital	26.000
Móveis e Utensílios	6.000		
Veículos	1.000		
Total	**29.000**	**Total**	**29.000**

f)

Caixa	5.000	Contas a pagar	8.000
Estoques	12.000	Capital	26.000
Móveis e Utensílios	6.000		
Veículos	1.000		
Equipamentos	10.000		
Total	34.000	Total	34.000

Resolução Exercício 3
a) Integralização de capital pelos sócios $ 24.000, sendo $ 12.000 em estoques e $ 12.000 em dinheiro

b) Compra de móveis e utensílios, a prazo, $ 6.000

c) Aumento do capital social pelos sócios, em dinheiro, $ 2.000

d) Compra de um veículo, à vista, $ 1.000

e) Pagamento em dinheiro, $ 3.000, das dívidas do contas a pagar

f) Compra de equipamentos, $ 10.000, sendo metade à vista e metade a prazo.

4.2 Exercícios Propostos – Balanços Sucessivos

1) Através do método de balanços sucessivos, elabore os BPs

a) Integralização do Capital pelos sócios sendo $ 10.000 em dinheiro e $ 2.000 em equipamentos.

b) Compra, a prazo, de $ 8.000 em mercadorias.

c) Venda de metade das mercadorias, à vista, pelo preço de custo.

2) Através do método de balanços sucessivos, elabore os BPs

a) Emissão de Capital pelos sócios em dinheiro $ 5.000.

b) Compra de 2 salas comerciais para instalação do escritório, à vista, por $ 1.000 cada sala.

c) Compra a prazo (em 3 parcelas) de instalações, $ 1.500.

d) Venda de uma das salas, a preço de custo, à vista

e) Pagamento de uma das parcelas referente compra de instalações

5 Balanço Patrimonial

É interessante comparar o BP antes das mudanças introduzidas pela lei nº 11.939/2007 (que alterou disposições da lei nº 6.404/1976) com o BP atual, já que alguns autores e livros, e mesmo alguns termos utilizados em leis e normas tiveram sua origem naquele modelo anterior.

BP antes das mudanças da lei 6.404/1976 pela lei 11.638/2007	
ATIVO	**PASSIVO**
Ativo Circulante Ativo Realizável a Longo Prazo Ativo Permanente Investimento Ativo Imobilizado Ativo Diferido	Passivo Circulante Passivo Exigível a Longo Prazo Resultado de Exercício Futuro
	PL
	Capital Social Reservas de Capital Reservas e Reavaliação Reservas de Lucros Lucro ou Prejuízo acumulados

BP antes das mudanças da lei 6.404/1976 pela lei 11.638/2007	
ATIVO	**PASSIVO**
Ativo Circulante Ativo Não Circulante Realizável a Longo Prazo Investimento Imobilizado Intangível	Passivo Circulante Passivo Não Circulante
	PL
	Capital Social Reservas de Capital Ajustes de Avaliação Patrimonial Reservas de Lucros (-) Ações em Tesouraria Lucro ou Prejuízo acumulados

5.1 Ativo

"Art. 178. No balanço, as contas serão classificadas segundo os elementos do patrimônio que registrem, e agrupadas de modo a facilitar o conhecimento e a análise da situação financeira da companhia.

§ 1º No ativo, as contas serão dispostas em ordem decrescente de grau de liquidez dos elementos nelas registrados, nos seguintes grupos:

I - ativo circulante; e (Inciso acrescido pela Medida Provisória nº 449, de 3/12/2008, convertida na lei nº 11.941, de 27/5/2009)

II - ativo não circulante, composto por ativo realizável a longo prazo, investimentos, imobilizado e intangível. (Inciso acrescido pela Medida Provisória nº 449, de 3/12/2008, convertida na lei nº 11.941, de 27/5/2009) [...]"

Já conforme o CPC 00 R2 temos:

"4.3 Ativo é um recurso econômico presente controlado pela entidade como resultado de eventos passados.

[...]"

5.1.1 Ativo Circulante (AC)

Conforme o Art. 179 da lei nº 6.404/1976 temos que serão classificadas:

"[...]

I - no ativo circulante: as disponibilidades, os direitos realizáveis no curso do exercício social subsequente e as aplicações de recursos em despesas do exercício seguinte;

[...]"

Conforme o art. 66 do CPC 26 R1, temos que:

"O ativo deve ser classificado como circulante quando satisfizer qualquer dos seguintes critérios:

(a) espera-se que seja realizado, ou pretende-se que seja vendido ou consumido no decurso normal do ciclo operacional da entidade;

(b) está mantido essencialmente com o propósito de ser negociado;

(c) espera-se que seja realizado até doze meses após a data do balanço; ou

(d) é caixa ou equivalente de caixa (conforme definido no Pronunciamento Técnico CPC 03 – Demonstração dos Fluxos de Caixa), a menos que sua troca ou uso para liquidação de passivo se encontre vedada durante pelo menos doze meses após a data do balanço".

5.1.2 Ativo Não Circulante (ANC)

Todos os demais ativos não enquadrados como circulante devem ser classificados como não circulantes.

O ativo não circulante deve ser subdividido em realizável a longo prazo, investimentos, imobilizado e intangível.

5.1.3 Realizável a Longo Prazo

Conforme o Art. 179 da lei nº 6.404/1976 temos que serão classificadas:

"[...]

II - no ativo realizável a longo prazo: os direitos realizáveis após o término do exercício seguinte, assim como os derivados de vendas, adiantamentos ou empréstimos a sociedades coligadas ou controladas (artigo 243), diretores, acionistas ou participantes no lucro da companhia, que não constituírem negócios usuais na exploração do objeto da companhia;

[...]"

Isso significa que praticamente os mesmos elementos que compõem o ativo circulante poderão participar do ativo não circulante realizável a longo prazo, tendo por base de diferenciação o prazo de sua realização.

5.1.4 Investimentos

Conforme o Art. 179 da lei nº 6.404/1976 temos que serão classificados:

"[...]

III - em investimentos: as participações permanentes em outras sociedades e os direitos de qualquer natureza, não classificáveis no ativo circulante, e que não se destinem à manutenção da atividade da companhia ou da empresa;

[...]"

Logo, devem ser classificadas as contas que representam aplicações de recursos em bens tangíveis e intangíveis não usadas nas atividades da empresa (não classificadas no ativo circulante e no realizável a longo prazo) e por aplicações de recursos em participações societárias permanentes.

Além das anteriores incluiu também outra classificação conforme NBC TG 28 R4 item 7:

"As propriedades para investimento são mantidas para obter rendas ou para valorização do capital ou para ambas [...]"

5.1.5 Imobilizado

Conforme o Art. 179 da lei nº 6.404/1976 temos que serão classificados:

"[...]

IV - no ativo imobilizado: os direitos que tenham por objeto bens corpóreos destinados à manutenção das atividades da companhia ou da empresa ou exercidos com essa finalidade, inclusive os decorrentes de operações que transfiram à companhia os benefícios, riscos e controle desses bens; (Inciso com redação dada pela lei nº 11.638, de 28/12/2007)

[...]"

Diferentemente dos investimentos, são bens corpóreos, algo que tem corpo, conseguimos visualizar e pegar e que se destinam ao uso nas operações da entidade. Ex.: Imóveis para uso, veículos, máquinas e equipamentos, software (quando o equipamento depende dele para funcionar, como, por exemplo, um sistema operacional como Windows, ou Android) etc.

5.1.6 Intangível

Conforme o Art. 179 da lei nº 6.404/1976 temos que serão classificados:

"[...]

VI - no intangível: os direitos que tenham por objeto bens incorpóreos destinados à manutenção da companhia ou exercidos com essa finalidade, inclusive o fundo de comércio adquirido. (Inciso acrescido pela lei nº 11.638, de 28/12/2007)

[...]"

Intangível é o mesmo que incorpóreo, ou algo que não possui corpo, que não é possível visualizar, mas que tem existência e valor econômico, destinados às operações da entidade. Ex.: fundo de comércio (é o ponto comercial que vemos eventualmente em placas do tipo "passo o ponto" nas portas dos comércios, é um sinônimo de "clientela"), marcas e patentes, software (quando o equipamento não depende dele para funcionar, por exemplo um software aplicativo) etc.

Identificação de um ativo intangível

"Um ativo é considerado intangível quando:

(a) é separável, ou seja, puder ser separado da entidade e vendido, transferido... (Exemplo: uma marca adquirida ou própria pode ser vendida separadamente) ou

(b) é gerado por direitos contratuais ou direitos legais... Independentemente de poderem ser transferidos ou separáveis da entidade (Exemplo: uma licença de operação de telefonia celular está tão intrinsecamente ligada à empresa que não pode ser vendida e é um intangível resultante de uma concessão pública".

> **Gastos com pesquisa para desenvolvimento de um novo produto deve ser lançado como despesas até se ter certeza da sua viabilidade, e a partir daí lançado como intangível.**

5.2 Passivo

"Art. 178. No balanço, as contas serão classificadas segundo os elementos do patrimônio que registrem, e agrupadas de modo a facilitar o conhecimento e a análise da situação financeira da companhia.

[...]

§ 2º No passivo, as contas serão classificadas nos seguintes grupos:

I - passivo circulante; (Inciso acrescido pela Medida Provisória nº 449, de 3/12/2008, convertida na lei nº 11.941, de 27/5/2009)

II - passivo não circulante; e (Inciso acrescido pela Medida Provisória nº 449, de 3/12/2008, convertida na lei nº 11.941, de 27/5/2009)

[...]"

5.2.1 Passivo Circulante

Conforme o art. 69 do CPC 26 R1, temos que:

"O passivo deve ser classificado como circulante quando satisfizer qualquer dos seguintes critérios:

(a) espera-se que seja liquidado durante o ciclo operacional normal da entidade;

(b) está mantido essencialmente para a finalidade de ser negociado;

(c) deve ser liquidado no período de até doze meses após a data do balanço; ou

(d) a entidade não tem direito incondicional de diferir a liquidação do passivo durante pelo menos doze meses após a data do balanço (ver item 73). Os termos de um passivo que podem, à opção da contraparte, resultar na sua liquidação por meio da emissão de instrumentos patrimoniais não devem afetar a sua classificação".

5.2.2 Passivo não circulante

Todos os outros passivos que não se enquadrarem como circulante devem ser classificados como não circulantes. Isso significa que praticamente os mesmos elementos que compõem o passivo circulante poderão participar do passivo não circulante, tendo por base de diferenciação o prazo do seu vencimento.

5.3 Critérios de avaliação do Ativo e Passivo

Definição de alguns termos utilizados, conforme CPC 28 R12, item 5:

> "Custo é o montante de caixa ou equivalentes de caixa pago ou o valor justo de outra contraprestação dada para adquirir um ativo no momento da sua aquisição ou construção ou, quando aplicável, o montante atribuído àquele ativo quando inicialmente reconhecido em consonância com requerimentos específicos de outros Pronunciamentos, [...]."

> "Valor justo é o preço que seria recebido pela venda de um ativo ou que seria pago pela transferência de um passivo em uma transação não forçada entre participantes do mercado na data de mensuração. [...]"

A avaliação dos ativos tem por função tratar o valor do patrimônio da entidade o mais realista possível. O princípio básico da avaliação de ativos conforme a lei nº 6.404/1976 é o **custo histórico como base de valor**, que foi aprimorada nesse assunto pela lei nº 11.638/2007 principalmente em relação a instrumentos financeiros. A mudança introduzida prevê a mensuração contábil pelo **valor presente** aplicado ao reconhecimento inicial dos ativos e que os ativos monetários com juros implícitos serão trazidos ao valor presente quando do seu reconhecimento inicial.

> "Art. 183. No balanço, os elementos do ativo serão avaliados segundo os seguintes critérios:
>
> I - as aplicações em instrumentos financeiros, inclusive derivativos, e em direitos e títulos de créditos, classificados no ativo circulante ou no realizável a longo prazo: (*Caput* do inciso com redação dada pela lei nº 11.638, de 28/12/2007)
>
> a) pelo seu valor justo, quando se tratar de aplicações destinadas à negociação ou disponíveis para venda; e (Alínea com redação dada pela lei nº 11.941, de 27/5/2009)
>
> b) pelo valor de custo de aquisição ou valor de emissão, atualizado conforme disposições legais ou contratuais, ajustado ao valor provável de realização, quando este for inferior, no caso das demais aplicações e os direitos e títulos de crédito; (Alínea acrescida pela lei nº 11.638, de 28/12/2007) {...}"

As práticas contábeis adotadas no Brasil e o padrão internacional de contabilidade estabelecem a necessidade de apresentar, na data-base de cada balanço, determinados ativos e passivos por seu valor justo, bem como determinados ativos e passivos ajustados a valor presente. Sendo o valor justo ou presente menor que o custo histórico contábil haverá uma perda por irrecuperabilidade, ou seja, a empresa não será capaz de recuperar pela venda, ou pelo uso, o custo de aquisição de um ativo. Essa verificação é chamada de teste de *impairment* (recuperabilidade)

O pronunciamento CPC 12 – Anexo, explica a diferença entre os termos, valor justo e valor presente:

"[...] **Valor justo** ou *Fair Value*: tem como primeiro objetivo demonstrar o valor de mercado de determinado ativo ou passivo; na impossibilidade disso, demonstrar o provável valor que seria o de mercado por comparação a outros ativos ou passivos que tenham valor de mercado; na impossibilidade dessa alternativa também, demonstrar o provável valor que seria o de mercado por utilização do ajuste a valor presente dos valores estimados futuros de fluxos de caixa vinculados a esse ativo ou passivo; finalmente, na impossibilidade dessas alternativas, pela utilização de fórmulas econométricas reconhecidas pelo mercado. (grifo do autor)

Ajuste a **Valor Presente**: tem como objetivo efetuar o ajuste para demonstrar o valor presente de um fluxo de caixa futuro. Esse fluxo de caixa pode estar representado por ingressos ou saídas de recursos (ou montante equivalente; por exemplo, créditos que diminuam a saída de caixa futuro seriam equivalentes a ingressos de recursos). Para determinar o valor presente de um fluxo de caixa, três informações são requeridas: valor do fluxo futuro (considerando todos os termos e as condições contratados), data do referido fluxo financeiro e taxa de desconto aplicável à transação.

Em algumas circunstâncias o valor justo e o valor presente podem coincidir. [...]"

Já no passivo, conforme a lei nº 6.404/1976 teremos:

Art. 184. No balanço, os elementos do passivo serão avaliados de acordo com os seguintes critérios:

I - as obrigações, encargos e riscos, conhecidos ou calculáveis, inclusive Imposto sobre a Renda a pagar com base no resultado do exercício, serão computados pelo valor atualizado até a data do balanço;

II - as obrigações em moeda estrangeira, com cláusula de paridade cambial, serão convertidas em moeda nacional à taxa de câmbio em vigor na data do balanço;

III - as obrigações, os encargos e os riscos classificados no passivo não circulante serão ajustados ao seu valor presente, sendo os demais ajustados quando houver efeito relevante. (Inciso com redação dada pela Lei nº 11.941, de 27/5/2009).

5.4 Patrimônio Líquido (PL)

Vimos anteriormente, através da equação fundamental do patrimônio PL = A – P (ou o ativo menos o passivo), que o PL é a diferença encontrada entre a subtração dos valores do Ativo com os valores do Passivo.

No CPC 00 R2 encontramos:

"4.63 Patrimônio líquido é a participação residual nos ativos da entidade após a dedução de todos os seus passivos".

As definições são complementadas pelos itens 4.64 a 4.67 aos que tiverem interesse em se aprofundar no assunto.

5.4.1 Componentes do PL

Conforme lei nº 6.404/1976:

"Art. 178.

[...]

§ 2º No passivo, as contas serão classificadas nos seguintes grupos:

III - patrimônio líquido, dividido em:

capital social,

reservas de capital,

ajustes de avaliação patrimonial,

reservas de lucros,

ações em tesouraria e

prejuízos acumulados.

(Inciso acrescido pela Medida Provisória nº 449, de 3/12/2008, convertida na Lei nº 11.941, de 27/5/2009)
[...]"

5.4.1.1 Reservas de Capital

Representa, valores recebidos pela empresa sem transitar pelo resultado do exercício (Lucro).

5.4.1.2 Ajustes de Avaliação Patrimonial

Todo ajuste efetuado a valor justo nos casos permitidos pela legislação, seja no ativo, seja no passivo, conforme lei nº 11.941/09, terá como contrapartida essa conta.

5.4.1.3 Reservas de Lucros

São basicamente lucros retidos visando principalmente a proteção dos sócios/acionistas e credores da empresa. São diversas:
- Reserva Legal
- Reserva estatutária
- Reserva de contingências
- Reserva para Incentivos Fiscais
- Reserva de retenção de Lucros
- Reserva de Lucros a realizar
- Reserva de prêmio na emissão de debêntures
- Reserva especial

A legislação pertinente a essas reservas encontra-se entre os arts. 193 a 197 da lei nº 6.404/1976.

5.4.1.4 Ações em tesouraria

São ações da empresa adquiridas pela própria empresa. É uma conta redutora do PL.

5.4.1.5 Prejuízos Acumulados

Representa o resultado do exercício, em caso de ser negativo. Lembrando que em uma sociedade anônima, o resultado de Lucro deve ser distribuído. Portanto, nesse tipo de empresa o saldo da conta Lucros Acumulados é sempre zero.

5.5 Conceituação do Capital

Nesse ponto já temos os elementos necessários para elaborar os conceitos de Capital que encontramos na Contabilidade.

5.5.1 Capital Nominal ou Capital Social

É basicamente o investimento inicial feito pelos sócios e corresponde ao Patrimônio líquido inicial. O Capital Nominal ou Social só pode ser alterado quando os sócios realizam investimentos adicionais ou desinvestimentos. Normalmente nos referimos a esse tipo de Capital apenas por Capital.

5.5.2 Capital Próprio

Corresponde ao patrimônio líquido, ou seja, o capital nominal mais as variações do patrimônio líquido que se dão basicamente através dos resultados obtidos pela entidade, as reservas de capital e as reservas de lucros, os ajustes patrimoniais e as ações em tesouraria.

5.5.3 Capital de Terceiros

Corresponde ao Passivo (Circulante e Não Circulante) também chamado de Passivo Exigível, já que por pertencer a terceiros em algum momento será exigido que seja pago, devolvido.

5.5.4 Capital Total

Corresponde a soma do Capital Próprio com o Capital de Terceiros

Exemplo – Tipos de Capital

Suponha que a empresa possua a seguinte composição de passivo e PL:
- Contas a pagar $ 200
- Empréstimos $ 1.000
- Financiamentos $ 2.500
- Capital Social $ 5.000
- Reservas de Lucros $ 2.000
- Reservas de Capital $ 800

Qual seria o capital próprio, de terceiros e total?

Nesse caso, a empresa apresenta um passivo exigível no total de $ 3.700 ($ 200 + $ 1.000 + $ 2.500) e um PL de $ 7.800 ($ 5.000 + $ 2.000 + $ 800).

- O capital próprio é representado pelo valor do PL, $ 7.800
- O capital de terceiros é representado pelo passivo exigível, $ 3.700
- O capital total é representado pela soma dos dois anteriores, $ 11.500

5.6 Outros aspectos do Capital Social
5.6.1 Capital Autorizado

Conforme art. 168 da lei nº 6.404/1976, as empresas podem definir em seu estatuto social que podem aumentar seu capital social sem a necessidade de autorização do conselho de administração ou de uma Assembleia Geral. O valor limite de capital autorizado pode ser definido em relação ao limite de aumento, ao valor do capital social dentre outras especificidades.

5.6.2 Capital Subscrito

É a parcela do capital autorizado que os sócios se comprometem a colocar na empresa. Ou seja, é uma promessa que os sócios fazem do valor que pretendem futuramente incorporar na empresa.

5.6.3 Capital não subscrito

É dado pela diferença entre o capital autorizado e o capital o capital subscrito.

5.6.4 Capital Integralizado

É a parte do capital subscrito de fato alocado como recurso na empresa (em dinheiro, ou bens móveis ou imóveis ou títulos de crédito) pelos sócios.

5.6.5 Capital a integralizar

É a parte do capital subscrito ainda não integralizado.

Exemplo:

Capital Autorizado	R$ 200.000
(-) Capital não subscrito	(R$ 80.000)
(=) Capital Subscrito	R$ 120.000
(-) Capital a Integralizar	(R$ 40.000)
(=) Capital Integralizado	R$ 80.000

Como fica no PL:

Capital Social	R$ 80.000
Capital Subscrito	R$ 120.000
(-) Capital a Integralizar	(R$ 40.000)
Total do Patrimônio Líquido	R$ 80.000

5.7 Remuneração sobre Capital Próprio

Proventos são parte do lucro de uma empresa distribuídos aos seus acionistas. Há 4 tipos de proventos, mas daremos atenção aos 2 primeiros deles:
- Dividendos
- Juros sobre Capital Próprio (JCP)

5.7.1 Dividendos

É um dos tipos de proventos pagos por empresas de capital aberto para remunerar seus acionistas. Empresas de capital aberto são aquelas que negociam suas ações em bolsa de valores, no Brasil estamos falando da B3. As empresas que participam da B3 por lei devem separar no mínimo 25% de seus lucros ajustados para remunerar seus acionistas (há exceções a esse percentual desde que definido em seu estatuto).

Há alguns procedimentos para a empresa pagar dividendos, (que tem por objetivo informar publicamente caso seja decisão de pagar dividendos, seu valor e data para pagamento), como, por exemplo:
- Conseguir aprovação do seu Conselho de Administração (organismo interno da empresa que supervisiona suas atividades) que verificará a disponibilidade e possibilidade para distribuir uma parte dos lucros aos acionistas.
- Protocolar sua decisão junto a CVM – Comissão de valores mobiliários (organismo regulador e fiscalizar do mercado de capitais vinculado ao Banco Central do Brasil).

O acionista pode resolver sacar seus dividendos ou reaplicar em mais ações.

As empresas que pagam mais proventos possuem um dividend yield maior. Este é calculado dividindo-se o valor do dividendo pago por ação pela cotação atual da ação. Atualmente dividendos continuam sendo isentos de imposto de renda, que é um dos seus principais atrativos.

5.7.2 Juros sobre Capital Próprio (JCP)

Assim como os dividendos, o JCP é uma forma das empresas de capital aberto remunerar os seus acionistas. Só existe no Brasil, mas de tempos em tempos especula-se no mercado sua extinção.

Para a empresa pagadora, o JCP é interessante no sentido em que os 15% de imposto retido dos sócios é considerado uma despesa financeira e, portanto, abatido do lucro tributável da empresa. Assim, há uma economia que pode chegar a até 34% pela empresa, porém, só válido para empresas optantes do regime tributário do lucro real.

Quem tem direito a receber JCP?

- Sócios e acionistas de empresas de capital aberto (S/A negociadas na B3)
- Sócios de empresa de capital fechado (S/A de capital fechado)
- Sócios de empresas sociedades limitadas (Ltda.)

As 2 últimas desde que optantes do regime tributário de lucro real.

5.7.3 Diferenças entre dividendos e JCP

A maior diferença para quem recebe o provento fica por conta da tributação. Dividendos são isentos, mas o JCP é tributado em 15% na fonte (recolhido pela própria empresa).

Exemplo:

Suponha uma empresa que tenha 1.000.000 de ações e distribui R$ 1.000.000,00 de lucros.

- Se optar dividendos irá distribuir R$ 1.000.000,00 / 1.000.000 = R$ 1,00 por ação.
- Se optar por JCP irá distribuir (R$ 1.000.000,00 * (1-0,15)) / 1.000.000 = R$ 0,85 por ação

Como o JCP é mais interessante do que os dividendos para a empresa pagadora, há regras que limitam sua utilização. Nesse caso, as empresas costumam pagar pelo maior valor encontrado a ser distribuído através de JCP e o restante o faz através dos dividendos. Com isso se beneficia o quanto possível da redução de sua carga tributária

5.8 Exercícios Resolvidos – BP

Exercício 1 – BP

(CFC 2020-1)

A sociedade empresária apresentou, em 31/12/2016, as seguintes contas com seus respectivos saldos na sua contabilidade, após da destinação do saldo apurado

Caixa e equivalentes	28.000
Edificações em uso	188.000
Reserva de ágio na emissão de ações	12.000
Terrenos de uso	235.000
Ações em tesouraria	28.000
Fornecedores	87.500
Mercadorias para revenda	24.000
Patentes	18.500
Capital subscrito	250.000
Adiantamento a fornecedores	16.000
Reserva de incentivos fiscais	45.000
Veículos em uso	138.000
Investimentos em controlada	55.000
Reserva legal	32.500
Adiantamento de clientes	18.000
Depreciação acumulada de imóveis	45.120
Gastos com emissão de títulos patrimoniais	9.000
Capital a integralizar	8.000
Salários a pagar	35.020
Propriedades para investimentos	60.000
Impostos a recolher	33.820
Dividendos a pagar	39.300
Reserva estatutária	42.100
Depreciação acumulada de veículos	55.200
Clientes	85.060
Aplicação de liquidez imediata	25.000
Exaustão de terrenos	47.000
Empréstimo bancário	175.000

O valor total do PL é de:

a) R$ 336.600,00

b) R$ 353.600,00

c) R$ 364.600,00

d) R$ 345.600,00

Resolução Exercício 1

Caixa e equivalentes	28.000	
Edificações em uso	188.000	
Reserva de ágio na emissão de ações	**12.000**	**12.000**
Terrenos de uso	235.000	

Ações em tesouraria	28.000	28.000
Fornecedores	87.500	
Mercadorias para revenda	24.000	
Patentes	18.500	
Capital subscrito	250.000	250.000
Adiantamento a fornecedores	16.000	
Reserva de incentivos fiscais	45.000	45.000
Veículos em uso	138.000	
Investimentos em controlada	55.000	
Reserva legal	32.500	32.500
Adiantamento de clientes	18.000	
Depreciação acumulada de imóveis	45.120	
Gastos com emissão de títulos patrimoniais	9.000	9.000
Capital a integralizar	8.000	8.000
Salários a pagar	35.020	
Propriedades para investimentos	60.000	
Impostos a recolher	33.820	
Dividendos a pagar	39.300	
Reserva estatutária	42.100	42.100
Depreciação acumulada de veículos	55.200	
Clientes	85.060	
Aplicação de liquidez imediata	25.000	
Exaustão de terrenos	47.000	
Empréstimo bancário	175.000	
	TOTAL	336.600

Exercício 2 – Capital Social
(CFC 2019-2)

Uma Sociedade Empresária foi constituída em 15/06/2015, com a subscrição de 300.000 ações de valor nominal de R$ 2,50 cada uma. A integralização de parte do capital, nessa mesma data se deu da seguinte forma: 15% representado por uma máquina; 25% em moeda corrente e 15% por um conjunto de lojas.

Considerando apenas as informações apresentadas anteriormente é correto afirmar que:

a) O Passivo Exigível é de R$ 412.500,00.
b) O Patrimônio Líquido é de R$ 750.000,00.
c) *O Capital a Integralizar é de R$ 337.500,00.*
d) O Capital Integralizado é de R$ 187.500,00.

Resolução Exercício 2 – Capital Social
Analisando cada alternativa temos:

a) O Passivo Exigível é de R$ 412.500,00. *(inconclusivo pelas informações apresentadas)*
b) O Patrimônio Líquido é de R$ 750.000,00. *(inconclusivo pelas informações apresentadas)*
c) *O Capital a integralizar é de R$ 337.500,00*
d) O Capital Integralizado é de R$ 187.500,00. *(55% x R$ 750.000,00 = R$ 412.500,00)*

Valor da subscrição = 300.000 ações x R$ 2,50 = R$ 750.000,00

Entretanto, apenas 55% foram integralizados (15% máquinas + 25% moeda + 15% lojas), restando, portanto, a integralizar 45% de R$ 750.000,00 ou R$ 337.500,00

Exercício 3 – Capital Social
(CFC 2019-2)
Em 31/12/2018, a Sociedade Empresária apresentou, após apuração e distribuição de seus resultados, as seguintes informações contábeis de algumas contas e seus respectivos saldos:

Contas	Valor R$
Duplicatas a Receber	180.000
Títulos a pagar	90.000
Imobilizado e Intangível	325.000
Reserva de ágio na emissão de ações	85.000
Estoque de Mercadorias	235.000
Fornecedores	85.000
IR a compensar (a recuperar)	82.500
Reserva Legal	80.500
Reserva Estatutária	145.000

Baseando-se apenas nas informações apresentadas, o saldo da conta Capital Subscrito e o valor total do Patrimônio Líquido são, respectivamente:

A) R$ 822.500,00 e R$ 647.500,00
B) R$ 337.000,00 e R$ 822.500,00
C) R$ 337.000,00 e R$ 647.500,00
D) R$ 485.500,00 e R$ 647.500,00

Resolução Exercício 3 – Capital Social

Para resolução, basta alocar as contas contábeis em seus respectivos grupos (Ativo, Passivo e PL) e por diferença encontrar os valores solicitados.

ATIVO		PASSIVO	
Mercadorias	235.000	Títulos a pagar	90.000
Duplicatas a receber	180.000	Fornecedores	85.000
IR a compensar	82.500	PL	
Imob. / intang.	325.000		
		Capital Subscrito	?
		Reserva Legal	80.500
		Reserva Estatutária	145.000
TOTAL	822.500	Reserva de Ágio	85.000

Através da Equação Fundamental do Patrimônio:

A = P + PL, temos que o PL = A – P.

Logo, PL = 822.500 – 175.000 = 647.500

Por diferença, achamos o valor do Capital Subscrito:

Se o Total do PL é 647.500 e as reservas apresentadas somam 310.000 temos:

Capital Subscrito = 647.500 – 310.500 = 337.000

Exercício 4 – Capital Social

Uma empresa foi constituída por 3 sócios com capital autorizado de $ 1.000. O total subscrito foi de $ 900 sendo que 2 sócios integralizaram o capital em dinheiro no ato e 1 sócio ficou de integralizar no futuro. Esquematize a estrutura do capital próprio e o PL.

Resolução do Exercício 4 – Capital Social

Capital Autorizado	$ 1000
(-) Capital não subscrito	($ 100)
(=) Capital Subscrito	$ 900
(-) Capital a Integralizar	($ 300)
(=) Capital Integralizado	$ 600

O PL:

Capital Social	$ 600
Capital Subscrito	$ 900
(-) Capital a Integralizar	($ 300)
Total do Patrimônio Líquido	$ 600

5.9 A estática do Balanço Patrimonial (BP) – lei nº 6.404/1976 e CPC 26 R1

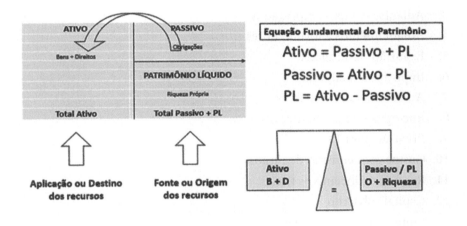

5.9.1 Origem ou fonte dos recursos

Toda empresa necessita de recursos financeiros e não financeiros para poder operar, produzir e comercializar. No quadro identificamos que a origem (ou fonte) dos recursos ocorre sempre através do Passivo e/ou do PL. E note também que no gráfico há uma seta transferindo os valores do Passivo e PL para o Ativo. Logo, concluímos que todos os recursos entram na empresa através do Passivo e do PL e são transferidos para o Ativo, logo o Passivo e o PL financiam o Ativo. Portanto, o Passivo e o PL possuem contas de natureza credora.

5.9.2 Destino ou aplicação dos recursos

Os recursos originados no Passivo e no PL são destinados ao Ativo. Logo, se esses financiam o Ativo, podemos dizer que o Ativo é devedor do Passivo e do PL. Por isso, o Ativo possui contas de natureza devedora.

Esses conceitos serão importantes para solucionar um grande problema que alguns estudantes possuem na contabilidade que é o de saber quando debitar e quando creditar.

5.10 Exercícios Resolvidos – Origem e Aplicação
(CFC 2020-1 – adaptado)

Em 25/12/2018 foram encontradas as contas patrimoniais na contabilidade de uma Sociedade Empresária; observe:

1. Duplicatas Descontadas
2. Terrenos em uso
3. Adiantamentos a empregados
4. Adiantamentos a fornecedores
5. Exaustão Acumulada
6. Impostos a recuperar
7. Adiantamento de clientes
8. Encargos financeiros a transcorrer
9. Provisão para 13º
10. Gastos com emissão de títulos
11. Reserva de incentivos fiscais
12. Capital subscrito
13. Empréstimos e financiamentos
14. Açoes em tesouraria
15. Debêntures e outros títulos de dívida

Identifique quais são as contas de "Origens" e de "Aplicações" de recursos no patrimônio da sociedade.

Resolução do Exercício 1 – Origem e Aplicação

Lembrando que o Passivo e o PL são sempre origem e o Ativo é sempre destino. Mas notem que as contas redutoras são invertidas, ou seja, quando fazem parte do Passivo ou do PL mudam para aplicação e quando fazem parte do Ativo mudam para origem.

1. Duplicatas Descontadas (Origem)
2. Terrenos em uso (Aplicação)
3. Adiantamentos a empregados (Aplicação)

4. Adiantamentos a fornecedores (Aplicação)
5. Exuastão Acumulada (Origem) -> *conta redutora do ativo*
6. Impostos a recuperar (Aplicação)
7. Adiantamento de clientes (Origem)
8. Encargos financeiros a transcorrer (Aplicação) – *são encargos financeiros pagos antecipadamente – é um direito*
9. Provisão para 13º (Origem)
10. Gastos com emissão de títulos (Aplicação) -> *conta redutora do PL*
11. Reserva de incentivos fiscais (Origem)
12. Capital subscrito (Origem)
13. Empréstimos e financiamentos (Origem)
14. Açoes em tesouraria (Aplicação) -> *conta redutora do PL*
15. Debêntures e outros títulos de dívida (Origem)

Portanto, as contas de origens são: 1, 5, 7, 9, 11, 12, 13 e 15 e as contas de aplicações são: 2, 3, 4, 6, 8, 10 e 14.

5.11 Exercícios Propostos – Balanço Patrimonial

1) (CFC 2000-2) adaptado

Em 1º de janeiro de x1, uma empresa adquiriu à vista, mercadorias para revenda. Durante o exercício revendeu as mesmas mercadorias na totalidade, a prazo de 30 dias, pelo preço de custo. As contas patrimoniais envolvidas na operação de compra e venda são:

a) Caixa e Fornecedores

b) Clientes e Caixa

c) Caixa e Clientes

d) Clientes e Fornecedores

2) (CFC 2003-2) adaptado

O efeito no BP referente a uma compra de um imobilizado a prazo é representado:

a) Pelo aumento do Ativo e aumento do Passivo

b) Pela diminuição do Ativo e aumento do Passivo

c) Pelo aumento do Ativo e diminuição do Passivo

d) Pela diminuição do Ativo e diminuição do Passivo

3) (CFC 2004-1) adaptado

O lançamento contábil correspondente a um saque efetuado na "boca do caixa" em um banco para suprir o caixa da empresa, causa:

a) Diminui o Ativo Circulante
b) Aumenta o Ativo Circulante
c) Não altera o Ativo Circulante
d) Aumenta o Ativo Não Circulante

4) (CFC 2003-2) adaptado

Com base nos saldos das contas abaixo, o valor do Patrimônio Líquido deverá ser de:

Contas	Saldos (R$)
Caixa	1.000
Clientes	1.500
Mercadorias	12.000
Fornecedores	6.000
Contas a pagar	2.500
Contas a receber	1.000
Imobilizado	20.000
Intangível	10.000
Empréstimos a pagar	16.000
Financiamentos a pagar	8.000

a) R$ 12.000
b) R$ 14.000
c) R$ 10.000
d) R$ 8.000

6 Demonstração do Resultado do Exercício (DRE)

6.1 Composição

Conforme a lei nº 6.404/1976 determina que:

"Art. 187 A demonstração do resultado do exercício discriminará:

I - a receita bruta das vendas e serviços, as deduções das vendas, os abatimentos e os impostos;

II - a receita líquida das vendas e serviços, o custo das mercadorias e serviços vendidos e o lucro bruto;

III - as despesas com as vendas, as despesas financeiras, deduzidas das receitas, as despesas gerais e administrativas, e outras despesas operacionais;

IV - o lucro ou prejuízo operacional, as outras receitas e as outras despesas; (Inciso com redação dada pela lei nº 11.941, de 27/5/2009)

V - o resultado do exercício antes do Imposto sobre a Renda e a provisão para o imposto;

VI - as participações de debêntures, empregados, administradores e partes beneficiárias, mesmo na forma de instrumentos financeiros, e de instituições ou fundos de assistência ou previdência de empregados, que não se caracterizem como despesa; (Inciso com redação dada pela lei nº 11.941, de 27/5/2009)

VII - o lucro ou prejuízo líquido do exercício e o seu montante por ação do capital social.

§ 1º Na determinação do resultado do exercício serão computados:

a) as receitas e os rendimentos ganhos no período, independentemente da sua realização em moeda; e

b) os custos, despesas, encargos e perdas, pagos ou incorridos, correspondentes a essas receitas e rendimentos.

Basicamente, a descrição apresentada, conforme a lei nº 6.404/1976 preconiza uma das modalidades de composição da DRE chamada por "função da despesa", entretanto, segundo o CPC 26 R1 item 102 e 103 também há a possibilidade de uso de outra modalidade, chamada por "natureza da despesa".

"102. A primeira forma de análise é o método da natureza da despesa. As despesas são agregadas na demonstração do resultado de acordo com a sua natureza (por exemplo, depreciações, compras de materiais, despesas com transporte, benefícios aos empregados e despesas de publicidade), não sendo realocados entre as várias funções dentro da entidade. Esse método pode ser simples de aplicar porque não são necessárias alocações de gastos a classificações funcionais.

Um exemplo de classificação que usa o método da natureza do gasto é o que se segue:

DRE modalidade por natureza da despesa	
Receitas	
(+) Outras Receitas	
(=) Total da Receita	xx,xx
(-) Variação de estoque de produtos acabados e em elaboração	
(-) Consumo de matéria-prima e materiais	
(-) Despesas com Benefícios a empregados	
(-) Depreciações e Amortizações	
(-) Outras despesas	
(=) Total da despesa	(xx,xx)
(=) Resultado antes dos tributos	xx,xx

103. A segunda forma de análise é o método da função da despesa ou do "custo dos produtos e serviços vendidos", classificando-se as despesas de acordo com a sua função como parte do custo dos produtos ou serviços vendidos ou, por exemplo, das despesas de distribuição ou das atividades administrativas. No mínimo, a entidade divulga o custo dos produtos e serviços vendidos segundo esse método separadamente das outras despesas. Esse método pode proporcionar informação mais relevante aos usuários do que a classificação de gastos por natureza, mas a alocação de despesas às funções pode exigir alocações arbitrárias e envolver considerável julgamento.

Um exemplo de classificação que utiliza o método da função da despesa é a seguinte:

DRE modalidade por natureza da despesa
Receitas
(-) Custo dos produtos e serviços vendidos
(=) Lucro Bruto
(+) Outras Receitas
(-) Despesas de Vendas
(-) Despesas Administrativas
(-) Outras Despesas
(=) Resultado antes dos tributos

O modelo a seguir segue a modalidade "por função da despesa" de acordo com a lei 6.404/1976

Demonstração do Resultado do Exercício (DRE) conforme lei nº 6.404/1976
Receita Bruta
Receita de Vendas de mercadorias / prestação de serviços
(-) Deduções de Vendas
ICMS/PIS/COFINS/ISS etc.
Devoluções de Vendas
Descontos ou abatimentos Incondicionais
(=) Receita Líquida
(-) CMV / CPV / CSP
(=) Lucro Bruto
(-) Despesas com vendas
(-) Despesas administrativas
(-) Despesas financeiras
(+) Receitas financeiras
(+-) Outras Despesas ou Receitas Operacionais
(=) Lucro ou Prejuízo operacional
(+) Outras Receitas
(-) Outras Despesas
(=) Resultado antes do IR/CSLL
(-) IR
(-) CSLL
(=) Resultado antes das participações
(-) debêntures
(-) empregados
(-) administradores
(-) partes beneficiárias
(=) Lucro ou Prejuízo Líquido do Exercício
Lucro ou Prejuízo por ação

O modelo a seguir segue a modalidade "por função da despesa" conforme o CPC 26 R1

Demonstração do Resultado do Exercício (DRE) conforme CPC 26 R1
Receita Bruta
Receita de Vendas de mercadorias / prestação de serviços
(-) Deduções de Vendas
ICMS/PIS/COFINS/ISS etc.
Devoluções de Vendas
Descontos ou abatimentos Incondicionais
(=) Receita Líquida
(-) CMV / CPV / CSP
(=) Lucro Bruto
(-) Despesas com vendas
(-) Despesas administrativas
(+-) Outras Despesas ou Receitas Operacionais
(-) Perdas de Capital
(+) Ganhos de Capital
(=) Resultado antes das Receitas e Despesas Financeiras
(-) Despesas Financeiras
(+) Receitas Financeiras
(=) Resultado antes dos tributos sobre o Lucro
(-) IR
(-) CSLL
(=) Lucro ou Prejuízo Líquido do Exercício
Lucro ou Prejuízo por ação

No Brasil, tanto no ambiente corporativo quanto em concursos, adota-se com mais frequência a apresentação em função da lei nº 6.404/1976. A apresentação entre as duas, não apresenta pontos conflitantes.

Entretanto, nesse livro, para efeito didático iremos utilizar um modelo de DRE mais simplificado, conforme a seguir:

DRE – Demonstração do Resultado do Exercício
Receita Líquida de Vendas
(-) CMV / CPV ou CSP
(=) Resultado Bruto
(+) Outras Receitas
(-) Outras Despesas
(-) Resultado líquido

6.2 Detalhamento da DRE
6.2.1 (-) Deduções

- **Devolução de Mercadorias ou Produtos ou cancelamento de Serviços**

Quando recebida uma devolução ou cancelamento de parte de um negócio, da mesma forma haverá uma redução nos Impostos a pagar, referente a parte devolvida.

- **Descontos Comerciais ou Incondicionais**

Também chamado de desconto incondicional, ou seja, não é necessária uma condição para que esse desconto seja concedido. É concedido ao comprador em função, por exemplo, de uma grande quantidade sendo comercializada, dentre vários outros motivos. Não confundir o desconto comercial com o abatimento, já que o desconto comercial ocorre antes da venda (é um desconto negociado antes da comercialização acontecer) e o abatimento ocorre após a venda, como, por exemplo, em função de alguma avaria no produto. Em função disso, o procedimento mais comum é não registrar separadamente na contabilidade, sendo registrado diretamente na compra ou na venda pelo valor líquido. A legislação no caso da venda de uma indústria com IPI, indica que a base de cálculo deverá ser cheia (preço de tabela), ou seja, não considerar esse tipo de desconto. Já os demais impostos ICMS, PIS e COFINS serão calculados sobre o preço com desconto.

- **Impostos e contribuições**

ICMS, PIS, COFINS e ISS

- **Abatimentos**

São os descontos concedidos pelo vendedor ao comprador após a emissão da nota fiscal, normalmente no ato de entrega. Sua finalidade é compensar a entrega de mercadoria, fora do prazo ou especificação e impedir uma devolução.

6.2.2 Lucro Bruto

Também chamado de Resultado com Mercadorias (RCM) em empresa comercial, ou Resultado com Produtos (RCP), ou ainda Resultado com Serviços (RSP). O Lucro Bruto é o Resultado entre a receita líquida menos o CMV, CPV ou CSP.

6.2.3 Despesas operacionais

Está ligado a fatos contábeis que tenham relação com a atividade principal da empresa, as operações continuadas.

Se subdividem em 5 grupos:
- Despesas administrativas
- Despesas gerais
- Despesas com vendas ou comerciais

- Despesas financeiras
- Outras despesas

6.2.4 Despesas administrativas
- Todos os gastos ligados a parte administrativa têm normalmente como gasto mais significante os salários, honorários e benefícios pagos aos gestores administrativos.

6.2.5 Despesas com vendas ou comerciais
- Comissões de vendas, comissões de representantes, propaganda e publicidade, promoções, criação de material de divulgação, perdas em vendas a prazo, perdas com cobertura de garantias.

6.2.6 Despesas Gerais
- São as despesas mais comuns: salários, encargos e benefícios, assistência médica e indenizações, recrutamento e seleção de empregados, gastos com ocupação (aluguel), energia, água. Telefonia, correio, seguros, transporte, seguros, segurança e vigilância, despesas legais, consultorias, depreciação e amortização, material de uso e consumo etc.

6.2.7 Outras receitas e despesas operacionais
As principais contas desse grupo são:
- **Resultado de equivalência patrimonial** – São variações ocorridas em empresas em que se possui participação societária (pelo método de equivalência patrimonial) e o PL dessa empresa investida sofre alguma variação em relação ao exercício anterior. Nesse caso deve ser feito um lançamento de receita (ganho) ou despesa (perda) de equivalência patrimonial. Em contrapartida haverá um lançamento na conta do investimento.
- **Dividendos de participações societárias** – Investimentos em participações societárias em valores não relevantes são avaliados pelo método de custo. Nesse método contabilizamos as receitas de dividendos quando a empresa investida anuncia os dividendos distribuídos ou declarados.
- **Aluguéis Ativos** – renda obtida com a locação de imóveis de propriedade da empresa.
- **Ganhos ou Perdas de Capitais** – ganhos ou perdas com vendas ou baixa de imobilizados. São considerados operacionais.
- **Vendas diversas acessórias** – venda de sobras, sucatas, ou mesmo produtos ou serviços a preços insignificantes.

6.2.8 Outras receitas e despesas financeiras

- **Receitas financeiras** – Juros recebidos de aplicações financeiras, receitas de títulos vinculados ao mercado aberto (de clientes, concessão de créditos a funcionários, fornecedores, controladas e demais terceiros), prêmios de resgate de títulos e debêntures, descontos obtidos.
- **Despesas financeiras** – Juros pagos ou incorridos, comissões e despesas bancárias, variação monetária prefixada de obrigações (ativas e passivas), descontos concedidos.

6.3 Exercícios Resolvidos – DRE

Exercício 1 – DRE

(IMPE-SE – FCC/2009)

Na demonstração do Resultado do exercício, evidenciam-se:

a) os rendimentos ganhos no período apenas quando realizados em moeda e o resultado líquido do exercício

b) A destinação do resultado do exercício e a distribuição de dividendos aos acionistas

c) Os valores da riqueza gerada pela companhia e a distribuição entre os elementos que contribuíram para a geração dessa riqueza

d) A destinação do resultado do exercício e o montante por ação do lucro do exercício

e) As participações de debêntures, empregados, administradores e partes beneficiárias

Resolução Exercício 1 – DRE

Analisando cada alternativa

a) **Errada** – deve ser elaborada obedecendo ao regime de competência, no qual a receita ganha deve ser considerada independentemente de ter sido recebida ou não

b) **Errada** – A destinação do resultado do exercício ocorre depois de apurado o resultado, no PL.

c) **Errada** – DVA

d) **Errada** – A destinação do resultado ocorre no PL

e) **Correta**

Exercício 2 – DRE

(CESPE/2009 - DPF) – adaptado

Na demonstração do Resultado do exercício, evidenciam-se:

Serviços Prestados	480.000,00
Descontos Promocionais	20.000,00
Propaganda e Publicidade	18.000,00
Descontos Financeiros e Clientes	13.000,00
ISS	23.000,00
Contribuições incidentes sobre a receita	28.000,00
Custo dos serviços prestados	170.000,00

Com base nas informações apresentadas na tabela acima, referentes a uma empresa prestadora de serviços qual foi o lucro bruto apresentado pela empresa:
a) $ 226.000,00
b) $ 221.000,00
c) *$ 239.000,00*
d) $ 198.000,00
e) $ 206.000,00

Resolução Exercício 2 – DRE

Receita Bruta de Serviços Prestados	480.000,00
(-) Descontos Promocionais	(20.000,00)
(-) ISS	(23.000,00)
(-) Contribuições incidentes sobre a receita	(28.000,00)
(=) Receita Líquida de Serviços Prestados	409.000,00
(-) Custo dos serviços prestados	(170.000,00)
Lucro Bruto	239.000,00

Exercício 3 – DRE
(SEFIN-RO – FCC/2010)
Gera lançamento contábil em conta de resultado:
a) A aquisição de computadores para a área de vendas
b) A compra de ações de própria emissão da empresa
c) O recebimento de ágio na emissão de ações
d) A baixa da provisão para créditos de liquidação duvidosa por perdas reconhecidas
e) O ajuste pela taxa efetiva de juros de títulos mantidos até o vencimento

Resolução Exercício 3 – DRE
Analisando cada alternativa

Capítulo 6 – Demonstração do Resultado do Exercício (DRE)   89

a) **Errada** – A aquisição de computadores para a área de vendas Não gera lançamento por tratar-se de um fato permutativo (D-Equipamento / C-Caixa) ou (D-Equipamento / C-Contas a pagar)

b) **Errada** – A compra de ações de própria emissão da empresa gera diminuição do caixa / banco e do PL (ações em tesouraria – conta redutora do PL). Não possui efeitos em contas de resultado, só patrimoniais

c) **Errada** – O recebimento de ágio na emissão de ações é um valor recebido acima do valor patrimonial de uma ação vendida. Gera um débito em banco e um crédito em reserva de capital

d) **Errada** – A baixa da provisão para créditos de liquidação duvidosa por perdas reconhecidas causa um débito na conta de provisão (PDD ou PCLD) e um crédito em Clientes.

e) **Correta** – O ajuste pela **taxa efetiva de juros** de títulos mantidos até o vencimento é uma receita financeira, portanto, conta de resultado.

Exercício 4 – DRE
(ISS-SP – FCC/2012) Na demonstração do resultado do exercício:

a) O CPV contém o valor da depreciação de máquinas da fábrica alocado a produção vendida no período

b) O IPTU é classificado em despesas financeiras

c) Os custos de transação da emissão de ações subscritas e integralizadas reduzem o resultado do exercício

d) O IPI é classificado como despesa com vendas

e) O valor da receita bruta corresponde à entrada de caixa referente as vendas da empresa no período

Resolução Exercício 4 – DRE
  Analisando cada alternativa

a) **Correta** – O CPV contém o valor da depreciação de máquinas da fábrica alocado a produção vendida no período

b) **Errada** – O IPTU é classificado em despesas financeiras pode ser uma despesa ou um custo. Mas nunca financeira

c) **Errada** – Os custos de transação da emissão de ações subscritas e integralizadas reduzem o resultado do exercício são deduções do PL e não são despesas, logo não afetam o resultado

d) **Errada** – O IPI é classificado como despesa com vendas é redutor do faturamento para determinação da receita bruta

e) **Errada** – O valor da receita bruta corresponde à entrada de caixa referente às vendas da empresa no período não só a entrada de caixa, mas também receitas de vendas a prazo

Exercício 5 – DRE
(Técnico – SEFIN-RO – FGV/2018)
A cia. X elaborou sua DRE pelo método da natureza da despesa. Assinale a opção que contém apenas as contas classificadas de acordo com esse método:
a) Despesa com benefícios a empregados e despesas comerciais
b) Variação do estoque e CPV
c) Despesa de depreciação e consumo da matéria-prima
d) Despesa de vendas e despesas administrativas
e) Despesas administrativas e despesa de amortização

Resolução Exercício 5 – DRE
a) **Errada** - Despesa com benefícios a empregados e despesas comerciais (função)
b) **Errada** - Variação do estoque e CPV (função)
c) **Correta** - Despesa de depreciação e consumo da matéria-prima
d) **Errada** - Despesa de vendas e despesas administrativas (função)
e) **Errada** - Despesas administrativas e despesa de amortização (função)

A alocação por função relaciona a despesa com suas subdivisões por área dentro da empresa.

Exercício 6 – DRE
(CFC – 2019-2)
A Sociedade Empresária apresentou em 31/12/2018 os seguintes dados de transações realizadas no período:

Dados	Valores R$
Despesas bancárias	6.800,00
Estoque Inicial de mercadorias para revenda	35.500,00
Juros recebidos de clientes	4.680,00
Receita de aplicação financeira	8.420,00
Compras líquidas de mercadorias no período	145.000,00
Despesas de salários e encargos sociais	14.500,00

Capítulo 6 – Demonstração do Resultado do Exercício (DRE)

Receitas com vendas de mercadorias (valor total da NF)	286.400,00
ICMS a recolher	24.038,00
ICMS recuperável (destacado na NF de compra)	24.650,00
ICMS sobre vendas (destacado na NF de venda)	48.688,00
Outras despesas administrativas	2.800,00
Estoque Final de Mercadorias para revenda	24.600,00
Comissão sobre vendas	4.296,00

A partir dos dados apresentados, a Sociedade Empresária apurou o seguinte resultado:
A) Lucro Bruto no valor de R$ 237.712,00.
B) Receita Líquida de Vendas de R$ 81.812,00.
C) Lucro Antes dos Tributos sobre o Lucro de R$ 66.516,00.
D) Lucro Antes das Despesas e Receitas Financeiras de R$ 53.416,00.

Resolução Exercício 6 – DRE

O enunciado pede o resultado do exercício, então, vamos montar uma DRE baseado os dados informados. Vamos elaborar um modelo tradicional de DRE:

DRE	
Receita Bruta	286.400,00
(-) ICMS sobre vendas	(48.688,00)
Receita Líquida	237.712,00
(-) CMV	(155.900,00)
Resultado Bruto (Lucro Bruto)	81.812,00
(-) Despesas com salários	(14.500,00)
(-) Despesas com comissões	(4.296,00)
(-) Outras despesas administrativas	(2.800,00)
(=) Resultado operacional	60.216,00
(+) Receitas com aplicações financeiras	8.420,00
(+) Receitas com juros	4.680,00
(-) Despesas Bancárias	(6.800,00)
(=) Resultado antes dos tributos	**66.516,00**

Notem que todas as informações estavam disponíveis na tabela informada, exceto o CMV. Mas a tabela trazia as informações para calcular o CMV pelo método extracontábil:

> **CMV = Estoque Inicial + Compras – Estoque Final**
> **CMV = 35.500,00 + 145.000,00 – 24.600,00 = 155.900,00**

6.4 Exercícios Propostos – DRE

1) Supondo que a empresa apresentou as seguintes informações:
- Saldo de mercadorias no final de X0 R$ 300,00
- Compras de mercadorias durante X1 R$ 2.100,00
- Receita de Vendas em X1 R$ 4.000,00
- Saldo de mercadorias no final de X1 R$ 500,00

Pode-se afirmar que:
a) O lucro bruto foi de R$ 2.100,00
b) O CMV foi de R$ 1.900,00
c) O resultado líquido foi de R$ 2.100,00
d) Todas as alternativas estão corretas

2) (CFC 2004-1) – adaptado

O estoque inicial de mercadorias de uma empresa era de R$ 10.000,00 e o final de R$ 20.000,00; O CMV foi de R$ 75.000,00. Do total das compras efetuadas 40% foram à vista, correspondendo a:
a) R$ 34.000,00
b) R$ 45.000,00
c) R$ 51.000,00
d) R$ 65.000,00

7 Representação gráfica das contas – Razonetes ou Razão em T

É um instrumento didático que serve ao ensino da contabilidade, mas que, na prática, devido ao volume de informações a serem escriturados, mesmo em uma pequena empresa, se tornaria de uso inviável. Eventualmente, também pode ser sado para o detalhamento ou explanação de algum processo que se tenha dúvida.

O razonete tem a forma de uma letra T, sendo que na barra horizontal superior se coloca o nome da conta. Por convenção, no lado esquerdo são feitos os lançamentos a débito e no lado direito dos lançamentos a crédito.

Então, é possível concluir que uma mesma conta, poderá ser creditada ou debitada, dependendo da operação.

Quando utilizamos os razonetes não precisamos elaborar a cada operação um novo BP como vimos nos balanços sucessivos. Entretanto, antes de utilizar o razonete será necessário aprender quando debitar e quando creditar.

CONTA	
deb	cred
d1	c1
d2	c2
d3	c3
d4	c4
$\sum dx$	$\sum cx$

ou

CONTA	
d1	c1
d2	c2
d3	c3
d4	c4
$\sum dx$	$\sum cx$

7.1 Débito e Crédito

Nessas duas palavras reside o grande receio dos alunos dos primeiros anos de estudo da contabilidade, e talvez uma das fontes da má reputação que essa disciplina tem de ser muito difícil. Mas isso não é verdade. Na maioria das vezes a dificuldade com a contabilidade (e não só para estudantes iniciantes, mas também para os profissionais) existe em função da complexidade da legislação, principalmente a tributária a que ela é obrigada a atender.

Vamos aprender 2 métodos para identificar quando debitar e quando creditar. O uso dentre as 2, depende da qual o aluno melhor se familiarizar. E isso varia. Por isso, quando aparecer alguma dúvida, execute os 2 métodos.

7.1.1 Método da Origem e Destino (ou Fonte e Aplicação)

Nesse método, basta identificar onde está a origem do recurso (que será sempre creditado) e para onde esse recurso está sendo destinado (que será sempre debitado). Vamos exemplificar:

Exemplo 1)
- Compra de 1 veículo, à vista, $ 100

Primeira pergunta a ser respondida é qual é a origem do recurso ($$$) para se comprar o veículo. Se a compra foi "à vista", saiu dinheiro do caixa da empresa. Portanto, a conta caixa é a origem e será creditada.

A segunda pergunta a ser respondida é para onde esse recurso foi destinado. No nosso exemplo, na compra do veículo, portanto a conta veículo será debitada.

CAIXA		VEÍCULO	
	100	100	
	100	100	

Note que nesse exemplo, as 2 contas são contas patrimoniais pertencentes ao Ativo. Isso indica que independentemente do grupo a que a conta pertença, ela poderá tanto ser debitada quanto creditada dependendo da operação.

Exemplo 2)
- Compra de Mercadorias, a prazo, $ 200

Qual a origem do recurso para compra das mercadorias? Um financiamento feito pelo fornecedor dessa mercadoria através de duplicatas que serão pagas conforme o combinado. Portanto, a conta Fornecedores ou Duplicatas a pagar é a origem do recurso e será creditada.

A destinação do recurso é a compra da mercadoria, portanto, a conta mercadora será debitada.

MERCADORIA		FORNECEDOR	
200			200
200			200

Nesse exemplo, temos uma conta pertencente ao ativo (mercadoria) e a outra pertencente ao passivo (fornecedor).

Exemplo 3)

Pagamento do aluguel do escritório (dia 30) referente ao próprio mês utilizado, à vista, $ 150.

Onde é a origem do recurso? Se foi à vista, portanto, em dinheiro, conta caixa será creditada.

Onde é o destino do recurso? O pagamento do aluguel é uma despesa, logo, a conta despesa com aluguel, é uma conta de resultado e não uma conta patrimonial. A característica das contas de resultado é que despesas serão sempre debitadas e receitas serão sempre creditadas (salvo ajustes e encerramentos). Mas, veremos isso com mais detalhamento nos próximos tópicos.

Nesse exemplo, a aplicação do recurso será o pagamento do aluguel através do débito da conta despesas com aluguel.

CAIXA		DESP.ALUGUEL	
	50	50	
	50	50	

7.1.2 Método da Natureza das Contas

Quando estudamos, a Estática do BP no item 5.9, vimos que as contas pertencentes ao passivo e ao PL financiam as contas do ativo. Portanto, a natureza das contas do passivo e do PL são de natureza credoras. Já o ativo é financiado e, portanto, deve para o passivo e PL. Por isso as contas do ativo são de natureza devedora.

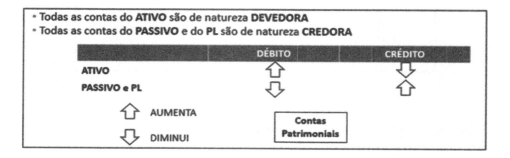

Entendendo o quadro com relação às contas patrimoniais: quando usamos o método da natureza das contas, temos que conhecer de antemão a qual grupo as contas trabalhadas na operação pertencem (ativo, passivo ou PL). Além disso, temos que analisar o que está acontecendo em termos de valor. Ou seja, se o valor daquela conta está aumentando ou diminuindo. Só aí, se pode identificar se haverá um débito ou um crédito.

	DÉBITO	CRÉDITO
Contas de Resultados DESPESA	⇧	
RECEITA		⇧

Em relação às contas de resultado (despesas e receitas), as despesas terão caráter devedor e as receitas caráter credor. Portanto, um lançamento a crédito em uma conta de despesa, ou um lançamento a débito em uma conta de receita, só ocorrerão em eventuais ajustes ou no encerramento das contas de resultado.

Para melhor entender esse método, vamos resolver os mesmos exemplos do método anterior:

Exemplo 4)
- Compra de 1 veículo, à vista, $ 100

Por esse método, primeiramente temos que identificar as contas envolvidas e identificar a que grupo pertencem. Nesse exemplo, identificamos a conta Veículos e a conta Caixa, ambas pertencentes ao grupo do ativo. A seguir, temos que identificar o que acontece com os respectivos valores de cada conta. No caso, estamos tratando da compra de um veículo, logo, o valor da conta veículos irá aumentar com essa entrada. Pelo quadro das contas patrimoniais, vemos que quando uma conta do ativo tem seu valor aumentado, devemos debitá-la, e é isso que faremos com a conta veículos. Já, o pagamento sendo feito em dinheiro, irá diminuir o saldo da conta Caixa. Pelo quadro das contas patrimoniais, verificamos que quando o valor de uma conta do ativo diminui devemos creditá-la, e é isso que faremos com a conta Caixa.

CAIXA		VEÍCULO	
100		100	
100		100	

Exemplo 5)
- Compra de Mercadorias, a prazo, $ 200

As contas envolvidas são mercadorias (ativo) e fornecedores ou duplicatas a pagar (passivo). No caso estão sendo compradas mercadorias, que terá seu saldo aumentado. Pelo quadro das contas patrimoniais quando uma conta do ativo aumenta, debitamos. Portanto, a conta mercadoria será debitada. De outro lado, nessa operação está se assumindo uma dívida com o fornecedor, que fará com que seu saldo aumente. Pelo quando, quando uma conta do passivo aumenta, deve ser creditada. Logo, fornecedor será creditado.

MERCADORIA		FORNECEDOR	
200			200
200			200

Exemplo 6)

Pagamento do aluguel do escritório (dia 30) referente ao próprio mês utilizado, à vista, $ 150.

Nesse caso identificamos uma conta de despesa com aluguel, que é uma despesa (conta de resultado) e um pagamento à vista, portanto envolvendo a conta caixa. Vimos pelo quadro das contas de resultados, que uma conta de despesa sempre aumenta e nesse caso deve ser debitada. Portanto, faremos um lançamento a débito na conta despesa com aluguel. Já o caixa, é uma conta patrimonial do grupo ativo. Se estou pagando o aluguel a conta caixa está tendo seu saldo diminuído. Pelo quadro vemos que quando uma conta do ativo diminui, devemos creditá-la. Logo, a conta caixa será creditada.

CAIXA		DESP.ALUGUEL	
	50	50	
	50	50	

8 Método das Partidas Dobradas

Notaram que quando escrituramos uma operação, utilizamos no mínimo 2 contas e que efetuamos no mínimo 2 lançamentos, um a crédito e outro a débito?

A isso chamou-se método das partidas dobradas. Esse método foi divulgado pelo italiano Luca Pacioli em 1494, e permitiu que a contabilidade se desenvolvesse e chegasse até nossos dias. Luca Pacioli é considerado, por isso, o pai da contabilidade moderna.

Esse método diz o seguinte:

> "Para todo débito há pelo menos um crédito correspondente, assim como para todo o crédito há pelo menos um débito correspondente"

A frase "pelo menos" na definição anterior, nos permite concluir que pode haver mais de débito correspondente a um crédito, assim como pode haver mais de um crédito correspondente a um débito e ainda, que pode haver vários débitos correspondentes a vários créditos em uma única operação contábil.

Então, temos 4 possibilidades:

Partida de 1ª fórmula

- Quando 1 débito corresponde a 1 crédito. Todos os exemplos vistos até aqui foram de 1ª fórmula.

Partida de 2ª fórmula

- Quando 1 débito corresponde a mais de 1 crédito: Por exemplo, compra de um veículo, sendo pago metade à vista $ 50 e a outra metade a prazo $ 50, totalizando $ 100.

VEÍCULO		CAIXA	
100			50
			50
100			
		FINANCIAMENTO	
			50
			50

Partida de 3ª fórmula

- Quando mais de 1 crédito corresponde a mais de 1 débito: Por exemplo, venda de um veículo, sendo recebida metade à vista $ 50 e a outra metade a prazo $ 50, totalizando $ 100.

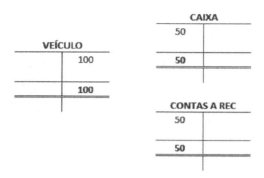

Partida de 4ª fórmula

- Quando vários débitos correspondem a vários créditos: Pagamento de uma despesa com aluguel $ 100, pagamento de fornecedor $ 80, sendo parte à vista (em dinheiro) $ 50 e parte em cheque $ 130.

DESP. ALUGUEL		CAIXA	
100			50
100			50

FORNECEDOR		BANCOS	
80			130
80			130

Devido à complexidade da partida de 4ª fórmula, é preferível substituí-la por mais de um lançamento de 1ª, 2ª ou 3ª fórmulas, enquanto não houver domínio nos lançamentos.

8.1 Livro Diário e Livro Razão

Tanto o livro diário quanto o livro razão são livros de preenchimento obrigatório na maioria das entidades. E basicamente trata da escrituração das ocorrências envolvendo valores da entidade e que devem ser registrados. Hoje, devido ao uso de sistemas aplicativos normalmente a partir da contabilização das operações os livros e demonstrações contábeis já são automaticamente preenchidos. Mas vamos ver o modelo básico de cada um dos livros para entender sua utilização, lembrando que até poucos anos atrás tudo isso era escriturado à mão.

8.1.1 Livro Diário

O nome já diz tratar-se de um livro onde são registradas diariamente as operações relevantes contabilmente. Lembre-se hoje estão armazenados em computadores, e eventualmente caso necessário é possível imprimi-lo. Portanto, o exemplo a seguir é uma possibilidade de impressão.

Exemplo – Livro Diário (considerando o mesmo exemplo do Livro Razão)
Compra de um veículo, à vista, $ 500.

Local, Data		
Contas	Histórico	Valor em R$
D- Veículos C- Caixa	Compra do veículo de marca _____ de propriedade de _____, conforme NF xxxxx-x etc.	500,00

Nesse caso, aparecem todas as contas envolvidas, com a respectiva informação de forma debitadas (D) ou creditadas (C), o histórico e o valor envolvido.

8.1.2 Livro Razão

Cada conta contábil possuía uma ficha onde eram registradas todas as operações que envolvem aquela conta, ou seja, todas as entradas e saídas, respectivos valores e o histórico da operação. Individualmente, conta a conta. Normalmente o Livro Razão é escriturado a partir do Livro Diário.

As mesmas observações feitas ao Livro Diário servem ao Livro Razão.

Nome da Conta:		Código:	
Data	Histórico	D/C	Valor em R$

Exemplo – Livro Razão

Compra de um veículo, à vista, $ 500.

Nesse caso, temos duas cotas envolvidas (Veículos e Caixa), e, portanto, duas fichas ou páginas do livro razão.

Nome da Conta: *Caixa*		Código: *1.1.1.000*	
Data	Histórico	D/C	Valor em R$
12/nov/21	Compra do veículo de marca _____ de propriedade de _____, conforme NF xxxxx-x etc. (No histórico se colocam todas as informações relevantes para o entendimento da operação)	C	500,00

Nome da Conta: *Veículo*		Código: *1.2.2.012*	
Data	Histórico	D/C	Valor em R$
12/nov/21	Compra do veículo de marca _____ de propriedade de _____, conforme NF xxxxx-x etc.	D	500,00

8.2 Partidas no Diário

Partidas no diário é o nome que se dá a escrituração do Livro Diário. Didaticamente simplificamos a escrituração para facilitar o entendimento e o preenchimento.

Na operação dos exemplos anteriores, podemos simplesmente escrever:

D- Veículos

C- Caixa   500,00

Em alguns livros mais antigos pode-se encontrar uma outra maneira de fazer a partida no diário que era mais utilizada quando o processo era manual:

Veículos

a Caixa   500,00

Nesse caso, o crédito é identificado por uma letra "a" cursiva.

Curiosidade: Nos primórdios da informatização, as impressoras matriciais (cuja impressão é semelhante a de uma máquina de escrever), tinham dificuldade em imprimir a letra "a" cursiva, o que só era possível através de um código de caractere especial, o que fazia com que a impressora desse uma parada mínima durante sua impressão. Só que na impressão de grandes volumes essa parada mínima acabava se transformando em minutos. Em função disso adotou-se o método com letras D e C para indicar débitos e créditos abolindo-se a letra "a" cursiva.

Exemplos através das partidas por fórmulas de lançamento

Fórmula	Novo	Antigo
1ª.	D- Conta debitada C- Conta creditada $ xxx	Conta debitada *a* Conta creditada $ xxx
2ª.	D- Conta debitada C- Conta creditada $ xxx C- Conta creditada $ xxx $ xxx	Conta debitada *a* Diversos Conta creditada $ xxx Conta creditada $ xxx $ xxx
3ª.	D- Conta debitada $ xxx D- Conta debitada $ xxx C- Conta creditada $ xxx	Diversos *a* Conta creditada $ xxx Conta debitada $ xxx Conta debitada $ xxx
4ª.	D- Conta debitada $ xxx D- Conta debitada $ xxx C- Conta creditada $ xxx C- Conta creditada $ xxx	Diversos *a* Diversos Conta debitada $ xxx Conta debitada $ xxx Conta creditada $ xxx Conta creditada $ xxx

8.3 Exercícios Propostos – Método das partidas dobradas

1) Dada a operação, "Compra de mercadorias a prazo, $ 1.000".
   Preencha o livro diário e o livro razão.

9 Prática do Debitar e Creditar

9.1 Atos e Fatos Administrativos

Os fatos administrativos (ou fatos contábeis) são operações / acontecimentos ocorridos e que afetam o **Patrimônio Líquido da entidade**[22]. Por esse motivo precisam ser contabilizados. Exemplo: Pagamento do salário de funcionário.

Já os atos administrativos são operações / acontecimentos que **NÃO afetam o Patrimônio Líquido da entidade** (pelo menos no momento de sua ocorrência). Nesse caso, não precisam ser contabilizadas. Exemplo: Contratação de um funcionário. Aqui cabe uma observação importante. Há atos administrativos que por sua relevância pode alterar substancialmente o patrimônio da entidade no futuro. Nesse caso, mesmo não afetando nada no momento, a título de informar os usuários da contabilidade deve ser informado nas Notas Explicativas que compõe as demonstrações da entidade.

Note que patrimônio e patrimônio líquido são coisas diferentes. O patrimônio de uma entidade é o conjunto de bens, direitos e obrigações dessa entidade e o patrimônio líquido é um grupo do BP apurado pela diferença entre o ativo menos o passivo e que representa a riqueza da entidade, conforme a equação fundamental do patrimônio.

Portanto, nos interessa detalhar os fatos administrativos ou contábeis. Podemos classificá-las em 3 possibilidades:

- Fatos permutativos ou qualitativos (alguns autores também o nomeiam como compensativos) – **NÃO** alteram o patrimônio líquido da entidade
- Fatos modificativos ou quantitativos – alteram o patrimônio líquido da entidade
- Fatos mistos (são tanto permutativos quanto modificativos)

---

[22] Patrimônio não é o mesmo que patrimônio líquido. O patrimônio de uma entidade é o conjunto de bens, direitos e obrigações dessa entidade e o patrimônio líquido é um grupo do BP apurado pela diferença entre o ativo menos o passivo e que representa a riqueza da entidade, conforme a equação fundamental do patrimônio.

9.1.1 Fatos contábeis permutativos

O fato permutativo trata da troca de valores entre contas, sem que isso altere o patrimônio líquido ou situação patrimonial da entidade. Sempre envolverão contas patrimoniais:

Alguns exemplos:
- Compra de 1 veículo, à vista, causará uma saída de caixa e uma entrada do bem veículo, ambas do Ativo.
- Compra de 1 veículo, a prazo, causará em entrada de bem veículo no Ativo e a entrada de uma obrigação, financiamento, no Passivo.
- Pagamento de uma parcela do financiamento do veículo em dinheiro, causará uma saída de caixa do Ativo e uma saída do valor financiado no Passivo.
- Transferência do resultado do exercício positivo (lucro) para capital (aumento de capital), causará uma saída da conta Lucros e uma entrada no Capital Social.

9.1.2 Fatos contábeis modificativos

No fato modificativo são situações em que há a alteração do patrimônio líquido da entidade. Envolve tanto contas patrimoniais quanto contas de resultados (receitas e despesas). Além disso, o fato modificativo pode ser aumentativo quando causar um aumento do patrimônio líquido ou diminutivo quando causar uma diminuição do patrimônio da entidade.

Alguns exemplos:
- **Fatos modificativos diminutivos**
- Despesas com salários que serão pagos no próximo exercício, causará um aumento das Despesas e uma entrada no Passivo com a conta salários a pagar.
- Despesas com salários que serão pagos no mesmo exercício, causará um aumento das Despesas e uma saída no Ativo na conta Caixa ou Bancos.
- **Fatos modificativos aumentativos**
- Receitas com vendas que serão recebidas no próximo exercício, causará um aumento das Receitas e uma entrada no Ativo com a conta Clientes ou Duplicatas a receber.
- Receitas com vendas que serão recebidas no mesmo exercício, causará um aumento das Receitas e uma entrada no Ativo na conta Caixa ou Bancos.

9.1.3 Balancete de Verificação

O Balancete de verificação ou simplesmente Balancete, é um instrumento utilizado na contabilidade para que antes de iniciarmos os procedimentos de encerramento das contas de resultados, ajustes e todos os procedimentos para execução do encerramento do exercício ou período, tenhamos certeza de que todos os lançamentos estejam "corretos", ou seja, que o total dos débitos esteja igual ao total dos créditos, e que assim, podemos dar continuidade ao encerramento. Também pode ser utilizado para uma verificação periódica. Além disso, o balancete tem uma função gerencial importante pois é o único relatório da contabilidade onde aparecem juntas tanto as contas patrimoniais quanto as contas de resultados.

Existem vários modelos de balancete, mas vamos ver o mais simples deles que é o de duas colunas. Há outros modelos mais complexos com até oito colunas.

Empresa X S/A Balancete de Verificação em xx/xxx/xxxx		
	Saldos	
Contas	Devedoras	Credoras
Contas (do ativo)	x,xx	
Contas (do passivo)		x,xx
Contas (PL)		x,xx
Contas (despesas)	x,xx	
Contas (receitas)		x,xx
Total	x,xx	x,xx

A ordem de lançamento das contas mostrada é apenas uma sugestão.

9.2 Uso dos Razonetes e Partidas no Diário

Estudamos anteriormente que os razonetes ou razão em T são a representação gráfica do Razão que é o nome que se dá ao Livro Razão, que assim como o Livro Diário são os principais livros de escrituração da Contabilidade.

Cada conta contábil possui o seu razonete, que podem ser debitados ou creditados dependendo da operação. Estudamos também que em função do Método das Partidas Dobradas sempre haverá em qualquer operação no mínimo duas contas envolvidas e, portanto, dois razonetes e que a partida no diário é o nome que se dá ao lançamento ou escrituração da operação no Livro Diário.

Buscando os exemplos que estudamos no Método dos Balanços Sucessivos, vamos resolver os mesmos exercícios, só que agora introduzindo os razonetes e as partidas no diário.

Exemplo – uso de razonetes, partidas no diário e BP (somente contas patrimoniais)

Nesse exercício, não utilizaremos as contas de resultados (Receitas, Despesas e ARE) já que propositalmente as vendas das mercadorias, foram feitas a preço de custo, portanto, o resultado foi nulo, ou seja, não houve nem lucro e nem prejuízo. Então, só para facilitar o entendimento não utilizamos os razonetes para as contas de resultados. Também os critérios adotados para os lançamentos dos débitos e créditos podem ser escolhidos entre os 2 métodos que vimos anteriormente: o método da origem e destino ou método da natureza das contas. Tente simular cada uma das operações pelos 2 métodos. Aos poucos esse mecanismo vai se tornando mais natural.

a) Integralização de capital social em dinheiro pelos sócios $ 80.

b) Compra à vista de: Móveis e Utensílios, $ 3, um automóvel, $ 25 e mercadorias $ 20.

c) Compra de mercadorias a prazo $ 30.

d) Compra de uma casa no valor de $ 100 a prazo.

e) Venda de Mercadorias sendo $ 10 à vista e $ 8 a prazo (a preço de custo).

f) Pagamento de uma duplicata a pagar (fornecedores) em dinheiro $ 10.

g) Recebeu uma duplicata a receber (clientes) em dinheiro $ 2.

Capital		Caixa		Mov. e Uten.		Mercadorias	
	80 a)	a) 80	48 b)	b) 3		b) 20	18 e)
		e) 10	10 f)			c) 30	
		g) 2				50	18
Veículos		92	58			32	
b) 25		34					

Clientes		Fornecedores		Imóvel		Financiamento	
e) 8	2 g)	f) 10	30 c)	d) 100			100 d)
6			20				

Veja que há uma letra ao lado dos valores lançados nos razonetes e que correspondente a cada uma das operações solicitadas. Sugiro que façam disso um hábito. Exercícios mais complexos acabam tendo as vezes dezenas de razonetes e centenas de lançamentos, e se não houver um artifício qualquer que facilite entender a sequência de lançamentos, você poderá ter problemas.

Simultaneamente, é possível já se fazer as partidas no diário, conforme tabela a seguir. Mas isso também fica a critério do estudante, já que alguns preferem fazer primeiro todos os razonetes para só então fazer as partidas no diário.

Partidas no Diário			
Operação	D/C	Contas Contábeis	Valor $
a)	D C	Caixa Capital Social	 80
b)	D D D C	Móveis e Utensílios Mercadorias Veículos Caixa	3 20 25 48
c)	D C	Mercadorias Fornecedores (ou Duplicatas a Pagar)	 30
d)	D C	Imóveis Financiamentos	 100
e)	D D C	Caixa Clientes (Duplicatas a Receber) Mercadorias	10 8 18
f)	D C	Fornecedores (ou Duplicatas a Pagar) Caixa	 10
g)	D C	Caixa Clientes (ou Duplicatas a Receber)	 2

Balancete de Verificação		
	Saldos	
Contas	Devedoras	Credoras
Caixa	34	
Mercadorias	32	
Clientes	6	
Móveis e Utensílios	3	
Veículos	25	
Imóveis	100	
Fornecedores		20
Financiamento		100
Capital		80
Total	**200**	**200**

Por último, podemos com base ou nos razonetes ou nas partidas no diário, elaborar o BP, que se verificarem é exatamente igual ao último BP de quando elaboramos o Exemplo 1 pelo método dos balanços sucessivos.

Balanço Patrimonial – BP			
ATIVO		**PASSIVO**	
Caixa	34	Fornecedores	20
Mercadorias	32	Financiamentos	100
Clientes	6		
Móveis e Utensílios	3	**PL**	
Veículos	25	Capital	80
Imóveis	100		
Total do Ativo	**200**	**Total do Passivo + PL**	**200**

9.3 Exercícios Resolvidos

Exercício 1 (com uso de razonetes e somente contas patrimoniais)
a) Integralização de Capital pelos sócios, em dinheiro $ 500
b) Compra de 1 computador, a prazo, $ 100
c) Compra de 2 veículos, à vista, $ 40
d) Venda de 1 dos veículos, à vista, $ 20

```
   Capital              Caixa           Equipamentos      Contas a pagar
   |  500 a)    a)  500 |  40 c)    b)  100 |                |  100 b)
              d)   20 |
                  520 |  40             Veículos
                  480 |            c)   40 |  20 d)
                                        20 |
```

Partidas no Diário			
Operação	D/C	Contas Contábeis	Valor $
a)	D	Caixa	
	C	Capital Social	500
b)	D	Equipamentos	
	C	Contas a Pagar	100
c)	D	Veículos	
	C	Caixa	40
d)	D	Caixa	
	C	Veículos	20

Balancete de Verificação		
	Saldos	
Contas	Devedoras	Credoras
Caixa	480	
Equipamentos	100	
Veículos	20	
Contas a Pagar		100
Capital		500
Total	**600**	**600**

Balanço Patrimonial – BP			
ATIVO		PASSIVO	
Caixa	480	Contas a Pagar	100
Equipamentos	100		
Veículos	20	**PL**	
		Capital	500
Total do Ativo	**600**	**Total do Passivo + PL**	**600**

Exercício 2 (somente contas patrimoniais)

a) Integralização de Capital Social pelos sócios, sendo $ 1.000 em dinheiro, $ 5.000 em equipamentos, $ 10.000 em imóveis.

b) Compra de móveis e utensílios, a prazo, $ 200.

c) Compra de mercadorias, a prazo, $ 5.000.

d) Venda de metade das mercadorias, a preço de custo, à vista (pelo fato de a venda ser a custo, o resultado foi nulo, ou seja, não houve nem lucro e nem prejuízo. Nesse caso, só a título didático não utilizaremos as contas de resultados.

Resolução Exercício 2

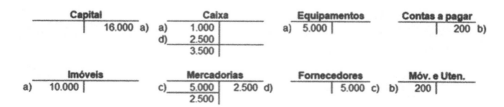

Capítulo 9 – Prática do Debitar e Creditar

Partidas no Diário			
Operação	D/C	Contas Contábeis	Valor $
a)	D	Caixa	1.000
	D	Equipamentos	5.000
	D	Imóveis	10.000
	C	Capital Social	16.000
b)	D	Móveis e Utensílios	
	C	Contas a Pagar	200
c)	D	Mercadorias	
	C	Fornecedores (ou Duplicatas a Pagar)	5.000
d)	D	Caixa	
	C	Mercadorias	2.500

Balancete de Verificação		
	Saldos	
Contas	Devedoras	Credoras
Caixa	3.500	
Mercadorias	2.500	
Móveis e Utensílios	200	
Equipamentos	5.000	
Imóveis	10.000	
Contas a Pagar		200
Fornecedores		5.000
Capital		16.000
Total	**21.200**	**21.200**

Balanço Patrimonial – BP			
ATIVO		PASSIVO	
Caixa	3.500	Fornecedores	5.000
Mercadorias	2.500	Contas a Pagar	200
Equipamentos	5.000		
Móveis e Utensílios	200	PL	
Imóveis	10.000	Capital	16.000
Total do Ativo	**21.200**	**Total do Passivo + PL**	**21.200**

Exercício 3 (somente contas patrimoniais)
(CFC 2020-1)

Considere que Marcos e Roberto decidiram abrir uma empresa de prestação de serviços e que cada um contribui com R$ 25.000,00 para constituição da sociedade. Com parte do numerário compraram um escritório no valor de $ 100.000,00 sendo R$ 20.000,00 à vista e o restante financiado a longo prazo. Adquiriram também móveis e utensílios por R$ 15.000,00 à vista. Diante do exposto, o valor do ativo será:

a) R$ 100.000,00
b) R$ 50.000,00
c) R$ 115.000,00
d) R$ 130.000,00

Resolução do Exercício 3 pelo método dos balanços sucessivos:

Balanço Patrimonial – BP				
ATIVO		**PASSIVO**	
Caixa	50.000		
		PL	
		Capital	50.000
Total do Ativo	**50.000**	**Total do Passivo + PL**	**50.000**

Balanço Patrimonial – BP			
ATIVO		**PASSIVO**	
Caixa	30.000	Financiamento	80.000
Imóveis	100.000	**PL**	
		Capital	50.000
Total do Ativo	**130.000**	**Total do Passivo + PL**	**130.000**

Balanço Patrimonial – BP			
ATIVO		**PASSIVO**	
Caixa	15.000	Financiamento	80.000
Móveis e Utensílios	15.000	**PL**	
Imóveis	100.000	Capital	50.000
Total do Ativo	**130.000**	**Total do Passivo + PL**	**130.000**

Resolução do Exercício 3 com uso de razonetes e partidas no diário:

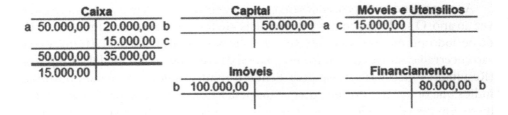

Operação	D/C	Partidas no Diário Contas Contábeis	Valor $
a)	D	Caixa	
	C	Capital Social	50.000
b)	D	Imóveis	100.000
	C	Caixa	20.000
		Financiamento	80.000
c)	D	Móveis e utensílios	
	C	Caixa	15.000

Balancete de Verificação

	Saldos	
Contas	Devedoras	Credoras
Caixa	15.000	
Móveis e Utensílios	15.000	
Imóveis	100.000	
Financiamento		80.000
Capital		50.000
Total	**130.000**	**130.000**

Balanço Patrimonial – BP

ATIVO		PASSIVO	
Caixa	15.000	Financiamento	80.000
Móveis e Utensílios	15.000		
Imóveis	100.000	**PL**	50.000
		Capital	
Total do Ativo	**130.000**	**Total do Passivo + PL**	**130.000**

9.4 Encerramento das Contas de Resultados e Apuração do Resultado do Exercício

As empresas devem proceder seus encerramentos de exercício no mínimo uma vez ao ano. O saldo das contas patrimoniais são levadas para o próximo exercício ou período, porém, as contas de resultados, até por serem chamadas de transitórias são encerradas através do confronto do total das receitas com o total das despesas (Resultado = Receitas – Despesas). Sendo o resultado desse confronto positivo, indica que houve mais receita do que despesa e nesse caso a empresa apurou um lucro. Em caso de resultado negativo, indica que as receitas foram menores que as despesas e nesse caso a empresa apurou um prejuízo. Para esse encerramento de contas de resultados utilizamos a conta ARE (Apuração do Resultado do Exercício). Para essa conta são transferidos os saldos de todas as contas de despesas (a débito) e os saldos das contas de receitas (a crédito). Totalizam-se os débitos e todos os créditos e caso o valor maior seja devedor indica que a empresa apurou um saldo devedor, ou seja, um prejuízo. Caso contrário, se o valor maior for credor indica que a empresa apurou um lucro. O resultado maior menos o resultado menor informa o valor do prejuízo ou do lucro. A conta ARE também é uma conta de resultados, transitória e deve ser encerrada. Caso o saldo do ARE seja devedor, esse valor deverá ser transferido para a conta Prejuízos Acumulados, ou caso contrário, o saldo do ARE seja credor, esse resultado deverá ser transferido para a conta Lucros Acumulados[23].

Vamos entender a explicação anterior com auxílio de gráficos para facilitar.

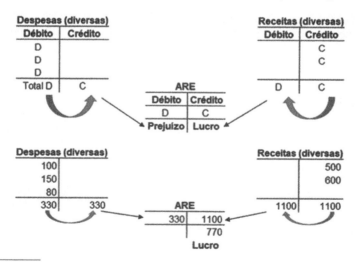

---

23 Conforme a lei nº 6.404/1976 as sociedades anônimas ao apurarem Lucro, deverão transferir esses valores, para a Reservas de Lucros e/ou pagar dividendos e/ou aumentar o capital, e/ou abater a conta prejuízos acumulados. Ou seja, nesse tipo de empresa o saldo final da conta Lucros Acumulados deverá estar zerado.

Capítulo 9 – Prática do Debitar e Creditar

Partidas no Diário			
Operação	D/C	Contas Contábeis	Valor $
1	D C	Receita X ARE	 X,xx
2	D C	ARE Despesa X	 X,xx

Exemplo – encerramento das contas de resultados

Vamos supor que ao final de um exercício – o balancete de verificação tivesse a seguinte composição (somente contas de resultados -> despesas e receitas):

Balancete de Verificação		
	Saldos (R$)[24]	
Contas	Devedoras	Credoras
Despesas		
com salários	1.200,00	
com Aluguel	500,00	
com Energia	230,00	
Outras Despesas	270,00	
Custo da Mercadoria Vendida (CMV)	1.100,00	
Depreciação	200,00	
Receita		
de Vendas		5.000,00
de Juros		150,00
de Aluguel		150,00

Usando o mesmo modelo gráfico de razonetes do exemplo teríamos:

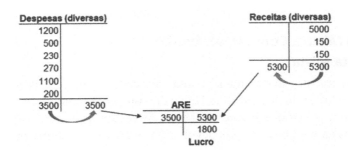

---

24 Quando só utilizarmos as contas de resultados (como nesse exemplo), ocorrerá quase sempre dos saldos devedores e credores não serem iguais. O Balancete de verificação quando completo incluindo as contas patrimoniais e de resultado deve sempre ter o saldo credor e devedor iguais. Se não tiver há algum lançamento faltante ou indevido.

Nessa composição de receitas e despesas, encerramos com um resultado credor de R$ 1.800,00. Mas, o ARE também é uma conta de resultados, transitória e que deve ser encerrada. Vamos ver graficamente como transferir o saldo credor do ARE para Lucros Acumulados (nosso exemplo, no gráfico a esquerda) e, aproveitar para simular como seria para transferir o saldo devedor do ARE para Prejuízos Acumulados (no gráfico a direita).

ARE	
Débito	Crédito
3.500,00	5.300,00
1.800,00 ←	1.800,00

Lucros Acumulados	
Débito	Crédito
	1.800,00

ARE	
Débito	Crédito
5.300,00	3.500,00
1.800,00 →	1.800,00

Prejuízos Acumulados	
Débito	Crédito
1.800,00	

Partidas no Diário			
Operação	D/C	Contas Contábeis	Valor $
Se lucro	D	ARE	
	C	Lucros Acumulados	X,xx
ou			
Se prejuízo	D	Prejuízos Acumulados	
	C	ARE	X,xx

Antes de seguirmos ao exemplo com uso de contas patrimoniais e contas de resultados, é importante aprendermos o conceito de contas mistas e contas desdobradas.

9.5 Conta Mista x Conta Desdobrada
9.5.1 Conta Mista

Consiste na adoção de uma só conta (Mercadoria) para registro de todas as operações envolvendo mercadorias. Normalmente recebe o nome de "Mercadoria". Além registrar o Estoque Inicial e Final de mercadorias, também recebe outros lançamentos como, por exemplo, devoluções, abatimentos dentre outros.

9.5.2 Conta Desdobrada

Consiste na adoção de várias contas para o registro de operações envolvendo mercadorias. Nesse caso, se usam "contas auxiliares" e a conta Mercadorias é desdobrada em tantas contas quantas forem necessárias para contabilização isolada de cada fato. Basicamente são 3 contas: Estoque de Mercadorias, Compras e Vendas, podendo existir ainda Compras anuladas, abatimento sobre compras, vendas anuladas, abatimento sobre vendas, fretes e seguros sobre compras, descontos incondicionais obtidos, descontos incondicionais concedidos, ICMS sobre vendas, PIS e COFINS (sobre faturamento).

Na grande maioria dos exemplos e exercícios desse livro utiliza-se o método da conta mista, mas isso fica a critério do estudante e no método com o qual houver maior identificação ou facilidade de uso.

Exemplo – uso de razonetes, partidas no diário e BP (contas patrimoniais e contas de resultados) – método da conta mista

Esse exemplo repete as mesmas operações que no exemplo que vimos usando apenas contas patrimoniais. Agora houve uma mudança na operação e) que agora vai proporcionar um lucro nas vendas das mercadorias, já que a receita de vendas é maior do que o custo da mercadoria vendida (CMV). Também desaparece a operação g) já que a venda das mercadorias foi à vista na totalidade e não há nada a receber de clientes.

a) Integralização de capital social em dinheiro pelos sócios $ 80.

b) Compra à vista de: Móveis e Utensílios, $ 3, um automóvel, $ 25 e mercadorias $ 20.

c) Compra de mercadorias a prazo $ 30.

d) Compra de uma casa no valor de $ 100 a prazo.

e) Venda da totalidade das mercadorias por $ 90, à vista.

f) Pagamento de uma duplicata a pagar (fornecedores) em dinheiro $ 10.

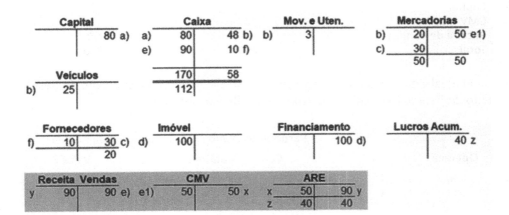

A operação e) referente a venda da totalidade das mercadorias, foi desmembrada em duas partes: e) refere-se a parte financeira, a concretização da venda e recebimento do dinheiro, a entrada do dinheiro no caixa e o registro da receita para efeito de resultado. Já a operação e1) refere-se a baixa do estoque de mercadorias. Atenção ao detalhe de que a baixa das mercadorias é sempre feita ao preço de custo, ou seja, por quanto a mercadoria foi comprada e nunca pelo preço que ela foi vendida.

> **O preço de venda serve unicamente para a apuração da receita de vendas e a baixa dos estoques é sempre ao preço de custo que foi pago na compra da mercadoria.**

Os razonetes Receita de Vendas, CMV – Custo da Mercadoria Vendida e ARE – Apuração do Resultado do Exercício, são referentes a contas de resultados, transitórias e que serão encerradas apurando um resultado positivo, Lucro ou negativo, Prejuízo. Como a venda (receita) foi de $ 90 para algo que custou (CMV) $ 50, houve a apuração de um lucro de $ 40.

Balancete de Verificação		
	Saldos	
Contas	**Devedoras**	**Credoras**
Caixa	112	
Mercadorias	0	
Móveis e Utensílios	3	
Veículos	25	
Imóveis	100	
Financiamento		100
Fornecedores		20
Capital		80
CMV	50	
Receita de Vendas		90
Total	**290**	**290**

O ideal é que o balancete de verificação seja feito antes da Apuração do Resultado do Exercício – ARE. Isso evita retrabalhos posteriores.

Partidas no Diário			
Operação	**D/C**	**Contas Contábeis**	**Valor $**
a)	D	Caixa	
	C	Capital Social	80

b)	D	Móveis e Utensílios	3
	D	Mercadorias	20
	D	Veículos	25
	C	Caixa	48
c)	D	Mercadorias	
	C	Fornecedores (ou Duplicatas a Pagar)	30
d)	D	Imóveis	
	C	Financiamentos	100
e)	D	Caixa	
	C	Receita de Vendas	90
e1)	D	CMV	
	C	Mercadorias	50
f)	D	Fornecedores (ou Duplicatas a Pagar)	
	C	Caixa	10
		Encerramento das contas de Resultados	
x	D	ARE	
	C	CMV	50
y	D	Receita de Vendas	
	C	ARE	90
z	D	ARE	
	C	Lucros Acumulados	40

Balanço Patrimonial – BP			
ATIVO		**PASSIVO**	
Caixa	112	Fornecedores	20
Mercadorias	0	Financiamentos	100
Móveis e Utensílios	3	**PL**	
Veículos	25	Capital	80
Imóveis	100	Lucro	40
Total do Ativo	**240**	**Total do Passivo + PL**	**240**

DRE – Demonstração do Resultado do Exercício	
Receita de Vendas	90
(-) CMV	(50)
(=) Resultado Bruto	40
(+) Outras Receitas	0
(-) Outras Despesas	0
(-) Resultado líquido	40

Exemplo – uso de razonetes, partidas no diário e BP (contas patrimoniais e contas de resultados) – método da conta desdobrada

Considerando o mesmo exemplo, porém utilizando a conta auxiliar "Compras" em auxílio aos lançamentos de mercadorias. A conta Compras é encerrada contra o CMV. Como todas as mercadorias foram vendidas, seu saldo zerou.

a) Integralização de capital social em dinheiro pelos sócios $ 80
b) Compra à vista de: Móveis e Utensílios, $ 3, um automóvel, $ 25 e mercadorias $ 20.
c) Compra de mercadorias a prazo $ 30.
d) Compra de uma casa no valor de $ 100 a prazo.
e) Venda da totalidade das mercadorias por $ 90, à vista.
f) Pagamento de uma duplicata a pagar (fornecedores) em dinheiro $ 10.

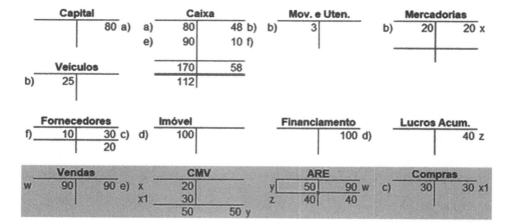

O Balancete de verificação não sofre nenhuma mudança em relação ao método da conta mista.

Operação	D/C	Partidas no Diário Contas Contábeis	Valor $
a)	D	Caixa	
	C	Capital Social	80
b)	D	Móveis e Utensílios	3
	D	Mercadorias	20
	D	Veículos	25
	C	Caixa	48

c)	D C	Compras Fornecedores (ou Duplicatas a Pagar)	30
d)	D C	Imóveis Financiamentos	100
e)	D C	Caixa Vendas	90
f)	D C	Fornecedores (ou Duplicatas a Pagar) Caixa	10
		Encerramento das contas de Resultados	
x	D C	CMV Mercadorias	20
x1	D C	CMV Compras	30
y	D C	ARE CMV	50
w	D C	Vendas ARE	90
z	D C	ARE Lucros Acumulados	40

O BP e o DRE não sofrem nenhuma mudança em relação ao método da conta mista.

10 Regimes de Contabilização das Receitas e Despesas

Um dos problemas que temos ao lidar com as receitas e despesas na contabilidade, é o momento da sua escrituração. Para tanto, temos que estudar os regimes de contabilização existentes da Contabilidade. Basicamente temos 2 critérios (ou regimes) para identificar a ocorrência de uma despesa ou de uma receita: o regime de competência e o regime de caixa. A identificação da ocorrência está vinculada ao fato gerador.

> Fato gerador é um fato contábil que identifica o momento da ocorrência ou surgimento de uma despesa ou de uma receita, obrigando a sua escrituração nos livros contábeis.

10.1 Regime de Caixa

É de simples entendimento e define que uma receita ou despesa ocorre somente no momento do recebimento ou pagamento. Ou seja, **o fato gerador ocorre na entrada ou saída de recursos do Caixa**[25]. Esse regime é pouco utilizado nas empresas de modo geral até por questões legais e mais utilizado em empresas sem fins lucrativos como entidades do 3º. setor, por exemplo, condomínios. Na sequência traremos um exemplo comparando o resultado apurando se utilizando os 2 critérios.

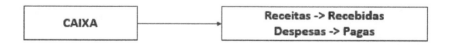

A título informativo, o regime de caixa é utilizado na contabilidade pública (que trata das empresas públicas), especificamente no tratamento das receitas orçamentárias no subsistema orçamentário que é um dos subsistemas que compõem a contabilidade pública.

---

[25] Sempre que nos referirmos a Caixa (salvo especificação contrária) estamos nos referindo também aos equivalentes de caixa (Bancos e aplicações de resgate imediato)

10.2 Regime de Competência[26]

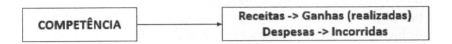

Na Estrutura Conceitual do Pronunciamento CPC 00 R2 no item 1.17 temos uma definição que explicita a importância da adoção do regime de competência pelas empresas:

"O regime de competência reflete os efeitos de transações e outros eventos e circunstâncias sobre reivindicações e recursos econômicos da entidade que reporta nos períodos em que esses efeitos ocorrem, mesmo que os pagamentos e recebimentos à vista resultantes ocorram em período diferente. Isso é importante porque informações sobre os recursos econômicos e reivindicações da entidade que reporta e mudanças em seus recursos econômicos e reivindicações durante o período fornecem uma base melhor para a avaliação do desempenho passado e futuro da entidade do que informações exclusivamente sobre recebimentos e pagamentos à vista durante esse período."

Além disso, a lei nº 6.404/1976 no art. 177, torna esse regime obrigatório pelas sociedades anônimas, e a legislação do imposto de renda também obriga sua adoção pelas empresas que declararem renda por lucro real:

Pela legislação comercial através da lei nº 6.404/1976:

"A escrituração da companhia será mantida em registros permanentes com obediência aos preceitos da legislação comercial e desta lei e aos princípios de contabilidade geralmente aceitos, devendo observar métodos ou critérios contábeis uniformes no tempo e registrar mutações patrimoniais **segundo o regime de competência**"

Pela Art. 7º da legislação do IR, Decreto-lei nº 1.598/1977:

---

26 O regime de competência (também chamado de Confrontação de Despesas e Receitas) fazia parte dos chamados Princípios Contábeis (lei nº 750/1993), entretanto, esses princípios foram revogados pelas Normas Brasileiras de Contabilidade (NBC T 16.1 a 16.5). Isso para adequar a contabilidade privada com a contabilidade pública no processo de convergência ao padrão internacional. Portanto, não significa que os princípios contábeis caíram em desuso na prática.

"[...] § 4º. Ao fim de cada período-base de incidência do imposto o contribuinte deverá apurar o lucro líquido do exercício mediante a elaboração, com observância das **disposições da lei comercial** (lei 6.404/1976), do balanço patrimonial, da demonstração de resultado do exercício e da demonstração de lucros e prejuízos acumulados." (grifo do autor)

Na contabilidade societária, conforme CPC 26 R2 item 27, a entidade deve elaborar as suas demonstrações contábeis, exceto para a demonstração dos fluxos de caixa, utilizando-se do regime de competência. Ou seja, na contabilidade societária o único demonstrativo que não utiliza o regime de competência é o DFC – Fluxo de Caixa.

10.2.1 Receitas sob o Regime de Competência

Exemplo 1 – Venda de mercadoria, à vista ou a prazo, com a entrega da mercadoria ao comprador

- transação comercial concluída (houve entrega da mercadoria)
- À vista

    D- Caixa

    C- Receita de Vendas

- A prazo

    D- Clientes ou Duplicatas a Receber

    C- Receita de Vendas

Importante notar no exemplo da venda a prazo, que a receita foi lançada mesmo que o pagamento pela venda só venha a ocorrer no futuro. O fato gerador que é a venda com a entrega da mercadoria (ou serviço) ocorreu.

Exemplo 2 – Venda de mercadoria à vista com entrega programada para 15 dias

- a transação comercial só será concluída na entrega da mercadoria, entretanto, o pagamento do cliente já foi recebido
- Na venda

    D- Caixa

    C- Adiantamento de cliente (obs.: se trata de uma obrigação, um passivo, que a empresa vendedora assumiu, já que recebeu por algo que ainda não entregou)

- Na entrega da mercadoria

D- Adiantamento de cliente (obs.: na entrega se dá baixa da obrigação assumida na venda)

C- Receita de Vendas

10.2.2 Despesas sob o Regime de Competência

Exemplo 1 - Compra de matéria de limpeza

- Nesse caso, não houve a ocorrência do fato gerador. O simples ato da compra (pagas à vista ou a prazo) de materiais ou produtos que serão utilizados no decorrer futuro não define a ocorrência do fato gerador. Esse só ocorrerá no consume desse material ou produto. Logo, o lançamento dessa operação, conforme a seguir, não usa conta de despesa.

D- Estoque de material de limpeza

C- Caixa ou Fornecedores (duplicatas a pagar)

Exemplo 2 - Consumo do material de limpeza (adquirido anteriormente)

- O consumo identifica o fato gerador

D- Despesa com material de limpeza (ou uso e consumo)

C- Estoque de material de limpeza

Exemplo 3 – Salários do mês que serão pagos no mês seguinte

- Nesse caso, o fato gerador que é o mês trabalhado pelos funcionários já ocorreu, porém, o pagamento só ocorrerá no próximo mês.

D- Despesas com salários

C- Salários a pagar

- No mês seguinte quando ocorrer o pagamento

D- Salários a pagar

C- Caixa ou Bancos

10.3 Situações possíveis considerando o Regime de Competência

Temos 6 situações possíveis:

- Em relação às Despesas
    ◊ Despesas pagas e NÃO incorridas
    ◊ Despesas pagas e incorridas
    ◊ Despesas NÃO pagas e incorridas
    ◊ O termo "incorridas", no caso de despesas, é usado para designar a ocorrência do fato gerador

- Em relação às Receitas
    ◊ Receitas recebidas e NÃO realizadas
    ◊ Receitas recebidas e realizada
    ◊ Receitas NÃO recebidas e realizadas

O termo "Receitas realizadas", é usado para designar a ocorrência do fato gerador. Também é usual o termo "Receitas auferidas".

10.3.1 Despesas pagas e NÃO incorridas

Pagamento antecipado (30/abril) de uma despesa "qualquer" que ainda não incorreu. *(O fato gerador ainda não aconteceu, mas foi adiantado o pagamento)*

Operação: Pagamento antecipado (30/abril) a um fornecedor de serviços, que serão prestados/entregues durante o mês de maio.

Em 30/abril

  D- Antecipação de pagamento de serviços contratados (direito)

  C- Caixa ou Bancos

Em 30/maio – recebimento dos serviços

  D- Despesas com serviços contratados

  C- Antecipação de pagamento de serviços contratados

10.3.2 Despesas pagas e incorridas

Pagamento de uma despesa "qualquer" já incorrida (30/abril) *(O fato gerador já aconteceu e foi pago)*

Operação: Pagamento de aluguel referente a abril pago no dia 30/abril.

Em 30/abril

  D- Despesa com aluguel

  C- Caixa ou Bancos

10.3.3 Despesas não pagas e incorridas

Apropriação (incorrência) de uma despesa "qualquer" que será paga no próximo exercício. *(O fato gerador já aconteceu, mas o pagamento será posterior)*

Operação: Salários referentes a abril que serão pagos em maio

Em 30/abril

  D- Despesas com salário

  C- Salários a pagar

Em 30/maio
> D- Salários a pagar
> C- Caixa ou Bancos

10.3.4 Receitas recebidas e NÃO realizadas

Recebimento antecipado por um serviço "qualquer" que será prestado por nossa empresa no próximo exercício. *(O fato gerador não aconteceu, mas já recebemos seu pagamento)*

> **Operação: Antecipação pelo projeto que será entregue no próximo exercício**
> Em 30/abril
>> D- Caixa ou Bancos
>> C- Antecipação de receita por serviços a serem prestados
>
> Em 30/maio
>> D- Antecipação de receita por serviços a serem prestados
>> C- Receitas com serviços prestados

10.3.5 Receitas recebidas e realizadas

Recebimento por um serviço "qualquer" que foi prestado por nossa empresa. *(O fato gerador aconteceu e já recebemos seu pagamento)*

> **Operação: Recebimento por serviço prestado durante o exercício**
> Em 30/abril
>> D- Caixa ou Bancos
>> C- Receita por serviços prestados

10.3.6 Receitas NÃO recebidas e realizadas

Reconhecimento (realização) de uma receita que será recebida no próximo exercício. *(O fato gerador aconteceu e não recebemos seu pagamento)*

> **Operação: Aluguel de imóvel de nossa propriedade que será recebido no próximo exercício.**
> Em 30/abril
>> D- Aluguéis a receber
>> C- Receita com Aluguel
>
> Em 30/maio
>> D- Caixa ou Bancos
>> C- Aluguéis a receber

10.4 Exemplos comparativos entre o regime de caixa e competência

Situação	competência	caixa
Despesas pagas e não incorridas	N	S
Despesas pagas e incorridas	S	S
Despesas não pagas e já incorridas	S	N
Receitas recebidas e não realizadas	N	S
Receitas recebidas e realizadas	S	S
Receitas não recebidas e realizadas	S	S

Reforçando o conceito:

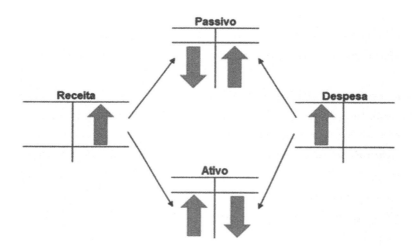

Sempre que ocorre uma Receita, ou se aumenta um Ativo ou se diminui um Passivo, e sempre que ocorre uma Despesa ou se aumenta um Passivo e ou se diminui um Ativo.

10.5 Exercícios Resolvidos – Regime de Competência x Caixa
Exercício 1 – Regime de Competência

Conforme os lançamentos dados, efetue os lançamentos em razonetes e apure o resultado, considerando o regime de competência

a) Integralização de Capital pelos sócios em dinheiro $ 5.000.
b) Compra de material de limpeza, à vista, $ 2.500.
c) Compra de material de uso, à vista, $ 2.000.
d) Serviços prestados e entregues no exercício, recebidos em dinheiro, $ 1.500.
e) Serviços prestados e entregues no exercício, a serem recebidos no próximo, $ 1.700.
f) Apropriação dos salários do mês a serem pagos no próximo exercício, $ 1.000.
g) Apropriação do consumo do material de limpeza no mês, $ 1.800.
h) Apropriação do material de uso no mês, $ 500.

Resolução exercício 1 – Regime de Competência

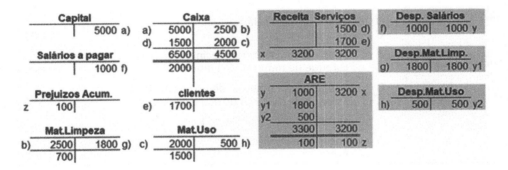

Balancete de Verificação		
	Saldos	
Contas	Devedoras	Credoras
Caixa	2.000	
Clientes	1.700	
Material de Uso	1.500	
Material de Limpeza	700	
Salários a pagar		1.000
Capital		5.000
Despesas com Salários	1.000	
Despesas com Material de Limpeza	1.800	
Despesas com Material de Uso	500	

130 Contabilidade Básica

Receita de Serviços		3.200
Total	9.200	9.200

Partidas no Diário

Operação	D/C	Contas Contábeis	Valor $
a)	D	Caixa	
	C	Capital Social	5.000
b)	D	Material de Limpeza	2.500
	C	Caixa	
c)	D	Material de uso e consumo	
	C	Caixa	2.000
d)	D	Caixa	
	C	Receita de serviços	1.500
e)	D	Clientes	
	C	Receitas de serviços	1.700
f)	D	Despesas com salários	
	C	Salários a pagar	1.000
g)	D	Despesa com material de limpeza	
	C	Estoque de material de limpeza	1.800
h)	D	Despesa com material de uso e consumo	
	C	Estoque de material de uso e consumo	500
	Encerramento das contas de Resultados
x	D	Receita de serviços	
	C	Are	3.200
y	D	ARE	3.300
	C	Despesas com salários	1.000
	C	Despesa com material de limpeza	1.800
	C	Despesa com material de uso e consumo	1.700
z	D	Prejuízos Acumulados	
	C	ARE	100

Balanço Patrimonial – BP

ATIVO		PASSIVO	
Caixa	2.000	Salários a pagar	1.000
Clientes	1.700		
Material de limpeza	700	**PL**	
Material de uso e consumo	1.500	Capital	5.000
		Prejuízos Acumulados	(100)
Total do Ativo	**5.900**	**Total do Passivo + PL**	**5.900**

Capítulo 10 – Regimes de Contabilização das Receitas e Despesas

DRE – Demonstração do Resultado do Exercício	
Receita de Serviços	3.200,00
(-) CSP (Custo dos Serviços Prestados)	0,00
(=) Resultado Bruto	3.200,00
(+) Outras Receitas	0,00
(-) Outras Despesas	(3.300,00)
(-) Resultado líquido	(100,00)

Exercício 2 – Regime de Caixa

Conforme os lançamentos dados, efetue os lançamentos em razonetes e apure o resultado, considerando o regime de caixa:

a) Integralização de Capital pelos sócios em dinheiro $ 5.000.
b) Compra de material de limpeza, à vista, $ 2.500.
c) Compra de material de uso, à vista, $ 2.000.
d) Serviços prestados e entregues no exercício, recebidos em dinheiro, $ 1.500.
e) Serviços prestados e entregues no exercício, a serem recebidos no próximo, $ 1.700.
f) Apropriação dos salários do mês a serem pagos no próximo exercício, $ 1.000.
g) Apropriação do consumo do material de limpeza no mês, $ 1.800.
h) Apropriação do material de uso no mês, $ 500.

Resolução exercício 2 – Regime de Caixa

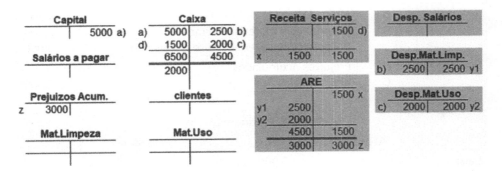

Pelo regime de caixa, os gastos efetivamente pagos já são lançados integralmente em despesas, independentemente do consumo do material. Os gastos futuros nem sequer aparecem. Da mesma forma as receitas, só são lançadas quando há efetivamente entrada dos recursos.

Balancete de Verificação		
Contas	Saldos	
^^	Devedoras	Credoras
Caixa	2.000	
Capital		5.000
Despesas com Material de Limpeza	2.500	
Despesas com Material de Uso	2.000	
Receita de Serviços		1.500
Total	**6.500**	**6.500**

Partidas no Diário			
Operação	D/C	Contas Contábeis	Valor $
a)	D	Caixa	
	C	Capital Social	5.000
b)	D	Despesa com Material de Limpeza	
	C	Caixa	2.500
c)	D	Despesa com Material de uso e consumo	
	C	Caixa	2.000
d)	D	Caixa	
	C	Receita de serviços	1.500
Encerramento das contas de Resultados			
x	D	Receita de serviços	
	C	ARE	1.500
y	D	ARE	4.500
	C	Despesa com material de limpeza	2.500
		Despesa com material de uso e consumo	2.000
z	D	Prejuízos Acumulados	
	C	ARE	3.000

Balanço Patrimonial – BP			
ATIVO		PASSIVO	
Caixa	2.000	**PL**	
		Capital	5.000
		Prejuízos Acumulados	(3.000)
Total do Ativo	**2.000**	**Total do Passivo + PL**	**2.000**

DRE – Demonstração do Resultado do Exercício	
Receita de Serviços	1.500
(-) CSP	0
(=) Resultado Bruto	1.500
(+) Outras Receitas	0
(-) Outras Despesas	(4.500)
(=) **Resultado líquido**	**(3.000)**

A mudança do regime alterou completamente o resultado das mesmas operações; se pelo regime de competência o resultado foi um prejuízo de $ 100, pelo regime de caixa esse prejuízo foi de $ 3.000. Significa que em muitas situações os resultados podem até se inverter, resultando lucro por um critério e prejuízo por outro.

Exercício 3 – Regime de Competência
(Casa da Moeda – CESGRANRIO – 2009)

Entende-se como regime de competência a(o):

a) Apuração dos resultados do exercício na qual são consideradas as despesas e as receitas nas datas a que se referem, independentemente de seus pagamentos ou recebimentos.

b) Apuração dos resultados do exercício no qual são consideradas, exclusivamente, as receitas e despesas efetivamente recebidas ou pagas no período.

c) Apuração dos resultados do exercício na qual são consideradas as receitas efetivamente recebidas e os custos e despesas incorridas no período, ainda que não tenha sido pago.

d) Momento em que a empresa analisa o conjunto de operações realizadas em um determinado período e determina se houve lucro (rédito) ou prejuízo (rébito) confrontado as receitas incorridas contas as despesas pagas no período.

Resolução Exercício 3 – Regime de Competência

a) **Correta.**

b) **Errada.** Nesse caso seria o regime de caixa.

c) **Errada.** Caixa para Receita e Competência para Despesa.

d) **Errada.** Mas essa alternativa é interessante para que se conheça dois outros termos existentes na contabilidade, de uso mais frequente em Portugal, mas de pouco uso no Brasil. Rédito significa lucro e Rébito significa Prejuízo.

Exercício 4 – Regime de Competência
(Bacharel – CFC/2004) (adaptado)

Considere os dados a seguir referentes ao mês de dezembro de 2003.
a) Despesa de dezembro/2003, paga em janeiro/2004 no valor de R$ 46.
b) Despesa de Janeiro/2004, paga em dezembro/2003 no valor de R$ 52.
c) Despesa de dezembro/2003 paga em dezembro/2003 no valor de R$ 50.
d) Receita de dezembro/2003, recebida em janeiro/2004 no valor de R$ 30.
e) Receita de janeiro/2004, recebida em dezembro/2003 no valor de R$ 60.
f) Receita de dezembro/2003, recebida em dezembro/2003 no valor de R$ 54.

O resultado do referido mês considerando o regime de competência é de:
a) Prejuízo de R$ 12.
b) Prejuízo de R$ 4.
c) Lucro de R$ 12.
d) Lucro de R$ 38.

Resolução Exercício 4 – Regime de Competência

Receita		ARE			CMV	
	30,00 d	96,00	84,00	a	46,00	
	54,00 f	12,00		c	50,00	
84,00	84,00				96,00	96,00

dez/2003 - competência

Alternativa A é a correta

Exercício 5 – Regime de Caixa

Supondo o mesmo exercício anterior, só que agora respondendo pelo regime de caixa

Resolução Exercício 5 – Regime de Caixa

Receita		ARE			CMV	
	60,00	102,00	114,00	b	52,00	
	54,00		12,00	c	50,00	
114,00	114,00				102,00	102,00

dez/2003 - caixa

Alternativa C é a correta nesse caso

Exercício 6 – Regime de Caixa

A CPC 26 R2, diz que a entidade deve elaborar somente uma das suas demonstrações contábeis utilizando-se do regime de caixa. Assinale a alternativo que contém tal demonstrativo.
a) BP.
b) DRA.
c) DRE.
d) DFC.
e) DMPL.

Resolução Exercício 6 – Regime de Caixa
O CPC 26 R2 diz que:
"27- A entidade deve elaborar as suas demonstrações contábeis, exceto para a demonstração dos fluxos de caixa, utilizando-se do regime de competência".
Alternativa D

Exercício 7 – Regime de Competência
(CFC – 2019-2)
Os registros e lançamentos contábeis realizados na Contabilidade de uma Sociedade Empresária provocam alterações e modificações nos principais grupos de contas do Patrimônio. A partir de algumas transações e operações ocorridas no Patrimônio no mês de abril de 2018, marque V para as afirmativas verdadeiras e F para as falsas.

( ) O pagamento de uma despesa de salários de empregados do mês anterior, no dia 05 do mês seguinte, diminui o Ativo e o Passivo Exigível e não gera nenhuma mudança no Patrimônio Líquido.
( ) A compra de ações da própria empresa, à vista, diminui o Ativo, não afeta o Passivo Exigível e aumenta o Patrimônio Líquido.
( ) A compra a prazo de um Imobilizado altera o Ativo, altera o Passivo Exigível e aumenta o Patrimônio Líquido.
A sequência está correta em

A) F, F, V.
B) F, V, F.
C) V, F, F.
D) V, V, F.

Resolução Exercício 7

Vamos analisar cada uma das afirmativas:

(V) O pagamento de uma despesa de salários de empregados do mês anterior, no dia 05 do mês seguinte, diminui o Ativo e o Passivo Exigível e não gera nenhuma mudança no Patrimônio Líquido.

De fato, no mês anterior, considerando o regime de competência os lançamentos efetuados foram um débito de "Despesas com salário" e o crédito de uma obrigação "Salários a pagar". Logo, neste mês, ao efetuar o pagamento, houve uma diminuição do Ativo a crédito de "Disponível" e a diminuição do passivo com a baixa do "Salários a pagar" também através de um crédito. Logo, a afirmativa é VERDADEIRA.

(F) A compra de ações da própria empresa, à vista, diminui o Ativo, não afeta o Passivo Exigível e aumenta o Patrimônio Líquido.

A compra de ações da própria empresa ou "Ações em tesouraria", é uma conta retificadora de natureza devedora e diminui o PL, Logo a afirmativa é FALSA.

(F) A compra a prazo de um Imobilizado altera o Ativo, altera o Passivo Exigível e aumenta o Patrimônio Líquido.

A compra a prazo de um Imobilizado, gera um aumento do Ativo através de um débito na conta do bem adquirido e por outro lado gera um aumento do Passivo através de uma obrigação, por exemplo, "Financiamento" a crédito, ou seja, altera o Ativo e o Passivo, mas, não altera o PL. Portanto, a afirmativa é FALSA

Exercício 8 (ALMEIDA, 2010, adaptado pelo autor)

- Em janeiro/X1
- a) Integralização de Capital em dinheiro, $ 10.000
- b) Compra de mercadorias, à vista, $ 200
- c) Compra de mercadorias, a prazo, $ 4.300
- d) Compra de veículo, à vista, $ 1.600
- e) Compra de mercadorias, a prazo, $ 2.100
- f) Empréstimos a pagar $ 5.000
- g) Venda de $ 1.000 das mercadorias, a prazo por, $ 1.800
- h) Pagamento a fornecedores, $ 750
- i) Venda de $ 2.000 das mercadorias, a prazo por $ 3.300
- j) Venda de $ 200 das mercadorias, à vista por, $ 600
- k) Pagamento a fornecedores, $ 2.000
- l) Apropriação dos salários a serem pagos em fevereiro/X1, $ 1.000
- m) Apropriação do aluguel a ser pago em fevereiro/X1, $ 100

Capítulo 10 – Regimes de Contabilização das Receitas e Despesas   137

- Em fevereiro/X1
n) Recebimento de clientes, em dinheiro, $ 1.100
o) Pagamento dos salários de janeiro/X1
p) Pagamento do aluguel de janeiro/X1
q) Apropriação dos salários a serem pagos em março/X1, $ 1.050
r) Apropriação do aluguel a ser pago em março/X1, $ 100

Resolução Exercício 8

Como esse exercício se refere a 2 períodos contábeis (janeiro e fevereiro), será necessário elaborar 2 conjuntos de razonetes, balancete, BP e DRE. Ou seja, encerramento e apuração de resultados separados por período.

- **Referente a janeiro/X1**

```
        Caixa              Mercadorias           Lucro/Prejuízo              Receita
a  10.000,00    200,00  b b   200,00  1.000,00 g1    1.400,00  z                1.800,00  g
f   5.000,00  1.600,00  d c  4.300,00 2.000,00 i1                                3.300,00  i
j     600,00    750,00  h e  2.100,00   200,00 j1   Aluguel a pagar               600,00  j
              2.000,00  k    6.600,00 3.200,00                  100,00  m  y  5.700,00  5.700,00
  15.600,00  4.550,00        3.400,00
  11.050,00

       Capital                   ARE                  CMV               Despesa c/ salários
              10.000,00  a  x  3.200,00  5.700,00  y g1  1.000,00      l  1.000,00  1.000,00  x
                            x  1.000,00              i1  2.000,00
     Salários a pagar       x    100,00              j1    200,00       Despesa c/ aluguel
               1.000,00  l  z  4.300,00  5.700,00        3.200,00  3.200,00  x     100,00    100,00  x
                               1.400,00  1.400,00                             m
     Fornecedores              Veículos          Empréstimo a pagar          Clientes
h      750,00   4.300,00  c d  1.600,00                      5.000,00  f  g  1.800,00
k    2.000,00   2.100,00  e                                              i  3.300,00
     2.750,00   6.400,00                                                     5.100,00
                3.650,00
```

Lembre-se de que o ideal é que o Balancete seja feito antes da ARE. Isso evita problemas posteriores.

Balancete de Verificação – após a ARE		
	Saldos	
Contas	Devedoras	Credoras
Caixa	11.050	
Mercadorias	3.400	
Clientes	5.100	
Veículos	1.600	

Fornecedores		3.650
Empréstimos a pagar		5.000
Salários a pagar		1.000
Aluguel a pagar		100
Capital		10.000
CMV	3.200	
Despesas com salário	1.000	
Despesas com aluguel	100	
Receita Vendas		5.700
Total	25.450	25.450

Balancete de Verificação – após a ARE		
	Saldos	
Contas	Devedoras	Credoras
Caixa	2.000	
Mercadorias	11.050	
Clientes	3.400	
Veículos	5.100	
Fornecedores	1.600	3.650
Empréstimos a pagar		5.000
Salários a pagar		1.000
Aluguel a pagar		100
Capital		10.000
Lucro/Prejuízo		1.400
Total	21.150	21.150

Partidas no Diário			
Operação	D/C	Contas Contábeis	Valor $
a)	D C	Caixa Capital Social	10.000
b)	D C	Mercadorias Caixa	200
c)	D C	Mercadorias Fornecedores	4.300
d)	D C	Veículos Caixa	1.600
e)	D C	Mercadorias Fornecedores	2.100

Capítulo 10 – Regimes de Contabilização das Receitas e Despesas

f)	D C	Caixa Empréstimos a pagar	5.000
g)	D C	Clientes Receita de Vendas	1.800
g1)	D C	CMV Mercadorias	1.000
h)	D C	Fornecedores Caixa	750
i)	D C	Clientes Receita de Vendas	3.300
i1)	D C	CMV Mercadorias	2.000
j)	D C	Caixa Receita de Vendas	600
j1)	D C	CMV Mercadorias	200
k)	D C	Fornecedores Caixa	2.000
l)	D C	Despesas com Salário Salários a pagar	1.000
m)	D C	Despesas com Aluguel Aluguel a pagar	100
	Encerramento das contas de Resultados		
x	D C C C	ARE CMV Despesas com Salário Despesas com Aluguel	4.300 3.200 1.000 100
y	D C	Receita de Vendas ARE	5.700
z	D C	ARE Lucro/Prejuízo	1.400

Balanço Patrimonial – BP

ATIVO		PASSIVO	
Caixa	11.050	Fornecedores	3.650
Mercadorias	3.400	Empréstimos	5.000
Clientes	5.100	Salários a pagar	1.000
Veículos	1.600	Aluguel a pagar	100
		PL	
		Capital	10.000
		Lucros Acumulados	1.400
Total do Ativo	**21.150**	**Total do Passivo + PL**	**21.150**

DRE – Demonstração do Resultado do Exercício	
Receita de Vendas	5.700
(-) CMV	(3.200)
(=) Resultado Bruto	2.500
(-) Despesas com Salários	(1.000)
(-) Despesas com Aluguel	(100)
(=) **Resultado líquido (Lucro)**	**1.400**

- Referente a fevereiro/X1

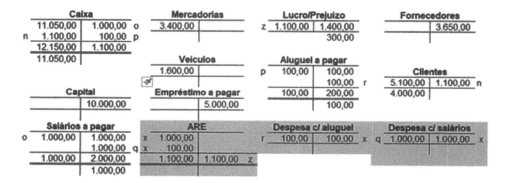

Balancete de Verificação – após a ARE			
		Saldos	
Contas		Devedoras	Credoras
Caixa		11.050	
Mercadorias		3.400	
Clientes		4.000	
Veículos		1.600	
Fornecedores			3.650
Empréstimos a pagar			5.000
Salários a pagar			1.000
Aluguel a pagar			100
Capital			10.000
Despesas com salário		1.000	
Despesas com aluguel		100	
Lucro/Prejuízo			1.400
Total		**21.150**	**21.150**

Capítulo 10 – Regimes de Contabilização das Receitas e Despesas

Balancete de Verificação – após a ARE

Contas	Saldos Devedoras	Saldos Credoras
Caixa	11.050	
Mercadorias	3.400	
Clientes	4.000	
Veículos	1.600	
Fornecedores		3.650
Empréstimos a pagar		5.000
Salários a pagar		1.000
Aluguel a pagar		100
Capital		10.000
Lucro/Prejuízo		300
Total	**20.050**	**20.050**

Partidas no Diário

Operação	D/C	Contas Contábeis	Valor $
n)	D	Caixa	
	C	Clientes	1.100
o)	D	Salários a pagar	
	C	Caixa	1.000
p)	D	Aluguel a pagar	
	C	Caixa	100
q)	D	Despesas com salários	
	C	Salários a pagar	1050
r)	D	Despesas com aluguel	
	C	Aluguel a pagar	100
Encerramento das contas de Resultados			
x	D	ARE	1.100
	C	Despesas com Salário	1.000
	C	Despesas com Aluguel	100
z	D	Lucro/Prejuízo	
	C	ARE	100

Balanço Patrimonial – BP			
ATIVO		PASSIVO	
Caixa	11.050	Fornecedores	3.650
Mercadorias	3.400	Empréstimos	5.000
Clientes	4.000	Salários a pagar	1.000
Veículos	1.600	Aluguel a pagar	100
	0	**PL**	
		Capital	10.000
		Lucros Acumulados	300
Total do Ativo	**2.050**	**Total do Passivo + PL**	**2.050**

DRE – Demonstração do Resultado do Exercício	
Receita de Vendas	0
(-) CMV	0
(=) Resultado Bruto	0
(-) Despesas com Salários	(1.000)
(-) Despesas com Aluguel	(100)
(=) Resultado líquido (Prejuízo)	**(1.100)**

11 Produtos e Mercadorias

É comum encontrarmos ambos os termos usados indistintamente como se fossem a mesma coisa. Mas, conceitualmente, mercadorias são bens comprados de um fornecedor para serem revendidos. As empresas comerciais normalmente vendem mercadorias. Já produtos são aqueles frutos de uma manufatura, de uma industrialização, que ocorrem nas empresas industriais. Resumidamente, mercadorias são compradas prontas e revendidas e produtos são industrializados, fabricados – podendo passar por vários processos de produção, para posteriormente serem vendidos. Nesse livro tratamos por qualquer um dos termos indistintamente.

11.1 Estoques

Os estoques são ativos mantidos (CPC 1.285/2010):

- Para venda no curso normal dos negócios (produtos ou mercadorias)
- No processo de produção (matéria-prima, produtos em processo e produtos acabados)
- Na forma de materiais e suprimentos para serem consumidos no processo operacional da produção ou prestação de serviços (componentes, insumos diversos).

Ramo de Atividade	Tipo de Estoque
Comercial	Mercadorias para revenda
Industrial	Matéria-prima Componentes Produtos em processo (diversas fases) Produtos acabados

As contas referentes aos Estoques normalmente são alocadas no Ativo Circulante. Isso não impede que possam ser alocadas no Ativo não Circulante – Realizável a Longo Prazo, dependendo das características das mercadorias ou produtos ou do setor exigir a manutenção de estoques para mais de 1 ano. Por exemplo:

- Atividades que exijam insumos agrícolas, produção de máquinas pesadas, imobiliárias e construtoras costumam manter estoques de longo prazo.
- Empresas que processam insumos agrícolas, costumam comprar grandes safras, e mantê-las estocadas em silos (ou ambientes refrigerados), pois se trata de materiais de grande volatilidade de produção. Na agricultura há a variável clima, que pode afetar drasticamente a produção de uma safra. Nesses casos, através de algum parâmetro operacional, a indústria costuma dividir parte de seus estoques entre Ativo Circulante e não Circulante.

11.2 Avaliação dos Estoques (de mercadorias ou de produtos)

O que de fato muda substancialmente entre eles, é a **composição dos custos** e, portanto, o **valor dos estoques**. As mercadorias são adquiridas de fornecedores e na composição do seu custo, além do valor pago, podem ainda incorporar fretes, seguros, custos de armazenagem e demais custos pagos pelo comprador que os deixem em condição de venda. Assim é composto o **Custo da Mercadoria Vendida (CMV)**, pela qual as mercadorias serão estocadas.

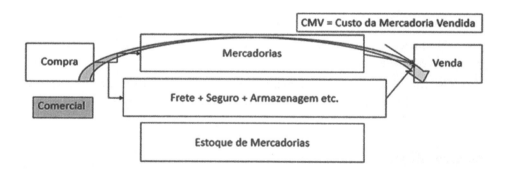

Já os produtos, na composição de seus custos incorporam o custo da matéria-prima, a mão de obra aplicada na produção, além de outros custos que indiretamente participem das etapas/fases de produção, que podem ser várias. Além do custo da produção, podem ainda incorporar fretes, seguros, custos de armazenagem e demais custos pagos pelo comprador necessários para deixar os produtos em condição de venda. Portanto, os custos industriais são bem mais complexos que os custos comerciais. Assim, é composto o **Custo do Produto Vendido (CPV)** pelo qual os produtos (nas diversas fases do processo de fabricação) serão estocados.

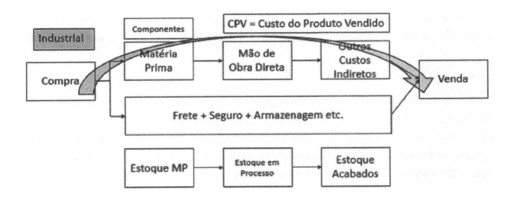

Em relação a empresas prestadoras de serviços, podemos considerar o processo de prestação de serviços, dependendo da complexidade desse serviço, com uma composição bastante semelhante ao de uma indústria. Por exemplo, um desenvolvedor de software aplicativo, antigamente conhecidas por software *houses*, hoje mais conhecidas por fábricas de software, o próprio nome já diz se tratar de uma fábrica, portanto, como processos semelhantes à manufatura de um produto da indústria. Em prestadoras de serviços, dependendo da qualificação da mão de obra necessária, esse componente passa a ser o principal na composição do Custo da Prestação do Serviço (CSP).

Para todos os casos vistos anteriormente, também compõem os custos e valor do estoque, os impostos que não serão recuperáveis na venda além dos descontos comerciais, os abatimentos, os juros embutidos quando a compra for efetuada a prazo etc. (CPC 16 R1 e item 10.6 da NBC TG 1000).

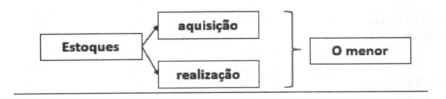

O pronunciamento CPC 16 R1 item 9 (BRASIL. Pronunciamento técnico CPC 16, 2009), consagra a regra **"Aquisição (custo) ou Realização (Mercado), dos dois o menor"**, para avaliação do estoque final. (antigo princípio da prudência). Normalmente, o valor de Realização (mercado) é superior, entretanto, podem ocorrer situações em que o inverso seja verdadeiro.

O realizável é apurado pelo preço de venda menos os gastos para vender, entendendo-se que esses gastos são aqueles relacionados diretamente a mercadoria.

Exemplo

Considerando gastos com embalagens, frete de entrega, taxas e descontos de duplicatas, comissões, impostos etc., esses podem ser estimados e há na prática algumas variações de empresa para empresa na apuração desses "gastos redutores", como, por exemplo, com as comissões de vendas que alguns consideram como um custo, afetando o CMV, outros como uma despesa de venda, NÃO afetando o CMV.

Gastos que não afetem diretamente a mercadoria, como despesas de caráter geral não devem ser considerados como "gastos redutores".

Dadas as informações referentes aos produtos X, Y e Z:

Produto	Qtde.	Preço de Aquisição	Custo total	Preço de Venda
X	200	3,00	600,00	4,00
Y	300	8,00	2.400,00	12,00
Z	400	2,00	800,00	4,00

Com os valores Previstos de Despesas com Frete e Seguro é possível prever o valor realizável que comparado com o custo de aquisição nos permite valorizar o estoque pelo valor que for menor entre ambos.

	X	Y	Z
Preço de Venda	4,00	12,00	4,00
Despesas			
Frete	0,10	1,50	1,50
Seguro	0,20	1,00	1,00
Valor Realizável	3,70	9,50	1,50
Preço de Aquisição	3,00	8,00	2,00
Aquisição x Realização	0,70	1,50	**-0,50**

Neste caso, tendo a mercadoria Z um valor realizável menor que o de aquisição, deve-se ajustar o valor de seu estoque através de uma conta redutora de estoques (Provisão de Ajuste), diminuindo seu valor. 0,50 x 400 = $ 200 (provisão de ajuste reduzindo a mercadoria).

11.3 Exercícios Resolvidos – valor dos estoques
Exercício 1 – Valor dos Estoques
(CFC – 2020-1)

Uma empresa comercial revendia três tipos de produtos. Em 31/12/2019 apurou a seguinte situação sobre o estoque:

Produto	Valor de aquisição	Valor realizável líquido
A	92.000,00	89.000,00
B	87.000,00	90.000,00
C	54.000,00	52.000,00

Conforme o disposto na NBC TG 16 R2 – Estoques, o ajuste ao valor de mercado deverá ser contabilizado.

Considerando os dados apresentados, o registro do fato acarretará:

a) Redução de 3.000,00 no Ativo Circulante e aumento de 5.000,00 no Patrimônio Líquido (resultado).

b) Aumento de 5.000,00 no Ativo Circulante e de 3.000,00 no Patrimônio Líquido (resultado).

c) Aumento de 3.000,00 no Ativo Circulante e redução de 5.000,00 no Patrimônio Líquido (resultado).

d) *Redução de 5.000,00 no Ativo Circulante e no Patrimônio Líquido (resultado).*

Resolução Exercício 1 – Valor dos Estoques

Conforme CPC 16 R1 item 9 temos:

"Os estoques, objeto deste Pronunciamento, devem ser mensurados pelo valor de custo ou pelo valor realizável líquido, dos dois o menor."

Produto	Valor de aquisição	Valor realizável líquido	Diferença
A	92.000,00	89.000,00	(3.000,00)
B	87.000,00	90.000,00	3.000,00
C	54.000,00	52.000,00	(2.000,00)

Portanto, os produtos A e C serão valorados pelo valor realizável líquido, reduzindo o Ativo Circulante em 5.000,00 (3.000,00 + 2.000,00) e em contrapartida reduzindo o PL através da conta Ajuste de variações dos ativos.

> **Curiosidade:**
> Já que falamos em software, normalmente é ensinado que se trata de um Ativo não circulante intangível. Mas, nem sempre o é de fato. Vamos tomar como exemplo a fábrica de software, ou seja, uma empresa que desenvolve algum tipo de software aplicativo para uso em equipamentos eletrônicos.
> O software que ela produz, para ela é considerado um Estoque (que pode compor tanto o Ativo Circulante quanto o Ativo não circulante – Realizável a Longo Prazo, dependendo do prazo previsto para sua venda).
> Supondo que essa fábrica de software possua o Office 365® instalado em suas máquinas. Para ela, esse software é um Ativo não circulante intangível. Porém, os computadores (e mesmo os Smartphones) precisam de um sistema operacional para que possam funcionar, por exemplo, o Windows® e o Android®. Nesse caso, esse tipo de software é considerado um Ativo não circulante **imobilizado.**

11.4 Tipos de Inventário

Inventário nada mais é do que uma contagem física de bens e sua valoração.

Há 2 formas das empresas inventariarem seus estoques, considerando a periodicidade e a frequência com que ocorrem:

I. Inventário Periódico
II. Inventário Permanente.

Uma observação a ser feita é que atualmente devido ao avanço e barateamento de tecnologias e softwares aplicativos, é permitido que até pequenos negócios possuam um sistema de controle integrando, por exemplo, faturamento, estoques, contas a pagar e receber etc. fazendo com que o método permanente seja mais utilizado para inventários dos estoques.

11.4.1 Periódico

O **INVENTÁRIO PERIÓDICO** como o próprio nome já diz ocorre periodicamente, normalmente no encerramento do exercício contábil. Nesse momento, a empresa encerra temporariamente suas atividades e faz uma contagem física dos seus estoques (produto a produto ou mercadoria a mercadoria) e determina o estoque final do exercício atual, tanto em quantidade, quanto em valor. Esse estoque final de um exercício será o estoque inicial do exercício seguinte.

As fórmulas de apuração são simples:

> CMV = Custo da Mercadoria Vendida
> CMV = Estoque Inicial + Compras do exercício – Estoque final
> ou
> CMV = EI + C – EF

> **Resultado Com mercadorias = Receitas de Vendas – CMV**
>
> ou
>
> **RCM = RV – CMV**

Esse método (é chamado também por extracontábil) apresenta a desvantagem que durante todo o exercício contábil a empresa "trabalhar as escuras", ou seja, ela não tem controle efetivo sobre o valor e quantidade de seus estoques e nem do seu CMV. Isso faz com que seus produtos possam ser precificados (para venda) indevidamente. Portanto, esse método só deve ser utilizado em negócios com pouco produtos, pouca variação de preços, enfim, aqueles em que os gestores tenham a possibilidade de uma percepção bem apurada baseada na prática. Ao final de cada exercício é necessário se proceder um inventário físico dos estoques para se apurar de fato o saldo no final do exercício. O saldo final de um exercício será o saldo inicial do exercício seguinte.

O RCM é o Resultado Bruto apresentado na DRE.

DRE – Demonstração do Resultado do Exercício	
Receita de Vendas	1.000,00
(-) CMV	(450,00)
(=) Resultado Bruto ou RCM	550,00
(+) Outras Receitas	50,00
(-) Outras Despesas	(350,00)
(=) Resultado líquido	**640,00**

11.4.2 Permanente

O **INVENTÁRIO PERMANENTE** como o próprio nome já diz, ocorre permanentemente, ou seja, **a cada operação de compra ou venda de mercadorias**[27]**, o CMV e os estoques em quantidade e valor são recalculados**, mantendo-se permanentemente atualizados, e, portanto, confere uma precificação para venda mais acurada.

A cada compra de mercadorias, o valor pago (desconsiderando os impostos) será acrescentado o valor preexistente na conta Mercadorias.

Na **venda de mercadorias**, serão executados 2 lançamentos:

1º para tratar do estoque, ou seja, dar baixa dos valores da conta de Mercadorias através do seu preço de custo ou CMV.

---

27 Didaticamente, vamos utilizar no decorrer do livro o termo mercadorias, mas sabendo que o mesmo serve para produtos.

D– CMV (é uma conta de despesas)

C– Mercadorias

2º para atualizar a Receita de Vendas e proceder à entrada de recursos na empresa (ou através do CAIXA – se a venda for à vista, ou através de CLIENTES – se a venda for a prazo).

D– Caixa ou Clientes

C– Receita de Vendas

Exemplo (permanente)

a) Integralização de Capital pelos sócios em dinheiro $ 200.
b) Compra de mercadorias à vista, $ 100.
c) Venda de $ 50 (CMV) das mercadorias, à vista, por $ 80.

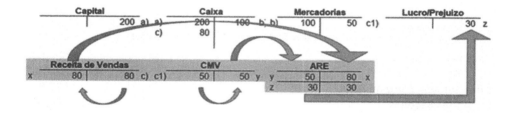

Balancete de Verificação		
	Saldos	
Contas	Devedoras	Credoras
Caixa	180	
Mercadorias	50	
Capital		200
CMV	50	
Receita Vendas		80
Total	**280**	**280**

Partidas no Diário			
Operação	D/C	Contas Contábeis	Valor $
a)	D	Caixa	
	C	Capital Social	200

b)	D	Mercadorias	
	C	Caixa	100
c)	D	Caixa	
	C	Receita de Vendas	80
c1)	D	CMV	
	C	Mercadorias	50
		Encerramento das contas de Resultados	
x	D	Receita de Vendas	
	C	ARE	80
y	D	ARE	
	C	CMV	50
z	D	Lucros Acumulados	
	C	ARE	30

Explicação:

a) nessa operação os sócios estão "entrando" com recursos (no caso, dinheiro) na empresa. Então é feito um lançamento a crédito na conta Capital no PL, sendo essa a origem ou fonte dos recursos e um débito na conta Caixa que é a destinação ou aplicação desse recurso.

b) nessa operação, é feita uma compra de mercadorias com pagamento à vista (em dinheiro). Portanto, há um lançamento a crédito na conta Caixa, que é a origem ou fonte do recurso para se pagar a mercadoria, e um débito na conta Mercadoria, que é a destinação ou aplicação desse recurso.

c) O enunciado diz que $ 50 das mercadorias são vendidas. Se temos $ 100 em estoque de mercadorias, na verdade estão sendo vendidas a metade das mercadorias. Porém, esses $ 50 de mercadorias (CMV) estão sendo vendidas por $ 80 (Receita de Vendas). Surge aí um outro elemento. Trazendo a fórmula do RCM = Receita de Vendas menos CMV temos que RCM = $ 80 – $ 50 = $ 30. Um resultado positivo que indica que a operação gerou um **Lucro**.

	Balanço Patrimonial – BP		
ATIVO		PASSIVO	
Caixa	180	PL	200
Mercadorias	50	Capital	30
		Lucros Acumulados	
Total do Ativo	230	**Total do Passivo + PL**	230

DRE – Demonstração do Resultado do Exercício	
Receita de Vendas	80
(-) CMV	(50)
(=) Resultado Bruto	30
(+) Outras Receitas	0
(-) Outras Despesas	0
(=) Resultado líquido	30

11.5 Exercícios Resolvidos

Exercícios 1

a) Integralização de Capital pelos sócios em dinheiro $ 500.
b) Compra de mercadorias, à vista, $ 400.
c) Venda de metade das mercadorias por $ 300, à vista.
d) Pagamento do salário dos funcionários em dinheiro, $ 150.

A operação a) e b) utilizam apenas contas patrimoniais.

A operação c) representa uma Venda, portanto, haverá uma entrada de recursos na empresa na forma de Receita de Vendas (atualizando CAIXA ou CLIENTES se fosse a prazo) e uma saída de recursos na forma de despesas com CMV (atualizando Mercadorias).

A operação d) representa o pagamento de salários, portanto, haverá uma saída de recursos da empresa na forma Despesas com salários.

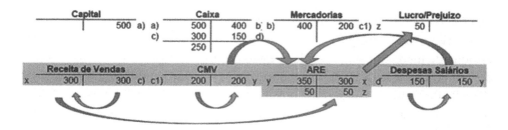

Balancete de Verificação		
	Saldos	
Contas	Devedoras	Credoras
Caixa	250	
Mercadorias	200	
Capital		500

CMV	200	
Despesas com salário	150	
Receita Vendas		300
Total	**800**	**800**

Partidas no Diário			
Operação	D/C	Contas Contábeis	Valor $
a)	D	Caixa	
	C	Capital Social	500
b)	D	Mercadorias	
	C	Caixa	400
c)	D	Caixa	
	C	Receita de Vendas	300
c1)	D	CMV	
	C	Mercadorias	200
d)	D	Despesas com salários	
	C	Caixa	150
Encerramento das contas de Resultados			
x	D	Receita de Vendas	
	C	ARE	300
y	D	ARE	
	C	CMV	200
	C	Despesas com salários	150
z	D	Prejuízos Acumulados	
	C	ARE	50

Balanço Patrimonial – BP			
ATIVO		PASSIVO	
Caixa	250	**PL**	
Mercadorias	200	Capital	500
		Prejuízos Acumulados	(50)
Total do Ativo	**450**	**Total do Passivo + PL**	**450**

DRE – Demonstração do Resultado do Exercício	
Receita de Vendas	300
(-) CMV	(200)
(=) Resultado Bruto	100
(+) Outras Receitas	0
(-) Outras Despesas	(150)
(=) Resultado líquido	**(50)**

Exercício 2

a) Integralização de Capital pelos sócios em dinheiro $ 2.000.
b) Compra de equipamentos financiados, total de $ 1.200, em 3 parcelas.
c) Compra de mercadorias à vista, $ 1.000.
d) Pagamento de uma parcela do financiamento de equipamentos, em dinheiro.
e) Venda de $ 400 (CMV) das mercadorias, à vista, por $ 600.
f) Pagamento da Energia Elétrica consumida, em dinheiro, $ 50.

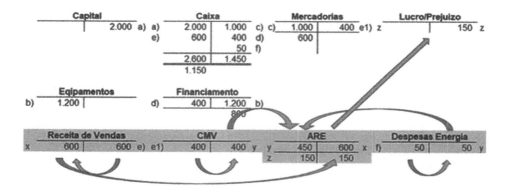

Balancete de Verificação		
	Saldos	
Contas	Devedoras	Credoras
Caixa	1.150	
Mercadorias	600	
Equipamentos	1.200	
Financiamento		**800**

Capítulo 11 – Produtos e Mercadorias 155

Capital		2000
CMV	400	
Despesas com Energia	50	
Receita Vendas		600
Total	**3.400**	**3.400**

Partidas no Diário			
Operação	D/C	Contas Contábeis	Valor $
a)	D C	Caixa Capital Social	2.000
b)	D C	Equipamentos Financiamento	1.200
c)	D C	Mercadorias Caixa	1.000
d)	D C	Financiamento Caixa	400
e)	D C	Caixa Receita de Vendas	600
e1)	D C	CMV Mercadorias	400
f)	D C	Despesa com Energia Elétrica Caixa	50
Encerramento das contas de Resultados			
x	D C	Receita de Vendas ARE	600
y	D C C	ARE CMV Despesas com salários	400 50
z	D C	ARE Lucros Acumulados	150

Balanço Patrimonial – BP			
ATIVO		PASSIVO	
Caixa	1.150	Financiamento	800
Mercadorias	600	**PL**	
Equipamentos	1.200	Capital	2.000
		Lucros Acumulados	150
Total do Ativo	**2.950**	**Total do Passivo + PL**	**2.950**

DRE – Demonstração do Resultado do Exercício	
Receita de Vendas	600
(-) CMV	(400)
(=) Resultado Bruto	200
(+) Outras Receitas	0
(-) Outras Despesas	(50)
(=) Resultado líquido	150

11.6 Conta Mista e Desdobrada X Inventário Periódico e Permanente

A combinação desses elementos resulta em maneiras diferentes de se registrar e controlar as operações com Mercadorias.

Não há exigência legal para utilização da combinação de um ou outro método, sendo que as empresas são livres para escolher a maneira mais adequada à sua realidade.

As empresas de menor porte por não necessitarem de um registro mais detalhado podem preferir o método da conta mista com inventário periódico, já as de um porte um pouco maior porte, a conta desdobrada com inventário periódico, ou mais preferencialmente a conta desdobrada com inventário permanente. Na prática, é possível se utilizar uma combinação de conta mista e desdobrada (desdobrando-se a conta mercadoria para as operações em que haja necessidade de maior controle) e preferencialmente o inventário permanente. Obs.: para alguns autores, a nomenclatura da conta mercadoria costuma ser diferente quando mista (Mercadoria) e desdobrada (Estoque de Mercadorias). Mas didaticamente vamos trabalhar como Mercadoria para qualquer dos casos.

11.7 Métodos de Apuração – aspectos básicos – PEPS x UEPS x MPM X MPF

Nos exemplos e exercícios resolvidos anteriormente o CMV (ou CPV, ou CSP) foi dado. Entretanto, são valores a serem calculados e para tanto temos alguns métodos para isso. Vamos ver os principais:

- **PEPS** – Primeiro que Entra é o Primeiro que Sai ou em inglês FIFO – *First in First out*
- **UEPS** – Último que Entra é o Primeiro que Sai ou em inglês LIFO – *Last in First Out* (Não é aceito pela legislação do Imposto de Renda no Brasil, porém, é ensinado por ser útil como uma ferramenta gerencial)
- **MPM** – Média Ponderada Móvel
    ◊ Os métodos acima são usados quando adotado o Inventário Permanente.
- **MPF** – Média Ponderada Fixa – usado no método MPF

Para exemplificar, vamos aplicar o mesmo conjunto de operações e resolver o exercício por cada um dos métodos e ao final analisar as diferenças apuradas. Para tanto, vamos utilizar um modelo de ficha para registro das informações chamado de ficha Cardex ou Kardex[28]. O modelo apresentando a seguir é um dos diversos usados:

Data ou operação	Entradas			Saídas			Saldo		
	Qtde	$ unit	$ total	Qtde	$ unit	$ total	Qtde	$ unit	$ total

11.8 Exercícios Resolvidos

Suponha as seguintes operações na empresa X Ltda., durante o período de 1 mês (considere já serem valores líquidos):
- Estoque Inicial de 10 unidades adquiridas por $ 20/cada.
- Estoque inicial 10 unidades por $ 20/unid.
- Dia 5 – compra de 30 unidades por $ 25/unid.
- Dia 6 – compra de 10 unidades por $ 30/unid.
- Dia 10 – venda de 32 unidades ao valor total de $ 1.920.
- Dia 22 – compra de 5 unidades por $ 35/unid.
- Dia 30 – venda de 2 unidades ao valor total de $ 80.
- Dia 31 – venda de 18 unidades ao valor total de $ 810.

Exercício 1 – Método PEPS

Data ou operação	Entradas			Saídas			Saldo			Receita
	Qtde	$ unit	$ total	Qtde	$ unit	$ total	Qtde	$ unit	$ total	
							10	20	200	Estoque Inicial

---

28 É um antigo sistema de armazenamento de fichas colocadas em determinada ordem utilizada na era pré-informática para diversas utilidades. Seu uso foi tão difundido na movimentação de estoques que acabou virando sinônimo de controle de estoques. Kardex é o nome da empresa que detém seu desenvolvimento derivada da Rand Ledger fundada em 1898, e Cardex é um aportuguesamento desse nome.

Dia 5	30	25	750				10 30	20 25	200 750	
Dia 6	10	30	300				10 30 10	20 25 30	200 750 300	
Dia 10				10 22	20 25	200 550	8 10	25 30	200 300	1.920
Dia 22	5	35	175				8 10 5	25 30 35	200 300 175	
Dia 30				2	25	50	6 10 5	25 30 35	150 300 175	80
Dia 31				6 10 2	25 30 35	150 300 70	3	35	105	810
	Compras		**1.225**	**CMV**		**1.320**	**Estoque Final**		**105**	**2.810**

Tanto o método PEPS quanto o UEPS envolvem a sequência exata em que ocorreram as entradas, bem como as saídas. Nesse caso, note que a cada operação, nas colunas de saldo, são repetidas as informações da operação anterior acrescida da operação atual. Já que o método PEPS indica que o Primeiro que entra é o Primeiro que sai, é necessário saber qual compra ocorreu primeiro, pois as mercadorias serão baixadas na venda nessa mesma sequência. Por exemplo, no dia 10 é feita uma venda de 32 unidades. Na sequência temos um saldo inicial de 10 unidades e duas compras sendo uma de 30 unidades e a última de 10 unidades. A venda é de 32 unidades, então devemos buscar as mercadorias "de cima para baixo" até completar as 32 unidades. Veja que foram utilizadas a entrada de 10 unidades faltando ainda 22 unidades que foram completadas na compra de 30 unidades. Nesse caso sobrou um saldo de 8 unidades.

Exercício 2 – Método UEPS

Data ou operação	Entradas			Saídas			Saldo			Receita
	Qtde	$ unit	$ total	Qtde	$ unit	$ total	Qtde	$ unit	$ total	
							10	20	200	Estoque Inicial

Dia 5	30	25	750				10	20	200	
							30	25	750	
Dia 6	10	30	300				10	20	200	
							30	25	750	
							10	30	300	
Dia 10				10	30	300	10	20	200	1.920
				22	25	550	8	25	200	
Dia 22	5	35	175				10	20	200	
							8	25	300	
							5	35	175	
Dia 30				2	25	70	10	20	200	80
							8	25	200	
							3	35	105	
Dia 31				3	35	105	3	20	60	810
				8	25	260				
				7	20	140				
	Compras		1.225	CMV		1.365	Estoque Final		60	2.810

O método UEPS tem a mesma sistemática do PEPS só que invertendo a ordem das mercadorias que serão baixadas. As primeiras mercadorias a serem baixadas na venda serão as últimas que foram compradas.

Exercício 3 – Método MPM

Data ou operação	Entradas			Saídas			Saldo			Receita
	Qtde	$ unit	$ total	Qtde	$ unit	$ total	Qtde	$ unit	$ total	
							10	20	200	Estoque Inicial
Dia 5	30	25	750				40	23,75	950	
Dia 6	10	30	300				50	23,75	1.250	
Dia 10				32	23,75	800	18	23,75	450	1.920
Dia 22	5	35	175				23	27,17	625	
Dia 30				2	35	70	21	27,17	570,65	80
Dia 31				18	27,17	489,13	3	27,17	81,52	810
	Compras		1.225	CMV		1.359,13	Estoque Final		81,52	2.810

Talvez, hoje em dia, em função dos aplicativos computacionais seja o método mais utilizado, além de ser o mais simples dos utilizados no inventário permanente. Como é apurada a média ponderada a cada compra, não é necessário se manter todas as entradas separadamente e em sequência como ocorre com o PEPS e o UEPS.

Exercício 4 – Método MPF

Data ou operação	Entradas			Saídas			Saldo			Receita
	Qtde	$ unit	$ total	Qtde	$ unit	$ total	Qtde	$ unit	$ total	
	10	20	200							Estoque Inicial
Dia 5	30	25	750							
Dia 6	10	30	300							
Dia 22	5	35	175							
	55	25,91	1.425							
				52						
							3	25,91	77,73	
	Compras		1.225	CMV		1.359,13	Estoque Final		77,73	2.810

O método MPF é usado no inventário periódico. Somam-se todas as compras em unidades e valor (de cada NF) e apura-se uma média ponderada fixa. É necessário nesse caso, se proceder um inventário físico para a contagem da quantidade final de mercadorias ao qual será aplicado a média de custo apurado na entrada. O CMV pode ser calculado a seguir através da fórmula do método extracontábil:

- **CMV em Qtde = Estoque Inicial + compras – Estoque Final**
- CMV em Qtde = 10 + 45 – 3 => 52
- CMV em $ = CMV em Qtde x custo médio ponderado fixo
- **CMV em $ = 52 x $ 25,91 = $ 1.347,27**

Quadro comparativo geral				
	Estoque Inicial $	Compras $	CMV $	Estoque Final $	Resultado
PEPS	200	1.225	1.320	105	1.490
UEPS	200	1.225	1.365	60	1.445
MPM	200	1.225	1.359,13	81,52	1.450,87
MPF	200	1.225	1.347,27	77,73	1.462,73

Observe que cada método produz um resultado diferente tanto nos valores do CMV quanto no Estoque final. Cabe ao contador escolher o método mais apropriado para utilização na empresa, lembrando que o UEPS somente pode ser usado para efeito gerencial. Também não se pode alterar o método a qualquer momento sendo necessário uma justificativa adequada e aprovação do órgão regulador em alguns casos.

Exercício 5 – MPM
(CFC 2020-1)

Uma Sociedade Empresária apresentou, em outubro de 2017, as seguintes informações relativas a operações de compras e vendas de mercadorias realizadas no período:

Data das aquisições	10/10/2017	16/10/2017
Valor total de NF de compra	3.000,00	6.250,00
Tributos recuperáveis incluídos na NF	540,00	750,00
Frete pago na compra	180,00	265,00
Qtde. adquirida	200	500

No final do mês de setembro/17, o saldo de mercadorias em estoque era igual a R$ 1.455,00, correspondente a 150 unidades. A única venda realizada no mês de outubro/17 ocorreu no dia 27/10/2017, quando foram vendidas 420 unidades. Considerando que a empresa utiliza o Método da Média Ponderada Móvel para avaliação de seus estoques, o Custo de Mercadorias Vendidas (CMV) no mês de outubro de 2017 foi de:

a) R$ 4.872,00
b) R$ 4.914,00
c) R$ 4.988,00
d) R$ 9.860,00

Resolução Exercício 5 – MPM
- Saldo inicial em 01/10/2017 de 150 unidades a R$ 1.455,00
- Compras efetuadas:
    ◊ Em 10/10/2017 – 200 unidades a (3.000,00 – 540,00 + 180,00)
    ◊ Em 16/10/2017 – 500 unidades a (6.250,00 – 750,00 + 265,00)
- Vendas efetuadas: em 27/10/2017 – 420 unidades

Data ou operação	Entradas			Saídas			Saldo		
	Qtde	$ unit	$ total	Qtde	$ unit	$ total	Qtde	$ unit	$ total
Dia 1							150	9,70	1.455
Dia 10	200		2.640				350	11,70	4.095
Dia 16	500		5.765				850	11,60	9.860
Dia 27				420	11,60	4.872	430	11,60	4.988
	Compras		**8.405**	**CMV**		**4.872**	**Estoque Final**		**4.988**

Exercício 6 – PEPS

Aproveitando o mesmo enunciado do exercício anterior, apurar o CMV pelo método PEPS.

Resolução Exercício 6 – PEPS

Data ou operação	Entradas			Saídas			Saldo		
	Qtde	$ unit	$ total	Qtde	$ unit	$ total	Qtde	$ unit	$ total
Dia 1							150	9,70	1.455
Dia 10	200	13,20	2.640				150	9,70	1.455
							200	13,20	2.640
Dia 16	500	11,53	5.765				150	9,70	1.455
							200	13,20	2.640
							500	11,53	5.765
Dia 27				150	9,70	1.455	430	11,53	4.957,90
				200	13,20	2.640			
				70	11,53	807,10			
	Compras		**8.405**	**CMV**		**4.902,10**	**Estoque Final**		**4.957,90**

Exercício 7 – UEPS

Aproveitando o mesmo enunciado do exercício anterior, apurar o CMV pelo método UEPS.

Resolução Exercício 7 – UEPS

Data ou operação	Entradas			Saídas			Saldo		
	Qtde	$ unit	$ total	Qtde	$ unit	$ total	Qtde	$ unit	$ total
Dia 1							150	9,70	1.455
Dia 10	200	13,20	2.640				150	9,70	1.455
							200	13,20	2.640

Capítulo 11 – Produtos e Mercadorias   163

Dia 16	500	11,53	5.765				150	9,70	1.455
							200	13,20	2.640
							500	11,53	5.765
Dia 27				420	11,53	4.862,60	150	9,70	1.455
							200	13,20	2.640
							80	11,53	922,40
	Compras		**8.405**		**CMV**	**4.862,60**	**Estoque Final**		**5.017,40**

Exercício 8 – MPM
(CFC – 2019-2)

Uma Sociedade Empresária de comércio varejista apresentou nos meses de janeiro a março de 2018 as seguintes movimentações de compras, vendas e devoluções de um certo produto em seu estoque:

01 – O saldo desse produto em 31/12/2017 era 250 unidades a R$ 3,00 cada.

02 – Em 10 de janeiro foram vendidas 80 unidades pelo valor de R$ 416,00.

03 – Em 15 de janeiro foram vendidas 100 unidades pelo valor de R$ 480,00.

04 – Em 28 de janeiro foram compradas 300 unidades a R$ 4,48 cada.

05 – Em 10 de fevereiro foram vendidas 150 unidades pelo total de R$ 750,00. (Não considere tributos incidentes nas operações.)

Considere que a Sociedade Empresária adota o método da Média Ponderada Móvel, para controle e avaliação do estoque de seus produtos, em 28 de fevereiro de 2018.

Em relação a esse produto, é correto afirmar que o valor total em estoque, o somatório do CMV e o somatório da receita bruta são, respectivamente:

A) R$ 660,00; R$ 924,00; e, R$ 1.170,00.

B) R$ 924,00; R$ 990,00; e, R$ 1.646,00.

C) R$ 1.170,00; R$ 924,00; e, R$ 1.646,00.

D) R$ 924,00; R$ 1.170,00; e, R$ 1.646,00.

Resolução Exercício 8

Data ou operação	Entradas			Saídas			Saldo			Receita
	Qtde	$ unit	$ total	Qtde	$ unit	$ total	Qtde	$ unit	$ total	
31/12							250	3,00	750,00	
10/01				80	3,00	240,00	170	3,00	510,00	416,00

15/01				100	3,00	300,00	70	3,00	210,00	480,00
28/01	300	4,48	1.344,00				370	4,20	1.554,00	
10/02				150	4,20	630,00	220	4,20	924,00	750,00
	Compras		**1.344,00**		**CMV**	**1.170,00**	**Estoque Final**		**924,00**	**1.646,00**

11.9 Outros métodos de apuração

Podemos citar outros 2 métodos de apuração:
- Método do Varejo
- Método do Preço Específico
- Método do Preço de Reposição

11.9.1 Método do Varejo

O nome já diz tratar-se de um método aplicado no varejo. Hoje o método já é decadente em função do acesso à tecnologia e sistemas. Sua utilização ocorre em ambientes com uma grande variedade de produtos diferentes, normalmente com valores pouco significativos e muitas vezes alocados em ambientes separados dificultando o manuseio. Por exemplo, uma grande loja de departamentos muito provavelmente se utilizou desse método.

O cálculo é baseado no preço de etiqueta (preço de aquisição mais uma taxa de marcação (ou *mark-up*) que se pretenda). Como normalmente a variação de taxas de marcação é pequena, no inventário somam-se todos os preços de etiqueta e se expurgam a taxa de marcação esperada do produto.

Exemplo – método do varejo

Suponha um produto com preço de etiqueta que somou $ 10.000,00. Sabendo que a taxa de marcação é de 30% temos que expurgar esses 30% para encontramos o valor do estoque:

Se aplicarmos uma regra de 3 o valor do estoque final será de aproximadamente $ 7.692,31.

11.9.2 Método do Preço específico

É utilizado quando é necessário fazer a determinação do preço específico de cada unidade. Por exemplo, uma loja de veículos, possui um estoque de 10 unidades. Cada qual possui características diferentes (acessórios, estado de conservação, modelo/ano etc.) fazendo com que cada um tenha um preço específico (mesmo que sejam do mesmo ano/modelo). Esse método é usado quando não encontramos duas mercadorias idênticas.

11.9.3 Método do Preço de Reposição

Supondo o mesmo exemplo que vimos anteriormente, só que agora vamos ao invés de apurar com o custo de aquisição na data original da compra, iremos apurar com o custo de aquisição se a compra estivesse sendo feita nesse momento.

No Cardex abaixo, vemos que adquirimos mercadorias nos dias 5, 6 e 22 a preços diversos. Vamos substituir esses preços pelo preço de reposição na data da emissão – dia 30, por exemplo $ 30,00 a unidade. Teríamos:

Data ou operação	Entradas			Saídas			Saldo			Receita
	Qtde	$ unit	$ total	Qtde	$ unit	$ total	Qtde	$ unit	$ total	
	10									Estoque Inicial
Dia 5	30									
Dia 6	10									
Dia 22	5									
Dia 30	55	30,00	1.650							
				52			3	30,00	90,00	
	Compras		1.650	CMV		1.560	Estoque Final		90,00	2.810

Em períodos inflacionários esse método é interessante, pois mostra aos gestores de o preço de venda praticado está sendo suficiente para atender o resultado esperado pela empresa. Entretanto, somente gerencialmente já que a legislação não permite sua utilização fiscal.

12 Outras operações

12.1 Devoluções e Abatimentos de compras e vendas

As **devoluções de compras** devem ser registradas na Ficha de Estoques (Cardex), como uma entrada, porém, com quantidade e valor negativo pois apenas corrigem a quantidade e valor da entrada.

As **devoluções de vendas** também representam uma correção da quantidade e valor da saída, e, portanto, devem ser lançadas como uma saída, mas com quantidade e valor negativo.

Os **abatimentos e descontos comerciais sobre compras** são lançados apenas na coluna de valor das entradas, mas com valor negativo. A quantidade não é afetada nesse caso.

Os **abatimentos e descontos comerciais sobre vendas** simplesmente não são registrados na ficha de estoques já que não alteram nem o valor dos estoques e nem CMV.

Exemplo

Vamos supor as seguintes operações:

- Caixa e Capital inicial com um saldo de $ 5.000
- Mercadorias o saldo inicial é zero
- Todas as operações são à vista.

a) Compra de 30 unidades por $ 25/unid.
b) **Devolução de compras 10 unidades por $ 25/unid.**
c) **Abatimento sobre as compras a $ 125 no total.**
d) Venda de 8 unidades por $ 480 no total.
e) **Devolução de vendas 2 unidades por $ 120 no total.**
f) **Abatimento sobre as vendas de $ 60 no total.**

Data ou operação	Entradas			Saídas			Saldo			Receita
	Qtde	$ unit	$ total	Qtde	$ unit	$ total	Qtde	$ unit	$ total	
							0	0,00	0,00	Estoque Inicial
a	30	25,00	750,00				30	25,00	750,00	

b	-10	-25,00	-250,00				20	25,00	500,00	
c			-125,00				20	18,75	375,00	
d				8	18,75	150,00	12	18,75	225,00	480,00
e				-2	18,75	-37,50	14	18,75	262,50	-120,00
		Compras	375,00		CMV	112,50	Estoque Final		262,50	360,00

```
        Caixa                    Mercadoria              Lucros Acum.
   5.000,00 |  750,00  a    a  750,00 | 250,00  b           | 187,50  z
b    250,00 |  120,00  e   e1   37,50 | 125,00  c
c    125,00 |   60,00  f                150,00  d1
d    480,00                   787,50 | 525,00
   5.855,00 |  930,00          262,50 |
   4.925,00 |

        Receita                   ARE                      CMV
e    120,00 |  480,00  d  y   112,50 | 300,00   x   d1 150,00 |  37,50  e1
f     60,00                z  187,50 | 187,50              112,50 | 112,50  y
     180,00 |  480,00
x    300,00 |  300,00
```

Balancete de Verificação			
	Saldos		
Contas	Devedoras		Credoras
Caixa	4925,00		
Mercadorias	262,50		
Capital			5000,00
CMV	112,50		
Receita Vendas			300,00
Total	**5300,00**		**5300,00**

Partidas no Diário			
Operação	D/C	Contas Contábeis	Valor $
a)	D	Mercadoria	
	C	Caixa	750,00
b)	D	Caixa	
	C	Mercadoria	250,00

c)	D C	Caixa Mercadoria	125,00
d)	D C	Caixa Receita de Vendas	480,00
e)	D C	Receita de Vendas Caixa	120,00
e1)	D C	Mercadorias CMV	37,50
f)	D C	Receita de Vendas Caixa	60,00
	Encerramento das contas de Resultados		
x	D C	Receita de Vendas ARE	300,00
y	D C	ARE CMV	112,50
z	D C	ARE Lucros Acumulados	187,50

	Balanço Patrimonial – BP		
	ATIVO		PASSIVO
Caixa	4.925,00	PL	5.000,00
Mercadorias	262,50	Capital	187,50
		Lucros Acumulados	
Total do Ativo	**5.187,50**	**Total do Passivo + PL**	**5.187,50**

	DRE – Demonstração do Resultado do Exercício
Receita Bruta	360,00
(-) abatimentos	(60,00)
(=) Receita de Vendas	300,00
(-) CMV	(112,50)
(=) Resultado Bruto	187,50
(+) Outras Receitas	0
(-) Outras Despesas	0
(-) Resultado líquido	**187,50**

12.2 Gastos com Transportes (Fretes / Seguros)

O custo real de uma mercadoria adquirida não é somente o constante da nota fiscal, mas o resultante da soma deste com todos os gastos necessários para a colocação dos produtos à venda.

Capítulo 12 – Outras operações   169

No inventário periódico os gastos com transportes são registrados em contas próprias e no encerramento aumentará o saldo da conta Compras.

As despesas com transporte nas vendas, devem ser lançadas como despesas normais do período, a serem computadas na apuração do resultado líquido.

No caso do inventário permanente, pode-se também abrir uma conta específica, mas deve ser encerrada em contrapartida de Mercadoria, de preferência, no momento do lançamento.

Exemplo – Conta Frete sobre compra e Inventário Permanente

Supondo estoque inicial zero e caixa e capital inicial de $ 1.000,00

a) Compra de 30 unidades por $ 25,00/cada
b) Frete sobre compra de $ 50,00
c) Venda de 8 unidades por $ 480,00 no total

Data ou operação	Entradas			Saídas			Saldo			Receita
	Qtde	$ unit	$ total	Qtde	$ unit	$ total	Qtde	$ unit	$ total	
							0	0,00	0,00	Estoque Inicial
a	30	25,00	750,00				30	25,00	750,00	
b			50,00				30	26,667	800,00	
c				8	26,667	213,33	22	26,667	586,67	480,00
	Compras		800,00	CMV		213,33	Estoque Final		586,67	480,00

```
        Caixa                      Mercadorias                  Frete s/ Compra
    1.000,00 |  750,00  a a     750,00 | 213,33  d1  b    50,00 |  50,00  b1
d    480,00 |   50,00  b b1     50,00 |
    1.480,00 |  800,00          800,00 | 213,33              Lucro/Prejuízo
      680,00 |                   586,67 |                           | 266,67  z

        Receita                       ARE                          CMV
x    480,00 | 480,00   d y     213,33 | 480,00  x  d1  213,33 | 213,33  y
                           z   266,67 | 266,67
```

Balancete de Verificação		
	Saldos	
Contas	Devedoras	Credoras
Caixa	680,00	
Mercadorias	586,67	

Capital		1.000,00
CMV	213,33	
Receita de Vendas		480,00
Total	1.480,00	1.480,00
Despesas com Energia	50	
Receita Vendas		600
Total	**3.400**	**3.400**

Partidas no Diário			
Operação	D/C	Contas Contábeis	Valor $
a)	D C	Mercadoria Caixa	750,00
b)	D C	Frete sobre Compra Caixa	50,00
b1)	D C	Mercadoria Frete sobre Compra	50,00
d)	D C	Caixa Receita de Vendas	480,00
d1)	D C	CMV Mercadorias	213,33
Encerramento das contas de Resultados			
x	D C	Receita de Vendas ARE	480,00
y	D C	ARE CMV	213,33
z	D C	ARE Lucros Acumulados	266,67

Balanço Patrimonial – BP			
ATIVO		PASSIVO	
Caixa	680,00	**PL**	
Mercadorias	586,67	Capital	1.000,00
		Lucros Acumulados	266,67
Total do Ativo	**1.266,67**	**Total do Passivo + PL**	**1.266,67**

DRE – Demonstração do Resultado do Exercício	
Receita de Vendas	480,00
(-) CMV	(213,33)
(=) Resultado Bruto	266,67
(+) Outras Receitas	0
(-) Outras Despesas	0
(-) Resultado líquido	266,67

Notem que o valor do frete sobre as compras foi logo incorporado ao CMV. A venda seguinte já considerou esse CMV para baixa das mercadorias. A conta Frete sobre Vendas serve como fonte de informação caso se queria conhecer rapidamente o frete pago sobre as compras. Se o mesmo exemplo fosse resolvido sem o uso da conta frete sobre compras, seu valor poderia ser incorporado diretamente na conta Mercadorias, o resultado permaneceria o mesmo, sendo que a única diferença seria não se ter um histórico dos fretes pagos registrados.

12.3 Provisão para créditos de liquidação duvidosa (PCLD)

Antes de explicar a PCLD vamos definir o que é uma Provisão:

Provisão no contexto geral contábil é o termo empregado para definir eventos que reduzem o Ativo ou aumentam o Passivo, sendo necessários ajustá-los à efetiva realidade patrimonial. Ou seja, representa a expectativa de perdas de ativo ou estimativa de valor a desembolsar. Ex.: depreciação, redução a valor recuperável de ativos, créditos de devedores duvidosos etc.

O PCLD é um indicador contábil que as empresas se utilizam para refinar a apuração de seus resultados, desconsiderando possíveis créditos de clientes que não serão recebidos. Serve como uma previsão de futuras perdas, que se concretizarem poderão ser contabilizadas como despesas. Isso além de apurar o resultado, possibilita a não incidência do IR sobre esses recebimentos não ocorridos – obedecido alguns critérios de valor e tempo, conforme Regulamento do IR.

A provisão deve ser calculada prevendo cobrir a totalidade das perdas por não recebimento e para tanto a empresa se utiliza de alguns procedimentos como: clientes em dificuldades financeiras e com base no histórico de períodos passados (índice de inadimplência).

Gerencialmente, a empresa também desconsidera essas perdas de suas projeções futuras, evitando acabar necessitando de financiamentos ou empréstimos para suprir seus gastos.

Exemplo:

Suponha uma empresa que:

a) tenha $ 20.000,00 a receber de clientes,
b) trabalhe com um índice de inadimplência de 10%,
c) em determinado momento após todas as possibilidades de cobrança resolve baixar como perda $ 500,00 do provisionado.

Os lançamentos seriam os seguintes:

Clientes		Receita	Despesa PCLD	Provisão PCLD
a 20.000,00	500,00 c	20.000,00 a b 2.000,00		c 500,00	2.000,00 b
19.500,00				1.500,00

Balanço Patrimonial – BP				
ATIVO				
Clientes	19.500,00		Vamos desconsiderar o	
(-) PCLD	(1.500,00)	18.000,00	Passivo e o PL	

Note que o saldo de clientes é demonstrado e realizado pelo valor líquido realizável, ou seja, pelo valor que se espera receber de fato.

12.4 Descontos

12.4.1 Descontos Comerciais

Também chamado de desconto incondicional, ou seja, não é necessária uma condição para que esse desconto seja concedido. É concedido ao comprador em função, por exemplo, de uma grande quantidade sendo comercializada, dentre vários outros motivos. Não confundir o desconto comercial com o abatimento, já que o desconto comercial ocorre antes da venda (é um desconto negociado antes da comercialização acontecer) e o abatimento ocorre após a venda, como, por exemplo, em função de alguma avaria no produto. Em função disso, o procedimento mais comum é não registrar separadamente na contabilidade, sendo registrado diretamente na compra ou na venda pelo valor líquido.

12.4.2 Descontos Financeiros

É também chamado de desconto condicional. É concedido ao comprador em função de uma condição qualquer, como, por exemplo, um pagamento antecipado.

Não confundir com desconto comercial e com abatimento. Quanto ao tratamento para elas, há grandes divergências. Muitos autores deduzem tais descontos dos valores de Vendas e de Compras (Contabilidade Introdutória, FEA/USP, p. 135).

Exemplo – Desconto Financeiro

Supondo uma NF (ou Duplicata) no valor de $ 100.000,00 para vencimento em 60 dias. Mas há a indicação de que se o pagamento for efetuado em até 30 haverá um desconto de 10%.

Vamos analisar as 2 situações possíveis, tanto do ponto de vista do comprador quanto do vendedor.

1ª situação – pagamento efetuado em 60 dias sem desconto

Vendedor	Comprador
D- Caixa	D- Fornecedor
C- Clientes	C- Caixa

2ª situação – pagamento efetuado em 30 dias (10% de desconto)

Vendedor	Comprador
D- Caixa	D- Fornecedor
D- Desconto Financeiro Concedido	C- Caixa
C- Clientes	C- Desconto Financeiro Obtido

12.5 Juros

Os juros podem ser tanto uma receita (juros ativos), em se tratando dos juros que a empresa recebe, quanto uma despesa (juros passivos), em se tratando dos juros pagos pela empresa.

Exemplo

Supondo o recebimento ou pagamento de uma duplicata de $ 5.000 com juros de 10%

Juros Ativos (recebimento)		Juros Passivos (pagamento)	
D- Caixa ou equivalente	5.500	D- Fornecedor	5.000
C- Juros Ativos (receita)	500	D- Juros Passivos (despesa)	500
C- Clientes	5.000	C- Caixa ou equivalente	5.500

12.6 Aluguéis

Assim como os juros, os aluguéis podem ser tanto receita (aluguéis ativos), em se tratando dos aluguéis que a empresa recebe quanto despesas (aluguéis passivos), em se tratando dos aluguéis que a empresa paga.

Exemplo

Supondo o recebimento ou pagamento de um aluguel de $ 2.000, em dinheiro, no último dia do mês referente ao mês uso do imóvel. Veja que se o imóvel já serviu ao inquilino, o fato gerador da receita já se realizou (no caso de recebimento) ou da despesa já incorreu (no caso de pagamento).

Aluguel Ativo (recebimento)		Aluguel Passivo (pagamento)	
D- Caixa ou equivalente		D- Aluguéis Passivos (despesa)	
C- Aluguéis Ativos (receita)	2.000	C- Caixa ou equivalente	2.000

12.7 Retificação de lançamentos

Eventualmente durante o processo de escrituração, erros de lançamento de valores podem ocorrer. Hoje em dia pela automatização e controles efetuados pelos sistemas computadorizados, o volume de erros é um caso atípico. Mas é interessante compreender como se corrigir um eventual erro de lançamento.

Exemplo 1

Lançamento a menor de Contas a Pagar (valor correto $ 2.193)

Lançamento errado		Retificação	
D- Contas a pagar C- Caixa ou equivalente	2.139	1ª maneira (estorno e lançamento correto)	
		a) D- Caixa ou equivalente C- Contas a Pagar	2.139
		b) D- Contas a Pagar C- Caixa e equivalente	2.193
		2ª maneira (lançamento pela diferença)	
		D- Caixa e equivalente C- Contas a pagar	54

Exemplo 2
Lançamento a maior de Contas a Pagar (valor correto $ 2.200)

Lançamento errado			Retificação	
D- Contas a pagar C- Caixa ou equivalente		2.300	1ª maneira (estorno e lançamento correto)	
			a) D- Caixa ou equivalente C- Contas a Pagar	2.300
			b) D- Contas a Pagar C- Caixa e equivalente	2.200
			2ª maneira (lançamento pela diferença)	
			D- Contas a pagar C- Caixa e equivalente	100

Exemplo 3
Troca de uma Conta Contábil por outra (ao invés de Imóveis lançou indevidamente Móveis e Utensílios

Lançamento errado			Retificação	
D- Móveis e Utensílios C- Caixa ou equivalente		1.000	1ª maneira (estorno e lançamento correto)	
			a) D- Caixa ou equivalente C- Móveis e Utensílios	1.000
			b) D- Imóveis C- Caixa e equivalente	1.000
			2ª maneira (entre as contas)	
			D- Imóveis C- Móveis e Utensílios	1.000

Exemplo 4
Inversão de operação (ao invés de compra lançou indevidamente venda)

Lançamento errado			Retificação	
D- Caixa ou equivalente C- Veículo		10.000	1ª maneira (estorno e lançamento correto)	
			a) D- Veículo C- Caixa e equivalente	10.000
			b) D- Veículo C- Caixa e equivalente	10.000
			2ª maneira (lançamento dobrado)	
			D- Veículo C- Caixa e equivalente	20.000

Exemplo 5

Lançamento em duplicata (lançou 2 vezes uma operação de compra)

Lançamento errado			Retificação	
D- Veículos C- Financiamentos a pagar		10.000	estorno de um dos lançamentos	
			D- Financiamentos a pagar C- Veículos	10.000

12.8 Gastos Antecipados – Seguros

Alguns pagamentos realizados no período corrente beneficiarão o exercício seguinte ou mesmo exercícios futuros. É o caso do pagamento de seguros que normalmente terão cobertura de 1 ano. É o exemplo típico de um pagamento feito antecipadamente cujo benefício será futuro. Em função do regime de competência, a apropriação (lançamento da despesa proporcional) do prêmio do seguro deverá ser feita conforme o seguro for sendo "consumido" no decorrer do seu período de vigência.

Exemplo:
a) Compra de um seguro com validade de 1 ano, por $ 600, com pagamento à vista, em 01/jan/X1.
b) Apropriação proporcional do prêmio do seguro mensalmente.
c) Observação: não necessariamente a apropriação deve ser mensal, podendo ser escolhido um outro período conforme adequação da empresa, como trimestral ou semestral etc.).

Resolução:
a) O pagamento de $ 600 será efetuado através de uma saída de caixa (crédito) com contrapartida em "seguros a apropriar ou seguros pagos antecipadamente" (débito).
- D- Seguros a apropriar
- C- Caixa $ 600

b) A apropriação mensal do prêmio do seguro na proporção de 1/12, ou $ 50. A cada final de mês será efetuado um lançamento como despesa até que ao final de 12 meses, o saldo da conta "seguros a apropriar" será zerado.
- D- Despesas com seguros
- C- Seguros a apropriar $ 50

12.9 Estoques de uso e consumo

Normalmente alguns itens de uso e consumo (limpeza, escritório, peças de reposição etc.) são comprados em quantidade suficiente para atender diversos períodos. Nesse caso, devido ao regime de competência serão gradativamente sendo alocados para despesas conforme forem sendo consumidos.

Exemplo:
a) Compra de material de escritório (24 resmas de papel), com pagamento à vista, $ 720.
b) Apropriação do consumo do material de escritório conforme contagem de estoque remanescente efetuado mensalmente.
- Saldo mês 1 – 22 resmas significando que houve o consumo de 2.
- Saldo mês 2 – 19 resmas significando que houve o consumo de 3.
- E assim por diante, mês a mês.

Resolução:
a) O pagamento de $ 720 será efetuado através de uma saída de caixa (crédito) com contrapartida em "estoque de material de escritório – resmas de papel"
- D- Estoque de material de escritório (resmas de papel)
- C- Caixa $ 720

b) mensalmente será apropriado a despesa o estoque consumido.
- Mês 1
- D- Despesa com material de escritório
- C- Estoque de material de escritório (resmas de papel) $ 60
- Mês 2
- D- Despesa com material de escritório
- C- Estoque de material de escritório (resmas de papel) $ 90

E assim por diante, mês a mês. Esse critério mensal também pode variar conforme necessidade da empresa. Nesses tipos de apropriação, é necessário que a empresa verifique a relevância de tal controle, pois muitas vezes o custo x benefício não compensa. Se não houver relevância a empresa pode optar por efetuar a apropriação da despesa de uma única vez, sem proceder controle de estoque do material:
- D- Despesa com material de escritório
- C- Caixa $ 720

13 Tributos

Diversos são os tributos nas operações de compra e venda:
- ICMS – Imposto sobre Operações relativas à Circulação de Mercadorias e sobre Prestações de Serviços de Transporte Interestadual e Intermunicipal e de Comunicação.
- IPI – Imposto sobre produtos industrializados
- ISS – Imposto sobre serviços
- PIS – Contribuição para o Programa de Integração Social
- COFINS – Contribuição para o Financiamento da Seguridade Social.
- ISS – Imposto sobre serviços
- ICMS, IPI e ISS são impostos e PIS e COFINS são contribuições.

Em muitas situações, os valores inerentes às operações de compra são créditos tributários, contabilizados no Ativo (Impostos a recuperar), e em outras situações são custos das mercadorias, produtos ou serviços prestados (quando não são recuperáveis).

Os valores de impostos e contribuições das operações de venda são considerados obrigações da empresa perante o fisco municipal (ISS), estadual (ICMS) e federal (PIS, COFINS e IPI).

O IPTU, IOF, IPVA não são impostos e são consideradas despesas.

O ICMS, ISS, PIS e COFINS são impostos que compõem o preço (está incorporado ao preço), portanto, são chamados de "impostos por dentro". Por exemplo, uma mercadoria cujo valor sem imposto é $ 1.200 e supondo uma alíquota de 10% será calculado dividindo-se o valor sem imposto por (1 – alíquota), logo, 1.200 / (1 – 0,10) => $ 1.333,33.

Já o IPI não compõe o preço (mas é calculado sobre o preço), portanto, é considerado "imposto por fora" e só ocorre em operações da indústria. Por exemplo, um produto cujo preço sem impostos seja $ 1.200 com uma alíquota de 10%, será calculado "por fora" bastando incidir 10% sobre $ 1.200, e acrescentando o valor do produto $ 1.200, logo, $ 1.200 + $ 120 = $ 1.320,00

Existem centenas (talvez milhares) de variáveis envolvendo os cálculos de tributos no Brasil. Nosso objetivo nesse livro é uma explicação básica sobre seus usos.

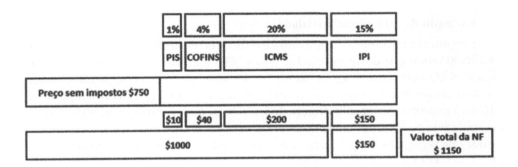

Supondo a representação gráfica de um produto fabricado por uma indústria com preço de $ 1.000 e tributado em IPI com alíquota de 15%, ICMS de 20%, PIS e 1% e COFINS de 4%.

O preço de $ 1.000 incorpora o ICMS ($ 200), o PIS ($ 10), e a COFINS ($ 40). O valor da NF faturada pela indústria vendedora será de $ 1.150, porque temos que adicionar o IPI de $ 150.

As alíquotas utilizadas no exemplo são de caráter didático, já que depende do produto (IPI), do produto e do Estado de origem (ICMS), enquanto o PIS não cumulativo de 1,65% e da COFINS não cumulativo é de 7,6%.

- Lembre-se de que:
- Imposto por dentro – o imposto já está incorporado ao preço.
- Imposto por fora – o imposto NÃO está incorporado ao preço.

13.1 Regimes vigentes - Cumulatividade x Não Cumulatividade

Um imposto ou contribuição é considerado não cumulativo quando **compensamos** o que pagamos na entrada de mercadorias (tributos a recuperar) com os valores que recebemos do cliente na venda (impostos sobre venda).

ICMS, IPI, PIS e COFINS podem ter o mesmo tipo de tratamento dependendo do tipo de empresa que vende ou compra e do tipo de operação.

No caso, o PIS e COFINS vigoram sob os 2 regimes.

Impostos, contribuições e taxas cumulativas são aquelas que representam custos ou despesas como é o caso do IPTU, IPVA, IOF etc.

Se impostos ou contribuições acontecem na produção dos produtos ou serviços, esses serão incorporados aos custos dos produtos ou dos serviços. Caso contrário, serão considerados despesas operacionais.

Exemplo de Não cumulatividade

Suponha uma compra de uma unidade de uma mercadoria pelo qual se pagou $ 120,00 sendo que desse valor $ 12,00 (ou 10%) foi relativo a um imposto "qualquer" NÃO cumulativo. Agora vamos vender essa mercadoria por $ 150,00 onde haverá também a incidência desse mesmo imposto 'qualquer" com alíquota de 10%. O imposto a ser recolhido será de $ 15,00. Só que se trata de um imposto não cumulativo, ou seja, podemos compensar esse valor apurando nas vendas com o valor que já pagamos na compra ou $ 12,00. Portanto, só será necessário recolher $ 15,00 menos $ 12,00 igual a $ 3,00.

Conforme Bruni (2012, p. 215) em exemplo elucidativo, considere uma alíquota de 18% em todos os ciclos da cadeia produtiva; temos uma indústria que vende seus produtos a $ 100 a um distribuidor que o venderá a $ 200 a um varejista que finalmente o venderá a $ 400 ao consumidor final. Em termos de impostos temos:

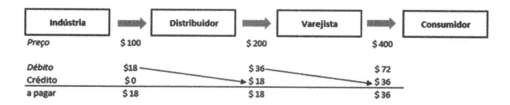

Note que as operações anteriores geram créditos nas operações seguintes. Assim a operação de venda do distribuidor ao varejista gera um imposto de $ 36 que, porém, poderá ser deduzido pelo crédito gerado na aquisição do produto na indústria de $ 18. Assim o valor a ser pago pelo distribuidor será de $ 36 - $ 18 = $ 18. O total dos impostos a serem pagos será $ 72 ($ 18 + $ 18 + $ 36). Sendo não cumulativo, o distribuidor e o varejista devem registrar o custo do produto sem o crédito fiscal que será aproveitado posteriormente. Por exemplo, o distribuidor registrará o custo do produto sem o imposto, logo $ 100 - $ 18 = $ 82 e registrará em imposto a recuperar $ 18.

Exemplo de Cumulatividade

Considerando o mesmo exemplo anterior só que agora supondo que há cumulatividade, ou seja, não se poderá compensar o imposto pago na compra com o imposto da venda (se houver). Pagamos $ 12,00 na compra e por não poder compensar esse valor ele será acrescido ao custo da mercadoria, ou caso não possa ser feito em função de alguma regra ou lei, será considerada uma despesa operacional.

Por exemplo, quando uma empresa comercial compra de uma empresa industrial, o IPI é destacado na NF de compra, mas por se tratar de um comércio esse imposto não existirá na venda (já que IPI só ocorre na indústria). Logo, o comércio irá incorporar o valor do IPI ao valor da mercadoria passando a compor o custo da mercadoria.

Considerando o mesmo exemplo, anterior, porém agora com o imposto cumulativo, temos:

Nesse caso, o total recolhido será de $ 126 ($ 18 + $ 36 + $ 72).

Com tributos cumulativos, cadeias produtivas longas, são penalizadas (BRUNI, 2012).

13.2 ISS

O Imposto sobre serviço é de esfera municipal sendo seu fato gerador a prestação de serviços. É um imposto cumulativo, portanto, não gera crédito fiscal.

13.3 ICMS

É um imposto estadual, cada Estado e o DF possuem sua própria legislação em relação a esse imposto. Ele está incluído no custo das compras e integra o valor das vendas (imposto por dentro).

É um imposto não-cumulativo, que se compensa entre o que for devido em cada operação com o montante cobrado nas anteriores pelo mesmo ou outro Estado ou pelo DF. Em outras palavras, o ICMS que se "paga" na compra será compensado com o ICMS que se "recebe" nas vendas.

A empresa precisará recolher a diferença entre o ICMS das vendas e o ICMS das compras, no caso do primeiro exceder o segundo, e da mesma forma terá um direito de compensar (crédito) caso o primeiro seja menor que o segundo.

ICMS nas vendas − ICMS nas compras > 0 = ICMS a recolher

182 Contabilidade Básica

> **ICMS nas vendas – ICMS nas compras < 0 = ICMS a recuperar (fica como crédito para o próximo exercício).**

Lembre-se que o ICMS é um imposto por dentro, ou seja, seu valor já está compondo o preço unitário e, portanto, no valor total da nota, entretanto, ele é destacado a parte na nota fiscal e não deve compor o valor das mercadorias/estoques e nem do CMV.

Exemplo 1 – Isento de ICMS

Supondo um caixa e capital inicial de $ 5.000,00

a) Compra de $ 1.000,00 em mercadorias com isenção de ICMS
b) Venda de toda mercadoria por $ 2.000,00 com isenção de ICMS

```
        Caixa                      Mercadorias
   5.000,00 | 1.000,00  a a   1.000,00 | 1.000,00  b1
b  2.000,00 |
   7.000,00 | 1.000,00        1.000,00 | 1.000,00    Lucro/Prejuízo
   6.000,00 |                     -                 | 1.000,00  z

        Receita                      ARE                     CMV
x  2.000,00 | 2.000,00  b y  1.000,00 | 2.000,00  x b1  1.000,00 | 1.000,00  y
                         z   1.000,00 | 1.000,00
```

		Partidas no Diário	
Operação	D/C	Contas Contábeis	Valor $
a)	D C	Mercadoria Caixa	1.000,00
b)	D C	Caixa Receita	2.000,00
b1)	D C	CMV Mercadoria	1.000,00
		Encerramento das contas de Resultados	
x	D C	Receita de Vendas ARE	2.000,00
y	D C	ARE CMV	1.000,00
z	D C	ARE Lucros Acumulados	1.000,00

Capítulo 13 – Tributos

DRE – Demonstração do Resultado do Exercício	
Receita Bruta de Vendas	2.000,00
(-) ICMS (impostos sobre vendas)	(0,00)
(=) Receita Líquida de Vendas	2.000,00
(-) CMV	(1.000,00)
(=) Resultado Bruto	1.000,00
(+) Outras Receitas	0,00
(-) Outras Despesas	0.00
(=) Resultado líquido	1.000,00

Exemplo 2 – com 20% de ICMS

Supondo um caixa e capital inicial de $ 5.000,00

a) Compra de $ 1.000,00 em mercadorias com 20% de ICMS
b) Venda de toda mercadoria por $ 2.000,00 com 20% de ICMS

```
          Caixa                    Mercadorias
     5.000,00 | 1.000,00  a a    800,00 | 800,00  b2
  b  2.000,00 |
     7.000,00 | 1.000,00                  Lucro/Prejuízo
     6.000,00 |                                   | 800,00  z

        ICMS na Venda          ICMS a Recuperar        ICMS a Recolher
  b1    400,00 | 400,00  x a    200,00 | 200,00  w w  200,00 | 400,00  b1
                                                             | 200,00

            Receita                    ARE                    CMV
  x    400,00 | 2.000,00  b y   800,00 | 1.600,00 x1 b2  800,00 | 800,00  y
  x1 1.600,00 | 1.600,00    z   800,00 |   800,00
```

		Partidas no Diário	
Operação	D/C	Contas Contábeis	Valor $
a)	D	Mercadoria	800,00
	D	ICMS a Recuperar	200,00
	C	Caixa	1.000,00
b)	D	Caixa	
	C	Receita de Vendas	2.000,00
b1)	D	ICMS na Venda	
	C	ICMS a Recolher	400,00

b2)	D	CMV	
	C	Mercadorias	800,00
	Encerramento das contas de Resultados			
x	D	Receita de Vendas	
	C	ICMS na Venda	400,00
x1)	D	Receita de Vendas	
	C	ICMS na Venda	1.600,00
y	D	ARE	
	C	CMV	800,00
w	D	ICMS a Recolher	
	C	ICMS a Recuperar	200,00
z	D	ARE	
	C	Lucros Acumulados	800,00

Balanço Patrimonial – BP

ATIVO		PASSIVO	
Caixa	6.000,00	ICMS a Recolher	200,00
Mercadorias	0,00	**PL**	
ICMS a Recuperar	0,00	Capital	5.000,00
		Lucros Acumulados	800,00
Total do Ativo	**6.000,00**	**Total do Passivo + PL**	**6.000,00**

DRE – Demonstração do Resultado do Exercício

Receita Bruta de Vendas	2.000,00
(-) ICMS (impostos sobre vendas)	(400,00)
(=) Receita Líquida de Vendas	1.600,00
(-) CMV	(800,00)
(=) Resultado Bruto	800,00
(+) Outras Receitas	0,00
(-) Outras Despesas	0.00
(=) Resultado líquido	**800,00**

Veja que nesse exemplo o saldo da conta ICMS a recuperar é de $ 200,00 e do ICMS a recolher é de $ 400,00. Por ser não cumulativa, o ICMS a recolher poderá ser abatido do ICMS a recuperar, fazendo com que o saldo do ICMS a recolher passe a ser $ 200,00.

ICMS a recolher sendo uma obrigação, é conta patrimonial que fará parte do Passivo, já o ICMS a recuperar sendo um direito, é também conta patrimonial que fará parte do Ativo.

13.3.1 ICMS entre os Estados

A tabela a seguir apenas exemplifica o uso das alíquotas do ICMS nas operações interestaduais. Por tratar-se de informações voláteis devido às mudanças de legislação e variáveis diversas influenciando, é importante que no uso real se procure informações atualizadas através de sítios oficiais.

		AC	AL	AM	AP	BA	CE	DF	ES	GO	MA	MT	MS	MG	PA	PB	PR	PE	PI	RN	RS	RJ	RO	RR	SC	SP	SE	TO
O R I G E M	AC		12	12	12	12	12	12	12	12	12	12	12	12	12	12	12	12	12	12	12	12	12	12	12	12	12	12
	AL	12		12	12	12	12	12	12	12	12	12	12	12	12	12	12	12	12	12	12	12	12	12	12	12	12	12
	AM	12	12		12	12	12	12	12	12	12	12	12	12	12	12	12	12	12	12	12	12	12	12	12	12	12	12
	AP	12	12	12		12	12	12	12	12	12	12	12	12	12	12	12	12	12	12	12	12	12	12	12	12	12	12
	BA	12	12	12	12		12	12	12	12	12	12	12	12	12	12	12	12	12	12	12	12	12	12	12	12	12	12
	CE	12	12	12	12	12		12	12	12	12	12	12	12	12	12	12	12	12	12	12	12	12	12	12	12	12	12
	DF	12	12	12	12	12	12		12	12	12	12	12	12	12	12	12	12	12	12	12	12	12	12	12	12	12	12
	ES	12	12	12	12	12	12	12		12	12	12	12	12	12	12	12	12	12	12	12	12	12	12	12	12	12	12
	GO	12	12	12	12	12	12	12	12		12	12	12	12	12	12	12	12	12	12	12	12	12	12	12	12	12	12
	MA	12	12	12	12	12	12	12	12	12		12	12	12	12	12	12	12	12	12	12	12	12	12	12	12	12	12
	MT	12	12	12	12	12	12	12	12	12	12		12	12	12	12	12	12	12	12	12	12	12	12	12	12	12	12
	MS	12	12	12	12	12	12	12	12	12	12	12		12	12	12	12	12	12	12	12	12	12	12	12	12	12	12
	MG	7	7	7	7	7	7	7	7	7	7	7	7		7	12	7	7	7	12	12	7	7	12	12	7	7
	PA	12	12	12	12	12	12	12	12	12	12	12	12	12		12	12	12	12	12	12	12	12	12	12	12	12	12
	PB	12	12	12	12	12	12	12	12	12	12	12	12	12	12		12	12	12	12	12	12	12	12	12	12	12	12
	PR	7	7	7	7	7	7	7	7	7	7	7	7	12	7	7		7	7	7	12	12	7	7	12	12	7	7
	PE	12	12	12	12	12	12	12	12	12	12	12	12	12	12	12	12		12	12	12	12	12	12	12	12	12	12
	PI	12	12	12	12	12	12	12	12	12	12	12	12	12	12	12	12	12		12	12	12	12	12	12	12	12	12
	RN	12	12	12	12	12	12	12	12	12	12	12	12	12	12	12	12	12	12		12	12	12	12	12	12	12	12
	RS	7	7	7	7	7	7	7	7	7	7	7	12	7	7	12	7	7	7		12	7	7	12	12	7	7
	RJ	7	7	7	7	7	7	7	7	7	7	7	12	7	7	12	7	7	12		7	7	12	12	7	7
	RO	12	12	12	12	12	12	12	12	12	12	12	12	12	12	12	12	12	12	12	12	12		12	12	12	12	12
	RR	12	12	12	12	12	12	12	12	12	12	12	12	12	12	12	12	12	12	12	12	12	12		12	12	12	12
	SC	7	7	7	7	7	7	7	7	7	7	7	12	7	7	12	7	7	7	12	12	7	7		12	7	7
	SP	7	7	7	7	7	7	7	7	7	7	7	12	7	7	12	7	7	7	12	12	7	7	12		7	7
	SE	12	12	12	12	12	12	12	12	12	12	12	12	12	12	12	12	12	12	12	12	12	12	12	12		12
	TO	12	12	12	12	12	12	12	12	12	12	12	12	12	12	12	12	12	12	12	12	12	12	12	12	12	

13.4 PIS/COFINS

São contribuições de competência federal sendo que o PIS se destina ao pagamento do seguro-desemprego e do abono anual que a Caixa Econômica Federal paga aos trabalhadores cadastrados e a COFINS é uma contribuição que se destina ao financiamento da Seguridade Social. Mudanças na legislação são frequentes e nesse momento encontra-se em discussão mudanças ou extinção do PIS. A alíquota do PIS também varia de acordo com o tipo de cálculo do lucro, real ou presumido.

Como o PIS/COFINS sobre o faturamento deve ser recolhido ao governo federal sempre no mês seguinte da ocorrência de seu fato gerador, no mês da ocorrência desse fato (mês de faturamento) deve ser devidamente apropriado.

Exemplo – PIS/COFINS

Supondo que o faturamento de uma empresa comercial tenha sido de $ 10.000. Como será a partida de diário no último dia do mês de faturamento? (alíquota 10%)

D- PIS/COFINS sobre Vendas
C- PIS/COFINS a Recolher $ 1.000

Como a sistemática dessas duas contribuições são semelhantes se optou por unificar o exemplo, entretanto, há especificidades conforme a complexidade do assunto aumenta.

Assim como no ICMS, PIS e COFINS são não-cumulativos podendo ser compensadas por critérios semelhantes ao do ICMS. Lei nº 10.637/2002 e nº 10.833/2003.

Pelo caráter introdutório desse livro, não nos aprofundaremos aos diversos detalhes que se aplicam ao ICMS e PIS/COFINS.

> **Atenção: PIS/COFINS são não-cumulativos em empresas de Lucro Real e cumulativos em empresas por lucro presumido.**

13.5 IPI

O Imposto sobre produtos industrializados é de esfera Federal e possui como fato gerador a saída de produtos de indústria ou equiparado a indústria e ainda, do desembaraço aduaneiro de produtos importados. Portanto, é incidente em processos de industrialização.

Não está incluído no custo das compras e não integra o custo das vendas.

É um imposto que pode ser cumulativo ou não cumulativo dependendo da situação, ou seja, pode ou não gerar crédito fiscal. Se o produto adquirido for utilizado como insumo na fabricação de um novo bem ou como revenda irá gerar um crédito fiscal. Por outro lado, se for destinado ao consumo final constituirá um custo (despesa). Caso ocorra na compra de um imobilizado, será incorporado ao valor do bem e depreciado ou amortizado conforme legislação.

Lembrando que recuperar o imposto (não-cumulativo), significa, compensar o que for devido em cada operação com o montante cobrado nas anteriores. Em outras palavras, o IPI que se "paga" na compra será compensado com o IPI que se "recebe" nas vendas. A empresa precisará recolher a diferença entre o IPI das vendas e o IPI das compras, no caso do primeiro exceder o segundo, e da mesma forma terá um direito de compensar caso o primeiro seja menor que o segundo.

IPI nas vendas – IPI nas compras > 0 = IPI a recolher

IPI nas vendas – IPI nas compras < 0 = IPI a recuperar (fica como crédito para o próximo exercício).

O IPI é um imposto por fora, ou seja, seu valor **NÃO** estará compondo o preço unitário, somente, o valor total da nota, entretanto, ele é destacado a parte na nota fiscal.

Se não-cumulativo não deverá compor o valor das mercadorias/estoques e nem do CMV.

Se cumulativo deverá compor o valor das mercadorias/estoques e o CMV.

Outro ponto a se destacar é o de que o valor do IPI pode ou não incidir sobre a base do ICMS. (na prática, não só o IPI, mas dependendo da situação outros impostos também podem incidir na base do ICMS, como, por exemplo, o PIS/COFIS).

Conforme tabela de Bruni (2012) adaptada pelo autor, podemos ter simplificadamente as situações:

Caso	Destinatário	Remetente	IPI na base do ICMS
A)	Para industrialização ou comercialização por contribuinte do IPI ou ICMS	Contribuinte do IPI ou ICMS	IPI não integra base do ICMS
B)	Para uso ou consumo por contribuinte do IPI ou ICMS	Contribuinte ou não do IPI ou ICMS	IPI integra a base do ICMS

Exemplo

Caso A)

A empresa X S/A, contribuinte do IPI e ICMS vende um produto para uma empresa industrial Y S/A, que o utilizará como componente na fabricação de um outro produto. O valor do produto sem ICMS em X é $ 1.000, a alíquota do ICMS é de 20 e do IPI de 5%. Como calcular o valor total com o IPI?

Valor sem ICMS	$ 1.000
Valor com ICMS (por dentro)	($ 1.000 / 0,80) = $ 1.250

ICMS ($ 1.250 - $ 1.000)	$ 250
IPI (5% x $ 1.250)	$ 62,50
Valor total com IPI ($ 1.250 + $ 62,50)	$ 1.312,50

Caso B)

Considerando os mesmos valores, só que agora a empresa compradora não é uma empresa contribuinte do IPI ou do ICMS.

Valor sem ICMS	$ 1.000
Valor com ICMS (por dentro)	$ 1.000 / (1 - 0,20 x 1,05) = $ 1.265,82
ICMS ($ 1.265,82 - $ 1.000)	$ 265,82
IPI (5% x $ 1.265,82)	$ 63,29
Valor total com IPI ($ 1.265,82 + $ 63,29)	$ 1.329,11
Valor total com IPI ($ 1.265,82 + $ 63,29)	$ 1.329,11

13.6 Exercícios Resolvidos – IPI

Exercício 1 – IPI cumulativo (a empresa compradora não recupera o imposto)

Considere uma empresa comercial que adquire para revenda produtos de uma indústria.

◊ Contabilize na empresa vendedora as seguintes operações ocorridas: (considere ICMS 18%, PIS 0,65%, COFINS 3% e IPI 10%, na compra e na venda).

◊ Compra de mercadorias por $ 5.000 (nesse valor estão inclusos ICMS, PIS, COFINS, IPI)

Venda do total das mercadorias por $ 8.000

Pede-se

A) contabilize em contas T

B) Faça as partidas no diário

C) Faça o BP

D) Faça o DRE

Resolução Exercício 1

Caixa
	10.000,00	5.000,00	a
b	8.000,00		
	18.000,00	5.000,00	
	13.000,00		

Mercadorias
a	3.917,50	3.917,50	b1
	ARE		
x	3.917,50	6.268,00	y b1
z	2.350,50	2.350,50	

Lucro/Prejuízo
		2.350,50 z
	CMV	
b1	3.917,50	3.917,50 x

Receita
	1.440,00	8.000,00	b
	52,00		
	240,00		
	1.732,00	8.000,00	
	6.268,00	6.268,00	y

ICMS na Venda
c	1.440,00	1.440,00 i

ICMS a Recuperar
a	900,00	900,00 f

ICMS a Recolher
f	900,00	1.440,00 c
		540,00

PIS na Venda
d	52,00	52,00 i

PIS a Recuperar
a	32,50	32,50 g

PIS a Recolher
g	32,50	52,00 d
		19,50

COFINS na Venda
e	240,00	240,00 i

COFINS a Recuperar
a	150,00	150,00 h

COFINS a Recolher
h	150,00	240,00 e
		90,00

Partidas no Diário

Operação	D/C	Contas Contábeis	Valor $
a)	D	Mercadorias	3.917,50
	D	ICMS a Recuperar	900,00
	D	PIS a Recuperar	32,50
	D	COFINS a Recuperar	150,00
	C	Caixa	5.000,00
b)	D	Caixa	
	C	Receita de Vendas	8.000,00
b1)	D	CMV	
	C	Mercadorias	3.917,50
c)	D	ICMS na Venda	
	C	ICMS a Recolher	1.440,00
d)	D	PIS na Venda	
	C	PIS a Recolher	52,00
e)	D	COFINS na Venda	
	C	COFINS a Recolher	150,00
f)	D	ICMS a Recolher	
	C	ICMS a Recuperar	900,00
g)	D	PIS a Recolher	
	C	PIS a Recuperar	32,50
h)	D	COFINS a Recolher	
	C	COFINS a Recuperar	150,00

i)	D	Receita	1.732,00
	C	ICMS na Venda	1.440,00
	C	PIS na Venda	52,00
	C	COFINS na Venda	240,00
	Encerramento das contas de Resultados		
x	D	ARE	
	C	CMV	3.917,50
y	D	Receita de Vendas	
	C	ARE	6.268,00
z	D	ARE	
	C	Lucros/Prejuízos	2.350,50

	Balanço Patrimonial – BP			
	ATIVO || 	PASSIVO	
Caixa	13.000,00	ICMS a Recolher	540,00
Mercadorias	0,00	PIS a Recolher	19,50
ICMS a Recuperar	0,00	COFINS a Recolher	90,00
PIS a Recuperar	0,00		
COFINS a Recuperar	0,00	**PL**	
		Capital	10.000,00
		Lucros Acumulados	2.350,50
Total do Ativo	**13.000,00**	**Total do Passivo + PL**	**13.000,00**

	DRE – Demonstração do Resultado do Exercício	
Receita Bruta de Vendas	8.000,00
(-) ICMS (impostos sobre vendas)	(1.440,00)
(-) PIS (impostos sobre vendas)	(52,00)
(-) COFINS (impostos sobre vendas)	(240,00)
(=) Receita Líquida de Vendas	6.268,00
(-) CMV	(3.917,50)
(=) Resultado Bruto	2.350,50
(+) Outras Receitas	0,00
(-) Outras Despesas	0,00
(=) Resultado líquido	**2.350,50**

Exercício 2 – IPI não cumulativo (a empresa compradora recupera o imposto)

Mantendo as mesmas informações do exercício 1, considere agora que a empresa é recuperadora do IPI.

Capítulo 13 – Tributos

```
        Caixa                 Mercadorias          Lucro/Prejuízo              Receita
    10.000,00 | 5.000,00  a  a  3.417,50 | 3.417,50  b1          2.050,50  z   1.440,00 | 8.000,00  b
b    8.000,00                                                                     52,00
    18.000,00 | 5.000,00            ARE                  CMV                     800,00
    13.000,00                x  3.417,50 | 5.468,00  y  b1 3.417,50 | 3.417,50 x   240,00
                             z  2.050,50 | 2.050,50                              2.532,00 | 8.000,00
                                                                              y  5.468,00 | 5.468,00

      ICMS na Venda          ICMS a Recuperar       ICMS a Recolher
c   1.440,00 | 1.440,00  i  a   900,00 |   900,00  f  f   900,00 | 1.440,00  c
                                                                     540,00

       PIS na Venda           PIS a Recuperar        PIS a Recolher
d      52,00 |   52,00   i  a    32,50 |    32,50  g  g    32,50 |    52,00  d
                                                                      19,50

      COFINS na Venda        COFINS a Recuperar     COFINS a Recolher
e     240,00 |  240,00   i  a   150,00 |   150,00  h  h   150,00 |   240,00  e
                                                                      90,00

       IPI na Venda           IPI a Recuperar        IPI a Recolher
e1    800,00 |  800,00   i  a   500,00 |   500,00  h1 h1  500,00 |   800,00  e1
                                                                     300,00
```

		Partidas no Diário	
Operação	D/C	Contas Contábeis	Valor $
a)	D D D D D C	Mercadorias ICMS a Recuperar PIS a Recuperar COFINS a Recuperar IPI a Recuperar Caixa	3.417,50 900,00 32,50 150,00 500,00 5.000,00
b)	D C	Caixa Receita de Vendas	8.000,00
b1)	D C	CMV Mercadorias	3.917,50
c)	D C	ICMS na Venda ICMS a Recolher	1.440,00
d)	D C	PIS na Venda PIS a Recolher	52,00
e)	D C	COFINS na Venda COFINS a Recolher	150,00
e1)	D C	IPI na Venda IPI a Recolher	800,00
f)	D C	ICMS a Recolher ICMS a Recuperar	900,00
g)	D C	PIS a Recolher PIS a Recuperar	32,50

h)	D C	COFINS a Recolher COFINS a Recuperar	150,00
h1)	D C	IPI a Recolher IPI a Recuperar	500,00
i)	D C C C C	Receita ICMS na Venda PIS na Venda COFINS na Venda IPI na Venda	1.732,00 1.440,00 52,00 240,00 800,00
		Encerramento das contas de Resultados	
x	D C	ARE CMV	3.417,50
y	D C	Receita de Vendas ARE	5.468,00
z	D C	ARE Lucros/Prejuízos	2.050,50

Balanço Patrimonial – BP				
ATIVO				PASSIVO	
Caixa		13.000,00	ICMS a Recolher	540,00
Mercadorias		0,00	PIS a Recolher	19,50
ICMS a Recuperar		0,00	COFINS a Recolher	90,00
PIS a Recuperar		0,00	IPI a Recolher	300,00
COFINS a Recuperar		0,00		
IPI a Recuperar		0,00	**PL**	
			Capital	10.000,00
			Lucros Acumulados	2.050,50
Total do Ativo		**13.000,00**	**Total do Passivo + PL**	**13.000,00**

DRE – Demonstração do Resultado do Exercício	
Receita Bruta de Vendas	8.000,00
(-) ICMS (impostos sobre vendas)	(1.440,00)
(-) PIS (impostos sobre vendas)	(52,00)
(-) COFINS (impostos sobre vendas)	(240,00)
(-) IPI (imposto sobre vendas)	(800,00)
(=) Receita Líquida de Vendas	5.468,00
(-) CMV	(3.417,50)
(=) Resultado Bruto	2.050,50
(+) Outras Receitas	0,00
(-) Outras Despesas	0,00
(=) Resultado líquido	**2.050,50**

13.7 Substituição Tributária (ST)

É uma forma de arrecadação utilizada no Brasil em que um dos integrantes da cadeia produtiva paga de uma só vez os tributos gerados na cadeia. É conhecida por ICMS-ST. Por exemplo, a indústria se responsabiliza pelo pagamento devido pelo distribuidor, pelo varejista e até chegar ao consumidor.

Existem três tipos de substituição tributária vigentes no Brasil:

13.7.1 Substituição para frente

Recolhe-se o imposto antes mesmo do pagamento ocorrer. Nesse caso o recolhimento é feito por um valor presumido.

13.7.2 Substituição para trás

Nessa etapa o último participante da cadeia é que paga pelos tributos gerados nos processos anteriores da cadeia produtiva.

13.7.3 Substituição propriamente dita

Quando o contribuinte é substituído por outro que participa do mesmo negócio, por exemplo, do industrial que paga o tributo devido pelo prestador que lhe fornece o serviço de transporte.

É importante ressaltar que a substituição tributária considera a legislação vigente em cada Estado, ocorrendo também variações em função do tipo de mercadoria. Portanto, é uma imposição legal não podendo o contribuinte escolher se adota ou não a ST.

De maneira resumida, na maioria dos Estados, os itens mais comuns que adotam ST são: motocicletas e automóveis; fumo; tintas e vernizes; refrigerantes, chope, cervejas, água e gelo; combustíveis e lubrificantes; material elétrico; e cimento.

14 Regime Tributário – Simples Nacional x Lucro Real x Lucro Presumido x Lucro Arbitrado

No Brasil temos 3 opções de regime tributário que serão assumidos conforme algumas variáveis como faturamento anual, porte da empresa e outros. O regime tributário determina quais impostos serão pagos pela empresa e como serão pagos. Além disso, a escolha errada poderá levar a empresa a pagar mais impostos ou mesmo a sofrer sanções como autuações e multas;

14.1 Lucro Real

É um regime tributário no qual o cálculo do Imposto de Renda Pessoa Jurídica (IRPJ) e da Contribuição Social sobre o Lucro Líquido (CSLL) de uma empresa é feito com base no lucro real, ou seja, o efetivo que a empresa apurou em determinado período de apuração, após ajustes necessários. Quanto maior o lucro, maiores os impostos a serem pagos e vice-versa. Ou seja, se a empresa apurar prejuízo, não pagará esses impostos.

Além do IRPJ e da CSLL, também são calculados o PIS (Programa de Integração Social) e a COFINS (Contribuição para o Financiamento da Seguridade Social), pelo ISSQN (Imposto sobre Serviços de Qualquer Natureza), ICMS para empresas comerciais e IPI, no caso de indústrias e importadores.

Para a base de cálculo do Lucro Real, deve-se considerar somente os gastos necessários às transações ou operações da empresa que serão adicionados ou descontados ao lucro efetivo e apresentado no DRE, ajustado antes da tributação do IRPJ e CSLL (Lucro antes do Imposto de Renda e CSLL). Esses ajustes paralelos são feitos no Livro LALUR – Livro de Apuração do Lucro Real.

- Acréscimos – são valores considerados como despesa, mas que de acordo com a legislação do IR não podem ser dedutíveis. Por exemplo, prestações de arrendamento mercantil, depreciação, amortização, reparos, manutenção, conservação, impostos, taxas, seguros, e outros gastos com bens móveis e imóveis exceto os intrinsecamente ligados a produção ou comercialização de bens e serviços etc. A CSLL é uma despesa considerada não dedutível e seu valor desse ser acrescentado ao lucro apurado para efeito de base do IRPJ.

- Deduções – são valores não considerados como despesas ou reconhecidos como receitas que podem ser dedutíveis. Por exemplo, lucros apurados em atividades incentivadas, compensação de prejuízo em períodos anteriores etc.

É um regime interessante para o início de atividades de uma empresa, quando normalmente prevê-se baixa lucratividade. Entretanto, pode ser de cálculo complexo.

14.1.1 Quem deve usar Lucro Real

É obrigatório a utilização desse regime nos seguintes casos:
- faturamento acima de R$ 78 milhões no ano-calendário ou ano anterior;
- empresas do setor financeiro;
- empresas de *factoring*;
- empresas com benefícios fiscais; (isenção ou redução de impostos) e
- empresas com lucro ou fluxo de capital originários de outros países.

14.2 Lucro Presumido

É um regime tributário em que o cálculo do lucro é bem simplificado e baseado em uma alíquota aplicada sobre o faturamento do exercício (varia de 1,6% a 32% dependendo do tipo de atividade da empresa). Sendo assim, não é necessário comprovar ao fisco se houve ou não lucro efetivo no período. Isso pode ser muito bom quando a empresa opera com uma margem de lucro elevada, da mesma forma que pode ser desvantajoso em outras situações.

Nesse regime tributário o PIS e a COFINS são calculados de forma cumulativa, ou seja, não geram créditos a serem posteriormente descontados do PIS e COFINS a pagar. Há incidência do ISS para serviços e ICMS para comércio. E nos casos de Indústria ou importadoras há incidência de IPI.

A frequência de recolhimento dos impostos nesse regime tributário é diferenciada. O PIS, COFINS e ISS, ICMS e IPI, conforme o caso, são recolhidos mensalmente. Já o IRPJ e a CSLL trimestralmente.

14.2.1 Quem pode usar Lucro Presumido

Basicamente aqueles que obrigatoriamente não estão sujeitos ao Lucro Real.

14.3 Simples nacional

É um regime tributário criado para atender Microempresas (ME), empresas de pequeno porte (EPP) e Microempreendedores individuais (MEI), visando facilitar o recolhimento de impostos desses empreendedores. Assim, todos os (até oito) tributos são recolhidos em uma única guia, o DAS – Documento de Arrecadação do Simples nacional. Os tributos variam conforme a atividade da empresa e são:

IRPJ – Imposto de Renda de Pessoa Jurídica

CSLL – Contribuição Social sobre o Lucro Líquido

PIS – Programa de Integração Social

COFINS – Contribuição para Financiamento da Seguridade Social

IPI – Imposto sobre Produtos Industrializados

ICMS – Imposto sobre a Circulação de Mercadorias e serviços...

ISS – Imposto sobre serviços

CPP – Contribuição Patronal Previdenciária.

14.3.1 Quais empresas podem optar pelo Simples Nacional

Para se enquadrar no Simples Nacional é preciso que a empresa atenda algumas regras, que são:
- limite de faturamento anual de até R$ 4,8 milhões;
- ter a atividade exercida na lista de CNAE permitidos para o Simples Nacional;
- ser uma ME, EPP ou MEI;
- ter em seu quadro societário apenas pessoas físicas;
- sócios que têm outras empresas não podem faturar mais de R$ 4,8 milhões ao ano no total ao somar o faturamento das empresas;
- cujo sócio ou titular seja administrador ou equiparado de outra pessoa jurídica com fins lucrativos, desde que a receita bruta global ultrapasse o limite de R$ 4.800.000,00;
- não ter sócios que morem no exterior;
- não fazer parte do Capital Social de outra empresa;
- não ser uma S/A, Sociedade por Ações;
- não ter qualquer débito junto à Receita Federal, Estadual, Municipal, bem como Previdência;
- não ter débitos em aberto, ou seja, sem negociação junto ao governo.

14.3.2 Produtos Monofásicos no Simples Nacional

Produtos monofásicos são produtos em que somente o primeiro elo da cadeia produtiva pagará os tributos incidentes a esse produto. Ou seja, sistema de tributação concentrada (monofásico) não se confunde com os regimes de apuração cumulativa e não cumulativa da Contribuição para o PIS/COFINS.

A incidência monofásica concentra o recolhimento do PIS/COFINS em uma etapa da cadeia e desonera as demais, as quais ficam sujeitas à alíquota zero.

É um mecanismo de substituição tributária e só pode ser usado por empresas adotantes do Simples Nacional e para produtos que estejam listados como produtos monofásicos[29].

14.4 Diferença entre os regimes

	Simples Nacional	Lucro Presumido	Lucro Real
Faturamento Permitido	Até R$ 4,8 milhões	Até R$ 78 milhões	Não há
IRPJ	Alíquota única	15% sobre a parcela presumida + 10% do que superar a presunção de R$ 60 mil no trimestre	15% até R$ 240 mil da receita bruta anual e 10% para valores acima
CSLL	Alíquota única	9% sobre a parcela no trimestre	9%
PIS	Alíquota única	0,65%	1,65%
COFINS	Alíquota única	3%	7,6%
ISS	Alíquota única	Entre 2% e 5% dependendo do município	Entre 2% e 5% dependendo do município
ICMS	Alíquota única	Alíquota conforme regras do Estado	Alíquota conforme regras do Estado

14.5 Lucro Arbitrado

É um tipo de regime tributário pontual usado para cálculo da base do imposto de renda podendo ser atribuída pelo fisco, em caso, por exemplo, da não apresentação de documentos ou mesmo fraudes ou de maneira voluntária pelo próprio contribuinte quando este não segue um dos demais regimes tributários e conhece o lucro bruto.

---

29 A tabela atualizada dos produtos monofásicos (dentre outras situações) encontra-se na tabela 4.3.10 do SPED – Sistema Público de Escrituração Digital através do sítio < http://sped.rfb.gov.br/arquivo/show/1638>

São algumas as situações em que o fisco pode se usar do lucro arbitrado, dentre essas temos:

- quando a opção pelo Lucro Presumido for indevida;
- não apresentação da escritura ou elaboração das demonstrações fiscais;
- quando os livros contábeis não forem mantidos em ordem por parte do contribuinte;
- se um representante de uma empresa no exterior que atua no Brasil não comunicar os lucros de forma separada do domiciliado no exterior.

É calculado mediante aplicação de percentuais sobre a receita bruta (quando essa é conhecida) e de acordo com a natureza da atividade econômica explorada, ou quando a receita bruta é desconhecida, sobre valores bases fixados pela legislação fiscal.

A tributação com base no lucro arbitrado será manifestada mediante o pagamento da primeira quota ou da quota única do imposto devido, correspondente ao período de apuração trimestral em que o contribuinte, pelas razões determinantes na legislação, se encontrar em condições de proceder ao arbitramento do seu lucro. A pessoa jurídica tributada pelo sistema de lucro arbitrado poderá, em qualquer trimestre do ano-calendário, optar pela tributação com base no lucro presumido, caso não esteja obrigada à tributação com base no lucro real, ou optar pela tributação com base no lucro real, caso não tenha condições legais de optar pelo lucro presumido.

Os fundamentos legais sobre lucro arbitrado podem ser encontrados no Regulamento do Imposto de Renda (RIR/1999) arts. 529 a 539, na lei nº 9.249/1995; na lei nº 9.430/1996; na lei nº 8.981/1995 arts. 47 e seguintes.

15 A contabilidade e as operações com pessoal

Em uma empresa, as operações com pessoal se dividem basicamente em:
- Folha de pagamento – que será constituída pelos salários brutos acrescidos de ganhos extras (salário-família, salário-maternidade, horas-extras e demais adicionais).
- Despesas adicionais (a cargo da empresa) – são os encargos sobre a folha de pagamento como, por exemplo, FGTS – Fundo de Garantia por tempo de serviço, 13º salário, despesas de férias e outros possíveis encargos.

Conforme o Regulamento da Previdência Social, (Decreto 3.048/1999) temos:

"Art. 225. A empresa é também obrigada a:

I - preparar folha de pagamento da remuneração paga, devida ou creditada a todos os segurados a seu serviço, devendo manter, em cada estabelecimento, uma via da respectiva folha e recibos de pagamentos;

§ 9º A folha de pagamento de que trata o inciso I do *caput*, elaborada mensalmente, de forma coletiva por estabelecimento da empresa, por obra de construção civil e por tomador de serviços, com a correspondente totalização, deverá:

I - discriminar o nome dos segurados, indicando cargo, função ou serviço prestado;

II - agrupar os segurados por categoria, assim entendido: segurado empregado, trabalhador avulso, contribuinte individual; (Redação dada pelo Decreto nº 3.265, de 1999)

III - destacar o nome das seguradas em gozo de salário-maternidade;

IV - destacar as parcelas integrantes e não integrantes da remuneração e os descontos legais; e

V - indicar o número de quotas de salário-família atribuídas a cada segurado empregado ou trabalhador avulso.

§ 13. Os lançamentos de que trata o inciso II do *caput*, devidamente escriturados nos livros Diário e Razão, serão exigidos pela fiscalização após noventa dias contados da ocorrência dos fatos geradores das contribuições, devendo, obrigatoriamente:

I - atender ao princípio contábil do regime de competência; e

II - registrar, em contas individualizadas, todos os fatos geradores de contribuições previdenciárias de forma a identificar, clara e precisamente, as rubricas integrantes e não integrantes do salário-de-contribuição, bem como as contribuições descontadas do segurado, as da empresa e os totais recolhidos, por estabelecimento da empresa, por obra de construção civil e por tomador de serviços.

§ 14. A empresa deverá manter à disposição da fiscalização os códigos ou abreviaturas que identifiquem as respectivas rubricas utilizadas na elaboração da folha de pagamento, bem como os utilizados na escrituração contábil.

§ 16. São desobrigadas de apresentação de escrituração contábil: (Redação dada pelo Decreto nº 3.265, de 1999)

I - o pequeno comerciante, nas condições estabelecidas pelo Decreto-lei nº 486, de 3 de março de 1969, e seu Regulamento;

II - a pessoa jurídica tributada com base no lucro presumido, de acordo com a legislação tributária federal, desde que mantenha a escrituração do Livro Caixa e Livro de Registro de Inventário; e

III - a pessoa jurídica que optar pela inscrição no Sistema Integrado de Pagamento de Impostos e Contribuições das Microempresas e Empresas de Pequeno Porte, desde que mantenha escrituração do Livro Caixa e Livro de Registro de Inventário".

15.1 Detalhamento da folha de pagamento
15.1.1 Salário Bruto

É o valor do salário combinado entre o empregador e o funcionário e sobre o qual são calculados e acrescentados os adicionais listados: Horas extras; Prêmios; Gratificações; Salário-família; Salário-maternidade; Comissões e outros adicionais.

- Horas extras são adicionais que ocorrem em função do excedente a carga horária padrão;
- Prêmios e gratificações são adicionais que normalmente ocorrem por atingimento de metas;
- Salário-família e salário-maternidade são de responsabilidade da Seguridade Social, pagos pela empresa de acordo com o Regulamento da Previdência Social.

O salário bruto quando acrescido de adicionais e horas extras recebe o nome de "remuneração". Existindo, a remuneração servirá de base para todas as incidências e para o FGTS.

Sobre o Salário bruto mais os adicionais são deduzidos os descontos obrigatórios: previdência social de responsabilidade do funcionário; Imposto de renda retido na fonte (IRRF); contribuição sindical e descontos judiciais; e os **descontos autorizados** pelo funcionário: participação nos planos de assistência médica; participação nos planos de previdência e outros descontos como % vale-refeição, % vale-transporte etc. Portanto, o cálculo do salário líquido que o funcionário recebe tirando os descontos é baseado no valor bruto que poderá ser mensal ou horário.

Para converter o salário de horas para mensal basta multiplicar por 220, e de mensal para horas dividir por 220.

Com base em Montoto (2012, p. 296 – adaptado pelo autor), temos uma apresentação genérica de uma folha de pagamento:

Apresentação Didática da Folha de pagamento		
Salários Brutos		1.000,00
(+) Adicionais		200,00
Horas extras	20,00	
Comissões	30,00	
Prêmios	40,00	
Salário-família	50,00	
Salário-maternidade	60,00	
(-) Descontos		(120,00)
Previdência	15.00	
IRPF	25,00	
Contribuição Sindical	35,00	
Descontos Judiciais	45,00	
Salário Líquido		1.080,00

15.1.1.1 Salário-família

O salário-família é uma renda previdenciária definida pelos artigos 65 a 70 da Lei nº 8.213/91, sendo um benefício concedido aos trabalhadores cujos direitos e deveres estão previstos na Consolidação das Leis do Trabalho (CLT), que possuem **filhos de até 14 anos, ou filhos com algum tipo de deficiência**. É pago juntamente com o salário mensal do funcionário e visa complementar a receita dos trabalhadores de baixa renda.

Considerando-se o ano de **2021**, para que os interessados tenham direito ao salário-família, deve-se considerar o total da sua renda familiar, ou seja, a renda formada pelo salário-base acrescido de outros adicionais como: hora extra, adicionais ou comissões.

Somando-se tudo, caso o salário **seja menor ou igual a R$ 1.503,25** e o empregado esteja dentro dos pré-requisitos mencionados, ele terá direito ao abono salarial no valor de **R$ 51,27 por filho.**[30]

Já que os valores e mesmo os critérios podem ser alterados, é importante que em caso de utilização, seja acessado o sítio do INSS, que em tese estará sempre atualizado. Por exemplo, na ocasião da elaboração desse livro, estava tramitando em uma comissão específica do Senado Federal, uma proposição legislativa PL 4.527/2021[31], de autoria do senador Paulo Paim (PT-RS) que buscava atualizar as regras de pagamento do salário-família, tornando-o mais eficiente e adequando ao contexto social econômico brasileiro.

Exemplo de lançamento do salário-família

Suponha um funcionário com salário bruto mais adicionais de R$ 1.200,00 com 3 filhos menores de 14 anos. Qual o lançamento a ser feito no final de cada mês referente ao salário-família (considerando valores de 2021)?

- 3 filhos x R$ 51,27 = R$ 153,81
- D- Salário-família a Recuperar
- C- Salário a pagar $ 153,81

15.1.1.2 Salário-maternidade

O salário-maternidade é um apoio financeiro visando assegurar o bem-estar de mãe e filho. A partir de março/2021 conforme mudança cautelar do STF, foi regulamentada a prorrogação desse benefício conforme a Portaria Conjunta 28, nos seguintes termos:

A PC 28 informa o cumprimento de decisão cautelar na Ação Direta de Inconstitucionalidade nº 6.327, do Supremo Tribunal Federal (STF), que determinou a prorrogação do benefício de salário-maternidade quando houver complicações médicas relacionadas ao parto e necessidade de internação hospitalar da segurada ou do recém-nascido.

A medida visa a resguardar a convivência entre mãe e filho, devendo ser aplicada aos requerimentos de salário-maternidade com fato gerador a partir de 13 de março de 2020, ainda que o requerimento de prorrogação seja feito após a alta da internação.

---

30 Sítio do INSS. Disponível em < https://tabelainss2022.inf.br/salario-familia-inss-2022/>
31 Sítio do Senado Federal. Disponível em: <https://www25.senado.leg.br/web/atividade/materias/-/materia/151385>

Regra

A data de início do benefício e data de início do pagamento continuam sendo fixadas na data do parto ou até 28 dias antes do parto, mas, nos casos em que mãe ou filho necessitarem de períodos maiores de recuperação, o salário-maternidade será pago durante 120 mais todo o período de internação da mãe ou do recém-nascido, o que acontecer por último.

As novidades apresentadas em 2021 foram as seguintes:
- Internação superior a 30 dias: Haverá autorização pata a solicitação da prorrogação do benefício;
- Após a análise do pedido de 30 dias o novo pedido será aceito;
- Nova internação após a alta não afeta no recebimento do benefício, porém, o prazo de 120 dias é suspenso o que volta a ocorrer com novas altas;
- No caso de internações constantes haverá uma soma de todos os períodos até 120 dias;
- Caso a segurada venha falecer é o conjugue/Companheiro(a) que irá receber o benefício;
- Se a mãe ou a criança ficar internado o recebimento do auxílio irá continuar;
- Quem estiver na classificação de MEI, o requerimento de prorrogação deverá ser realizado diretamente ao empregador.

O benefício não é concedido a quem está na situação de empregado do microempreendedor e contrato intermitente na condição de empregada.

Exemplo de lançamento do salário-maternidade

Suponha uma funcionária com salário de R$ 1.200,00 que inicia seu período de licença maternidade. Qual o lançamento a ser feito ao final de cada mês de afastamento da funcionária referente ao salário-maternidade?
- D- Salário-maternidade a Recuperar
- C- Salário a pagar $ 1.200,00

15.2 Descontos autorizados, retenções e compensações

São descontos autorizados aqueles em que o funcionário autoriza o desconto como, por exemplo, planos de saúde e vale-transporte (6% do salário sem adicionais complementado pela empresa para suprir os gastos com transporte pelo trabalhador).

São **retenções** os valores que a empresa tem responsabilidade legal de reter e repassar a terceiros (IRRF, INSS-parte do empregado) ou que o próprio funcionário autorizou a empresa a fazer (contribuição sindical, associação de classe, pagamento de pensão alimentícia etc.).

Exemplo de lançamento descontos autorizados e retenções
- D- Salários a pagar $ 50.000,00
- C- INSS a recolher $ 10.000,00
- C- IRPF a recolher $ 10.000,00
- C- Pensão a recolher $ 10.000.00
- C- Outros $ 20.000,00

São **compensações** os valores que devem ser descontados dos funcionários por conta de algum adiantamento ou antecipação de salários, ou mesmo um empréstimo feito pela empresa.

Exemplo de Compensação
a) Suponha um adiantamento de salário
- D- Adiantamento de salário
- C- Caixa $ 2.000,00

b) o lançamento da compensação
- D- Salários a pagar
- C- Adiantamento de salário $ 2.000,00

15.3 Despesas Adicionais

A empresa possui normalmente as seguintes despesas adicionais:
- Previdência Social Patronal (INSS)
- Férias e adicionais sobre férias
- Fundo de Garantia por Tempo de Serviço (FGTS)
- 13º Salário
- Vale-transporte

15.3.1 Previdência Social (INSS-empresa)

Na previdência, parte da contribuição é feita pelo empregado e a empresa contribui com um percentual sobre a folha de pagamento.

Exemplo do INSS-empresa:
- D- Despesas com Previdência Social
- C- Previdência a recolher (20%) $ 10.000,00

15.3.2 Fundo de Garantia (FGTS)

A empresa faz um depósito mensal numa conta do empregado (Caixa Econômica Federal) como benefício adicional.

Exemplo do FGTS:
- D- Despesas com FGTS
- C- FGTS a recolher (10%) $ 5.000,00

Exemplo INSS (empresa), FGST, Salário-família, Salário-maternidade

Tanto o salário-família quanto o salário-maternidade são pagos pela empresa, mas de responsabilidade da Previdência Social.

Supondo uma empresa cuja folha seja a seguinte:
- Salários brutos $ 10.000,00
- INSS (empresa) 25%
- INSS (empregado) $ 1.800,00
- FGTS 5%
- Salário-família $ 2.000,00
- Salário-maternidade $ 1.500,00

Como fica a contabilização:

(1)
- D- Despesa com salários
- C- Salários a pagar $ 10.000,00

(2)
- D- Salário-família a recuperar $ 2.000,00
- D- Salário-maternidade a recuperar $ 1.500,00
- C- Salários a pagar $ 3.500,00

(3)
- D- Salários a pagar
- C- Previdência a recolher (empregado) $ 1.800,00

Quando a empresa paga o salário-família e o salário-maternidade, é contabilizado um direito contra a previdência. No dia do pagamento de fato, a empresa compensa esses direitos (créditos) para pagar (recolher) um valor menor.

No pagamento:

(4)
- D- Previdência a recolher
- C- Salário-família a recuperar $ 2.000,00
- C- Salário-maternidade a recuperar $ 1.500,00

(5)
- D- Despesa com Previdência
- C- Previdência a recolher (empresa) $ 2.500,00

(6)
- D- Despesa com FGTS
- C- FGTS a recolher $ 500,00

	Despesa c/ Salário			Despesa c/ Previdência			Despesa c/ FGTS	
(1)	10.000,00		(5)	2.500,00		(6)	500,00	

	Salários a pagar			Sal.família a recuperar			Previdência a recolher	
(3)	1.800,00	10.000,00 (1)	(2)	2.000,00	2.000,00 (4)	(4)	3.500,00	1.800,00 (3)
		3.500,00 (2)						2.500,00 (5)
	1.800,00	13.500,00		Sal.maternidade a recup.			3.500,00	4.300,00
		11.700,00	(2)	1.500,00	1.500,00 (4)			800,00
							FGTS a recolher	
								500,00 (6)

15.3.3 Décimo Terceiro Salário

O décimo terceiro apesar de ser pago no final do ano (novembro e dezembro) deve ser contabilizado mensalmente e atender ao regime de competência.

Exemplo 13º Salário

Considerando

- Salários brutos $ 100.000,00
- INSS (empresa) $ 25.000,00
- FGTS 5% $ 15.000,00
- Total de $ 140.000,00

Despesa mensal de acordo com o regime de competência é:

(notem que o pagamento não está sendo feito mês a mês, apenas está sendo feita a apropriação da despesa mensal referente a 1 mês.)

- $ 140.000,00 dividido por 12 = $ 11.666,67

- D- Despesa com 13º
- C- 13º a pagar $ 11.666,67

15.3.4 Férias e adicional de férias

Mensalmente a empresa deve contabilizar 1/12 do total do salário (bruto + INSS-empregador + FGTS) adicionado a 1/3 desse valor calculado como adicional de férias.

- $ 140.000,00 dividido por 12 = $ 11.666,67
- Mais
- $ 11.666,67 dividido por 3 = $ 3.888,89
- Total $ 15.555,56

A fórmula é:

$$[(Salário + INSS + FGTS \times 1/12] \times (1 + 1/3)$$

- D- Despesa com férias
- C- Férias a pagar $ 15.555,56

15.3.5 Vale-Transporte

É um desconto optativo do funcionário, sendo descontado 6% do seu salário sem adicionais, acrescido pela empresa, se necessário, de valor suficiente para cobrir a despesa com transporte. Supondo que o valor da folha de pagamento seja $ 80.000,00. Sendo o valor de transporte necessários aos funcionários $ 7.000,00, $ 4.800,00 serão descontados dos funcionários e $ 2.200,00 a empresa complementará e registrará como despesa administrativa.

- D- Salários a pagar $ 4.800,00
- D- Despesa com vale-transporte $ 2.200,00
- C- Vale-transporte a pagar $ 7.000,00

15.4 Exercícios Resolvidos – Folha de Pagamento
Exercício 1
(AFRF – ESAF/2003 – adaptado)

Em determinado mês os salários de uma empresa com as horas-extras foram de R$ 20.000,00. Os encargos com a Previdência Social foram calculados em 11% a parte do segurado e em 22% a parcela patronal.
Qual o lançamento a ser efetuado?

Resolução Exercício 1
Previdência (empregado) -> 20.000 x 11% = $ 2.200,00
Previdência (patronal) -> 20.000 x 22% = $ 4.400,00

- D- Despesa com salários
- C- Salários a pagar $ 20.000,00

- D- Salários a pagar
- C- Previdência a recolher (empregado) $ 2.200,00

- D- Despesa com Previdência
- C- Previdência a recolher (patronal) $ 4.400,00

Despesa c/ Salário	Despesa c/ Previdência	Previdência a recolher
20.000,00	4.400,00	2.200,00
		4.400,00
		6.600,00

Salários a pagar	
2.200,00	20.000,00
	17.800,00

Exercício 2
(Analista – SEFAZ-SP-SAF/2009 – adaptado)

A empresa X Ltda., listou os seguintes dados para elaborar sua folha de pagamento referente a determinado mês:

- Salários R$ 9.000,00
- Previdência (patronal) R$ 1.980,00
- Previdência (funcionário) R$ 810,00
- FGTS R$ 720,00
- Salário-família R$ 150,00

Através dos dados e sem considerar parcelas do 13º ou férias proporcionais, podemos afirmar que as despesas de pessoal referente ao mês que a empresa deverá efetivamente desembolsar será:

Resolução Exercício 2

Como o enunciado pede o total a ser desembolsado basta somar:
- Salários R$ 9.000,00
- Previdência (patronal) R$ 1.980,00
- FGTS R$ 720,00
- **Total R$ 11.700,00**

Entretanto, caso a solicitação fosse individualizada seria necessário efetuar os lançamentos conforme abaixo:

Despesa c/ Salário			Despesa c/ Previdência			Despesa c/ FGTS	
(1) 9.000,00		(5)	1.980,00		(6)	720,00	

	Salários a pagar			Sal. família a recuperar			Previdência a recolher	
(3)	810,00	9.000,00 (1)	(2)	150,00	150,00 (4)	(4)	150,00	810,00 (3)
		150,00 (2)						1.980,00 (5)
	810,00	9.150,00		FGTS a recolher			150,00	2.790,00
		8.340,00			720,00 (6)			2.640,00

- Salários R$ 8.340,00
- Previdência a recolher R$ 2.640,00
- FGTS R$ 720,00
- **Total R$ 11.700,00**

Lembrado que o salário-família, mesmo sendo pago pela empresa pode ser recuperável em créditos.

Veja que o total nas 2 situações permanece o mesmo R$ 11.700,00.

16 Depreciação, Amortização, exaustão

São tipos de despesas que não serão imediatamente consumidos, ou seja, terão seus valores reduzidos no decorrer do tempo em função de desgaste, obsolescência, perda de utilidade, ação do tempo, esgotamento, término contratual, término de vigência etc.

16.1 Algumas definições

- Conceito de vida útil

A vida útil do bem pode ser determinada em anos ou horas de trabalho, ou quantidade produzida, em condições normais de uso. Pelas novas práticas contábeis o conceito de vida útil, ao invés de ser o tempo físico de existência do bem (vida em condições normais de uso), passou a ser definido pelo tempo em que a empresa espera se utilizar do bem. Outra forma é através da obsolescência que ocorre em função das rápidas mudanças tecnológicas.

Uma alteração relevante foi introduzida pela lei nº 11.639/2007, consiste na obrigatoriedade de se rever a vida útil estimada utilizada para o cálculo da depreciação dos ativos.

"Art.183

[...] § 3º. [...]

II – revisados e ajustados os critérios utilizados para determinação da vida útil econômica estimada e para cálculo da depreciação, exaustão e amortização".

Assim, a partir de 01/01/2010 passou-se a rever e ajustar os critérios utilizados para determinação da vida útil econômica estimada para cálculo da depreciação, amortização e exaustão.

- Valor Residual

O valor residual é o valor provável da venda do bem ao final de sua vida útil estimada. Isso evita que esse valor residual seja depreciado ou amortizado, já que esse valor é uma provável entrada de caixa no futuro (representa um valor de mercado) e teoricamente, por isso, não deve ser depreciado.

16.2 Depreciação

Ocorre nos bens alocados no imobilizado, quitados ou não, que serão utilizados (consumidos) no decorrer de vários exercícios contábeis em função de sua vida útil. Por exemplo, um veículo adquirido para um vendedor é um gasto necessário para o desenvolvimento de suas atividades e que será usado por longo período até ser substituído. Esse gasto NÃO deverá, portanto, ser lançado como uma despesa contábil de uma única vez, já que será consumido durante vários períodos, e será ativado como um imobilizado. A vida útil é determinada considerando diversos fatores como manutenção adequada, uso adequado, obsolescência e deterioração natural ou não.

Note que são despesas em que não há um desembolso de caixa. Não há saída de recursos da empresa, entretanto, por ser uma despesa diminui seu resultado, gerando uma economia de impostos sobre o lucro. Em tese essa economia gerada em impostos, acrescida as receitas geradas pelo uso desse bem e ainda por sua possível venda contribuirá para que um novo bem novo possa ser adquirido em sua substituição.

16.2.1 Valor Depreciável

A introdução do conceito do valor residual levou a criação de outro conceito, que é o de valor depreciável, que é a diferença entre o valor do bem e o valor residual. Uma vez que o valor residual não será depreciado, ele deverá ser considerado como o valor líquido do bem, após o término da vida útil utilizada.

> **Valor depreciável = valor de aquisição (ou valor ajustado) do bem – valor residual.**

Desta maneira, as taxas de depreciação ou amortização serão aplicadas sempre sobre o valor depreciável.

16.2.2 Critérios de cálculo da depreciação

Há vários critérios que podem ser utilizados, dentre esses citamos alguns:
- Critério de quotas (% taxa) constantes (mais usada e que exemplificaremos)
- Critério das quantidades produzidas
- Critério das horas de trabalho
- Critério da depreciação decrescente

16.2.3 Método de cálculo – quotas ou linear

Vamos considerar como base o critério das quotas constantes. As taxas de depreciação são determinadas em função da vida útil estimada dos bens. Caso, especificamente, tenhamos um bem que devido ao seu uso tenha sua vida útil diferente do que se costumeiramente se utiliza, um laudo técnico de profissional ou empresa especializada é suficiente para adotarmos nova via útil para aquele bem específico.

16.2.4 Cálculo da taxa de depreciação

Tomando como exemplo um veículo, é costume aceitar que tenha uma vida útil de 5 anos, ou seja, o processo de depreciação transformará em despesa o valor depreciável desse veículo num prazo de 5 anos.

Taxa de depreciação = 100% / anos de vida útil

Taxa de depreciação do veículo = 100% / 5 anos = 20% ao ano

16.2.5 Tipos de bens NÃO depreciáveis segundo a Receita Federal

- Bens que não perdem valor (obras de arte, antiguidades)
- Terrenos (a construção pode ser depreciada)
- Imóveis não alugados ou destinados à revenda
- Bens para os quais sejam registradas quotas de exaustão
- Bens cujo tempo de vida útil seja menor que 1 ano
- Bens de valor inferior a R$ 1.200,00 (decreto 9.580/2018) – são lançados direto como despesas

16.2.6 Início e fim da depreciação

O início se dá quando da instalação (posto em serviço ou em produção)

O término ocorre quando o ativo é reclassificado em "mantido para venda", ou na data em que for baixado (o que ocorrer primeiro)

Mas continua sendo depreciado mesmo se estiver ocioso (sem produção)

Taxas de depreciação normalmente aceitáveis		
Imobilizado	Vida Útil	Taxa de depreciação (ao ano)
Terrenos	Indeterminado	Inexistente
Imóveis	25 anos	4%

Instalações	10 anos	10%
Máquinas	10 anos	10%
Móveis e Utensílios	10 anos	10%
Veículos	5 anos	20%

Exemplo 1 – Depreciação sem valor residual

Supondo um veículo adquirido em 01-jan-x1, por $ 30.000, considerando um prazo de depreciação de 5 anos e sem valor residual. Elabore os registros nos razonetes, partidas no diário e situação do bem no BP no encerramento de cada período.

Resolução Exemplo 1

em 31/12/x1

Veículos	Depr. Ac. Veículos	Desp.Depr.Veículos
30.000 |	| 10.000	10.000 |

em 31/12/x2

Veículos	Depr. Ac. Veículos	Desp.Depr.Veículos
30.000 |	| 10.000 | 10.000	10.000 |

em 31/12/x3

Veículos	Depr. Ac. Veículos	Desp.Depr.Veículos
30.000 |	| 10.000 | 10.000 | 10.000	10.000 |

Partida no Diário
Ativo Imobilizado x1 D- Despesa Depreciação - Veículos C- Depreciação Acum. Veículos   10.000
Ativo Imobilizado x2 D- Despesa Depreciação - Veículos C- Depreciação Acum. Veículos   10.000
Ativo Imobilizado x3 D- Despesa Depreciação - Veículos C- Depreciação Acum. Veículos   10.000

BP x1	
Veículos	30.000
(-) Depreciação Acum. Veículos	-10.000
	20.000

BP x2	
Veículos	30.000
(-) Depreciação Acum. Veículos	-20.000
	10.000

BP x3	
Veículos	30.000
(-) Depreciação Acum. Veículos	-30.000
	0,00

Obs.: A cada período, uma parcela de $ 10.000 da depreciação é transferida para despesas com depreciação e acumulada em depreciação acumulada. Essa despesa irá contribuir para a diminuição do resultado do exercício.

O valor histórico do bem é mantido para efeito gerencial em $ 30.000.

No exemplo, como não há valor residual, o valor do bem é depreciado até zerar e a conta depreciação acumulada – veículos chega ao valor histórico do bem $ 30.000.

Cada ativo deve ter suas contas de depreciação acumulada separadas.

Exemplo 2 – Depreciação com valor residual

Supondo um veículo adquirido em 1-1-x1 por $ 600, com valor residual de $ 100 ao final da vida útil considerada de 2 anos. Calcule a taxa de depreciação, o valor depreciável e o valor da depreciação anual.

Resolução Exemplo 2

Taxa de depreciação = 100% / 2 anos = 50,00% ao ano (a.a.)

Valor depreciável = valor do bem – valor residual = $ 600 - $ 100 = $ 500

Valor da depreciação anual = $ 500 x 50,00% = $ 250

Exemplo 3 – Depreciação

Supondo um equipamento que já foi depreciado em 100%, comprado por $ 1.000 (valor histórico) com um valor residual de $ 200, sendo vendido por $ 500 à vista. Faça as partidas no diário na venda.

Resolução Exemplo 3

Na venda serão feitos 2 lançamentos no diário:

1º. Para a entrada da receita no caixa	
D- Caixa	
C- Outras Receitas	$ 500

2º. Para a baixa do equipamento no Ativo Imobilizado	
D- Outras Despesas	$ 200 (pelo valor residual)
D- Depreciação Acumulada–Equipamentos	$ 800 (pelo valor da depreciação acumulada até o mês da baixa)
C- Equipamentos	$ 1.000

Exemplo 4

Suponha que uma empresa possua o seguinte imobilizado ao final de x1:

Imobilizado	Valor histórico $	Depreciação Ac.$	Vlr. a depreciar $
Equipamentos	30.000	9.000	21.000
Veículos	5.000	4.000	1.000

Supondo que a taxa de depreciação dos equipamentos seja 10% a.a. e dos veículos 20% a.a., e ainda que durante x2 foram feitas as seguintes aquisições:
- Um novo equipamento por $ 10.000
- Um novo veículo por $ 7.500

Pede-se calcular:

a) identificar o número de anos já depreciado, base 31-12-x1 para cada imobilizado
b) Elaborar o BP (só imobilizado) em 31-12-x1
c) Fazer o lançamento em T das aquisições de x2 e das depreciações de x2
d) Elaborar o BP (só imobilizado) em 31-12-x2

Resolução Exemplo 4

a)
- Equipamentos => 30.000 x 10% = 3.000 => 9.000 / 3.000 = 3 anos
- Veículos => 5.000 x 20% = 1.000 => 4.000/1000 = 4 anos

b)

BP em 31/12/x1	
Equipamentos	30.000
(-) depreciação acumulada – equipamentos	(9.000)
(=) valor contábil	21.000
Veículos	5.000
(-) depreciação acumulada – veículos	(4.000)
(=) valor contábil	1.000

c)

em 31/12/x2

Equipamentos	Depr. Ac. Equip.	Desp.Depr.Equip.
30.000	9.000	3.000
10.000	4.000	1.000
40.000	13.000	4.000

Veículos	Depr. Ac. Veículos	Desp.Depr.Veículos
5.000	4.000	1.000
7.500	2.500	1.500
12.500	6.500	2.500

Exemplificando o lançamento de Equipamentos, ele serve para veículos:

Já havia equipamentos imobilizados por $ 30.000 e depreciação acumulada – equipamentos em x1 de $ 9.000

Adquiriu-se um novo equipamento x2 por $ 10.000 e o total de equipamentos passou a $ 40.000

Usamos uma taxa de depreciação de equipamentos em 10% ao ano, e como já tínhamos $ 30.000, sua depreciação somou $ 3.000 (somente referente aos equipamentos que já possuíamos), porém, adquirimos mais $ 10.000 o que levou a mais $ 1.000 em depreciação totalizando $ 4.000 que foram alocadas em despesas.

Logo, à depreciação acumulada que já era de $ 9.000, acrescentamos os $ 4.000 referentes a x2 totalizando $ 13.000.

d)

BP em 31/12/x2	
Equipamentos	40.000
(-) depreciação acumulada – equipamentos	(13.000)
(=) valor contábil	27.000
Veículos	12.500
(-) depreciação acumulada – veículos	(6.500)
(=) valor contábil	6.000

16.3 Exercícios Resolvidos – Depreciação

Exercício 1 – Depreciação

(CFC 2020-1)

A diminuição do valor de um bem contabilizado no ativo imobilizado será registrada periodicamente nas contas de depreciação. Dentre as causas que justificam a depreciação, podemos citar, EXCETO:

a) Obsolescência.
b) Ação da natureza.
c) Desgaste pelo uso.
d) Amortização do intangível.

Resolução Exercício 1 – Depreciação

Conforme CPC 27 – Ativo Imobilizado (BRASIL. Pronunciamento técnico CPC 27, 2009)

- *fatores são considerados na determinação da vida útil de um ativo:*

  (a) uso esperado do ativo que é avaliado com base na capacidade ou produção física esperadas do ativo;

  (b) desgaste físico normal esperado, que depende de fatores operacionais tais como o número de turnos durante os quais o ativo será usado, o programa de reparos e manutenção e o cuidado e a manutenção do ativo enquanto estiver ocioso;

  (c) obsolescência técnica ou comercial proveniente de mudanças ou melhorias na produção, CPC_27 13 ou de mudança na demanda do mercado para o produto ou serviço derivado do ativo....

  ....

16.4 Amortização

É a transferência gradual de valor dos direitos registrados no Intangível para o Resultado em parcelas periódicas, normalmente lineares, e serão consideradas despesas contábeis. O direito pode ter vida útil definida ou indefinida não é amortizado, caso contrário, terá sua amortização através da vida útil estimada.

A amortização é semelhante à depreciação do imobilizado pelo critério linear e, assim como no imobilizado, a vida útil deve ser revista anualmente e alterada se necessário, alterando-se também o prazo de amortização. Também o valor do intangível deve ser reavaliado anualmente, valorizando ou desvalorizando ao valor recuperável, se for o caso.

Bens amortizáveis – benfeitorias em bens de terceiros com cláusula de ressarcimento. Esses direitos devem ser classificados no Ativo Imobilizado

16.4.1 Diretos amortizáveis

- Concessões públicas (estradas, telefonias, ferrovias etc.)
- Direitos autorais
- Compra de tecnologia
- Patentes de invenção
- Direito de uso de marcas
- Contratos de exploração de florestas de terceiros

16.4.2 Itens não amortizáveis

- Valores aplicados a direitos que não tenham prazo definido para extinção (exemplo: direito de uso de linha telefônica)
- Ou que não se desvalorizam (exemplo: marcas e patentes)

Exemplo 1

Supondo uma fábrica de software que vai desenvolver um aplicativo que será comercializado na forma de licença de uso. A empresa quer fazer uma previsão de amortização de seus gastos com desenvolvimento supondo que o software levará 2 anos de desenvolvimento e terá uma vida útil de 4 anos sem residual ao final.

Os gastos previstos durante o desenvolvimento são:

Mão-de-obra especializada $ 200.000/ano

Equipamentos e tecnologia aplicada $ 100.000/ano

Outros gastos diretos $ 100.000/ano

Logo, os gastos previstos nessa fase serão de $ 400.000.

Nesse caso, o custo unitário é de $ 400 e prevê-se a venda de 1.000 cópias ao valor de $ 1.200 cada.

Execute para cada período:

a) as partidas no diário

b) os balanços patrimoniais

Resolução
a)
Partida no diário em X1
- D- Investimento em software (ativo intangível)
- C- Caixa e equivalentes de caixa $ 200.000

Partida no diário em X2
- D- Investimento em software (ativo intangível)
- C- Caixa e equivalentes de caixa $ 200.000

Partida no diário em X3
- D- Despesa com amortização
- C- Amortização Acumulada (software) $ 100.000

Partida no diário em X4
- D- Despesa com amortização
- C- Amortização Acumulada (software) $ 100.000

Partida no diário em X5
- D- Despesa com amortização
- C- Amortização Acumulada (software) $ 100.000

Partida no diário em X6
- D- Despesa com amortização
- C- Amortização Acumulada (software) $ 100.000

b)
BP em X1
Ativo Intangível
- Investimento em software $ 200.000

BP em X2
Ativo Intangível
- Investimento em software $ 400.000

BP em X3
Ativo Intangível
- Investimento em software $ 400.000
- (-) amortização acumulada   ($ 100.000)
- (=) valor contábil líquido $ 300.000

BP em X4
Ativo Intangível

- Investimento em software $ 400.000
- (-) amortização acumulada   ($ 200.000)
- (=) valor contábil líquido $ 200.000

BP em X5
Ativo Intangível

- Investimento em software $ 400.000
- (-) amortização acumulada   ($ 300.000)
- (=) valor contábil líquido $ 100.000

BP em X6
Ativo Intangível

- Investimento em software $ 400.000
- (-) amortização acumulada   ($ 400.000)
- (=) valor contábil líquido $ 0

16.5 Exaustão

Todos os conceitos da depreciação são aplicados à exaustão mudando o tipo do bem que nesse caso é algo que vá perdendo sua capacidade ou potencial de exploração comercialmente viável no decorrer do tempo. Por exemplo, a exploração de recursos naturais. Para isso, ao invés de se utilizar o conceito de vida útil estimada, utiliza-se o conceito de potencial de exploração viável do recurso natural imobilizado.

O caso mais comum são os de recursos minerais, o que potencial significa a capacidade de extração do minério de uma mina. A taxa de exaustão da jazida é obtida dividindo-se o montante dispendido para iniciar a exploração e prospecção do minério, pela capacidade de exploração viável da mina estimada em anos. Outro método utilizado é calcular a exaustão com base nas quantidades extraídas em cada período. Assim como na depreciação, não sendo mais viável economicamente a exploração, é dada a baixa do imobilizado.

Os gastos com exaustão deverão ser adicionados aos demais gastos correntes de produção, para obtenção do custo dos recursos naturais extraídos, que serão vendidos. Esses custos serão estocados, como estoques industriais, enquanto não vendidos.

Exemplo – exaustão com base na quantidade extraída

Suponha uma empresa que gastou na prospecção e preparação de exploração de uma jazida de bauxita $ 180.000, que tem um potencial estimado de 3.000 toneladas. A extração aconteceu em 3 anos em quantidades diferentes e o custo médio por tonelada é de $ 100. Registre no diário e BP o lançamento da exaustão

Capítulo 16 – Depreciação, Amortização, Exaustão   221

de cada período. Suponha também que as quantidades exploradas em cada período tenha sido: 600 toneladas em x1, 1.000 em x2 e 1.400 em x3.

Resolução

Período	Quantidade extraída (em toneladas)	Custo médio / tonelada ($)	Valor da exaustão ($)
x1	600	60	36.000
x2	1.000	60	60.000
x3	1.400	60	84.000

Partida no Diário

Ativo Imobilizado x1
D- Despesa Exaustão
C- Exaustão Acumulada   36.000

Ativo Imobilizado x2
D- Despesa Exaustão
C- Exaustão Acumulada   60.000

Ativo Imobilizado x3
D- Despesa Exaustão
C- Exaustão Acumulada   84.000

BP x1
Jazida Mineral   180.000
(-) Exaustão acumulada   -36.000
                               144.000

BP x2
Jazida Mineral   180.000
(-) Exaustão acumulada   -96.000
                                84.000

BP x3
Jazida Mineral   180.000
(-) Exaustão acumulada   -180.000
                                  0,00

17 Demais demonstrações contábeis

Vale aqui uma complementação do assunto conforme a estrutura conceitual básica da contabilidade NBC TG 00 e seu pronunciamento CPC 00 R2:

- Não é objetivo da contabilidade atual e, portanto, de suas demonstrações contábeis (relatórios financeiros), baseada nos pronunciamentos do CPC atender a interesse específicos de um grupo de usuários e sim a maioria dos usuários.
- Conclui-se que as demonstrações contábeis devem atender a todos os de usuários interessados fornecendo informações úteis para que esses possam tomar decisões de:
    ◊ (a) comprar, vender ou manter instrumento de patrimônio e de dívida;
    ◊ (b) conceder ou liquidar empréstimos ou outras formas de crédito; ou
    ◊ (c) exercer direitos de votar ou de outro modo influenciar os atos da administração que
    ◊ afetam o uso dos recursos econômicos da entidade.
- Considerando a geração de fluxo de caixa futuras, as obrigações contra a entidade, e a eficiência da administração e conselho administrativo na gestão da entidade.
    ◊ Podemos resumir
- Um ponto importante considerado pelo CPC é que, em grande parte as demonstrações são baseadas em estimativas, julgamentos e modelos, e não em descrições e retratos exatos. A Estrutura Conceitual estabelece os conceitos que devem amparar tais estimativas, julgamentos e modelos. (CPC 26 R1).

Exemplo:
(Consulplan/Exame CFC/2019.1/Adaptada)

Com base na Resolução CFC nº 1.374/2011 – NBC TG Estrutura Conceitual, as "Demonstrações Contábeis têm por finalidade satisfazer as necessidades comuns da maioria dos seus usuários, uma vez que quase todos eles utilizam essas demonstrações contábeis para a tomada de decisões econômicas". Considerando

o disposto na referida resolução, **NÃO** é uma decisão econômica comum a maior parte dos usuários:
a) Conceder ou liquidar empréstimos ou outras formas de crédito.
b) Exercer direitos de votar ou de outro modo influenciar os atos da administração que afetam o uso dos recursos econômicos da entidade.
c) Decidir quando comprar, manter ou vender instrumentos patrimoniais.
d) *Determinar quais instrumentos de controle gerencial são melhores para mensurar o desempenho organizacional.*

17.1 Características Qualitativas (CPC 00 R2)

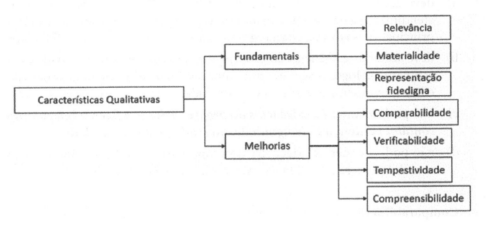

Relevância

Para ser relevante a informação financeira deve fazer diferença na TOMADA DE DECISÃO, sendo capaz de projetar cenários futuros e confirmar situações passadas.

Materialidade

É aquela que caso seja omitida, ou divulgada de maneira inadequada pode influenciar razoavelmente na TOMADA DE DECISÃO dos usuários.

Representação Fidedigna

Deve representar de maneira justa e verdadeira a situação patrimonial e financeira das entidades. Para isso são necessários três atributos
- Seja completa;
- Seja neutra; (sem viés, ou seja, não devem ser tendenciosas na seleção e apresentação)
- Isenta de erros.

Exemplo:

(FBC/Exame de Suficiência/CFC/2017.1 – adaptado)

O proprietário de uma empresa exige de seu contador que ignore os ajustes relacionados às estimativas de perdas econômicas assim como a redução ao valor realizável líquido, redução ao valor recuperável e com créditos de liquidação duvidosa. Segundo ele, tais informações se apresentadas poderiam reduzir o lucro ou aumentar o prejuízo, e por não se tratar de dívidas (pois não geram pagamentos), só interessariam a ele.

Considerando-se a NBC TG ESTRUTURA, é CORRETO afirmar que o Profissional da Contabilidade:

a) deve aceitar as exigências do proprietário, afinal não há risco fiscal no atendimento à necessidade manifestada pelo proprietário, que é o usuário principal; dessa forma, estaria agindo de acordo com a Compreensibilidade.

b) deve acatar as exigências do proprietário, pois os casos mencionados são estimativas, logo, o seu atendimento, não marcado por uma transação efetiva, representa a perda da Objetividade.

c) *não pode atender às exigências do proprietário; se o fizer, a informação contábil perderá a Fidedignidade, marcada pela neutralidade.*

d) não pode atender às exigências do proprietário, se o fizer, a informação contábil perderá a Prudência, inerente à profissão contábil.

Comparabilidade

Possibilitar a comparação com informação similar em outra entidade ou na mesma entidade, relativa a outros períodos.

Verificabilidade

A informação deve ser fiel ao fenômeno econômico a que diz respeito. A verificabilidade pode ser direta – quando explícita ou indireta – através de análises e cálculos.

Tempestividade

A informação deve ser divulgada em tempo hábil para que possa ser útil na TOMADA DE DECISÃO do usuário. A não tempestividade da divulgação pode inutilizar uma informação importante.

Compreensibilidade

As informações devem ser claras e concisas, lembrando que os usuários nem sempre dominam termos e conceitos contábeis. Além disso, devem possuir informações adicionais para facilitar a compreensão.

Restrição do custo sobre relatórios financeiros úteis

Custo x Benefício. O custo para gerar os relatórios financeiros devem ser justificados pelo benefício econômico que esta irá produzir.

Exemplo

(FBC/Exame de Suficiência/CFC/2017.1)

De acordo com a NBC TG ESTRUTURA CONCEITUAL – ESTRUTURA CONCEITUAL PARA ELABORAÇÃO E DIVULGAÇÃO DE RELATÓRIO CONTÁBIL-FINANCEIRO, as Características Qualitativas da informação Contábil-Financeira Útil se dividem em Qualitativas Fundamentais e Qualitativas de Melhoria.

Considerando-se o exposto, é CORRETO afirmar que:

a) a Comparabilidade, a Compreensibilidade, a Tempestividade e a Verificabilidade representam Características Qualitativas Fundamentais da Informação Contábil-Financeira útil.

b) a Comparabilidade, a Compreensibilidade, a Materialidade, a Relevância, a Representação Fidedigna, a Tempestividade e a Verificabilidade representam Características Qualitativas de Melhoria da informação contábil.

c) a Materialidade, a Relevância e a Representação Fidedigna representam Características Qualitativas de Melhoria da informação contábil.

d) *a Relevância e a Representação Fidedigna representam Características Qualitativas Fundamentais da Informação Contábil-Financeira útil.*

17.2 DRA – Demonstração de Resultados Abrangentes

A CPC 26 R1 além de especificar a maneira de calcular e apresentar a DRE, apresenta a DRA – Demonstração do Resultado Abrangente do Período.

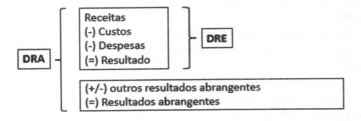

O objetivo da DRA é abordar os pontos que não são reconhecidos na DRE. Isso porque a DRA é, em resumo, a soma do resultado líquido constante na DRE com os outros resultados abrangentes.

O resultado abrangente pode ser entendido como aquele resultante de mutações no PL, que não ocorram em função de capitalização ou descapitalização dos sócios e acionistas, bem como distribuição de lucros e que englobe o resultado normal do exercício (DRE) e o resultado de ganhos e perdas ainda não reconhecidos no resultado do exercício, em razão do regime de competência, e que se encontram no PL. Portanto, os resultados abrangentes são acumulados no PL.

Anteriormente só eram evidenciados na DMPL e de acordo com a NBC TG 06 (R1) CPC 26, Deliberação CVM 645/10, a demonstração do resultado abrangente é obrigatória, mesmo não sendo prevista na lei nº 6.404/1976.

17.2.1 Alguns exemplos de resultados abrangentes como respectivos CPCs

- Mudanças por reavaliação de ativos (CPC 27 – Ativo Imobilizado e CPC 04 – Ativo Intangível)
- Ganhos ou perdas atuarias (CPC 33 – item 93 A)
- Ganhos ou perdas em decorrência de conversão das demonstrações contábeis em moeda estrangeira (CPC 02 – Efeitos das mudanças da taxa de câmbio e Conversão de Demonstrações Contábeis)
- Ganhos e perdas na avaliação de ativos disponíveis para venda. (CPC 48 – instrumentos financeiros – item 4.1.2 A)

17.2.2 Modelo simplificado da DRA

Empresa X S/A DRA (período)	
RESULTADO LÍQUIDO DO EXERCÍCIO	2.000
(+) GANHOS	
Conversão em moeda estrangeira	100
Ajustes de valor de instrumentos financeiros colocados a venda	300
(-) PERDAS	
Conversão em moeda estrangeira	50
Ajustes de valor de instrumentos financeiros colocados a venda	-
(=) RESULTADO ABRANGENTE	2.350

17.3 DMPL – Demonstração das Mutações do Patrimônio Líquido

Tem por objetivo evidenciar as variações ocorridas no PL.

Conforme CPC 26 R1 deve incluir:

"106-

[...]

(a) o resultado abrangente apresentando separadamente o montante total atribuível aos proprietários da entidade controladora e o montante correspondente a participação dos não controladores;

(b) para cada componente do PL, os efeitos os efeitos da aplicação retrospectiva reconhecidos de acordo com o CPC 23 – Políticas Contábeis, mudanças de estimativa e retificação de erro...

(c) para cada componente do PL, a conciliação do saldo no início e no final do período, demonstrando separadamente (no mínimo) as mutações decorrentes:

i. Do resultado líquido

ii. De cada item dos outros resultados abrangentes; e

iii. De transações com os proprietários realizadas na condição de proprietário, mostrando separadamente suas integralizações e as distribuições realizadas, bem como modificações nas participações em controladas que não implicaram na perda de controle (CPC 26 (R1) item 106)

Outros detalhes referentes a DMPL podem ser encontrados nos itens 106 a 110 da CPC 26 R1

As variações do PL evidenciadas pela DMPL são:

a) **Quanto ao total do PL**
- **a1. Operações que modificam o PL**
    ◊ Aumento de capital com integralização de bens ou dinheiro;
    ◊ Entrada de novas reservas de capital – ágio etc.
    ◊ Distribuição de lucros para os sócios – dividendos ou retiradas;
    ◊ Ajustes de exercícios anteriores.
- **a2. Operações que não afetam o total do PL**
    ◊ Transferência das contas de reservas para a conta capital;
    ◊ Transferência da conta lucros acumulados para a conta capital;
    ◊ Transferência da conta lucros acumulados para as contas de reservas de lucros;
    ◊ Reversões de reservas de lucros para a conta lucros acumulados.

b) **Quanto a capacidade operacional da empresa**
- b1. **Variações que aumentam a capacidade operacional**
    ◊ Aumento de capital com integralização de bens ou dinheiro;
    ◊ Aumento das contas de reservas de capital;
    ◊ Incorporação do lucro líquido do exercício.
- b2. **Variações que reduzem a capacidade operacional**
    ◊ Destinação de lucros para remuneração dos sócios;
    ◊ Redução do capital social;
    ◊ Incorporação do prejuízo líquido do exercício.
- b3. **Variações que não afetam a capacidade operacional**
    ◊ Transferência entre contas do próprio grupo;
    ◊ Ajustes de exercícios anteriores.

17.3.1 Modelo simplificado da DMPL

Movimentações	Capital Social			Reservas de Capital			Ajustes de Avaliação Patrimonial	Reservas de Lucros				Prejuízos Acumulados	Total
	Subscrito	Realizado	Ações em tesouraria	Ágio na emissão de ações	Produto da alienação das partes beneficiárias e bônus de subscrição			Legal	Estatutária	Orçamentária	Lucros Realizados		

SALDO EM 31/12/X1
(+/-) Ajustes de exercícios anteriores
(-) efeitos de mudanças de critério
(-) retificação de erros de exercícios anteriores
Aumento de Capital:
Com lucros e reservas
Por subscrição realizada
Reversões de Reservas
De Contingência
De lucros a realizar
LUCRO LÍQUIDO DO EXERCÍCIO
Proposta da Administração para destinação de Lucros
Reserva Legal
Reserva Estatutária
Reserva Orçamentária

Reservas para Contingência
Reservas para Lucros a Realizar
Dividendos
SALDO EM 31/12/X2

17.4 DLPA – Demonstração de Lucros e Prejuízos Acumulados

A DLPA – Demonstração de Lucros e Prejuízos acumulados não é obrigatória nas sociedades por ações (lei nº 6.404/1976) já que essas são obrigadas a emitir a DMPL que é mais completa e possui todo conteúdo de uma DLPA. Por isso, não detalhamos a DLPA.

17.5 Exercícios Resolvidos – DMPL

Exercício 1 – DMPL

(TRE-PI – FCC/2009)

De acordo cm a regulamentação vigente, as empresas são obrigadas a encerrarem as contas de resultados pelo menos uma vez por ano. Ao realizarem esta operação, as empresas apuram o resultado do período, lucro ou prejuízo, que deve ser transferido para:

a) O passivo, se for lucro

b) O ativo, se for prejuízo

c) O PL, se for lucro ou prejuízo (correta)

d) A DRE se for lucro

e) O capital social se for lucro ou prejuízo

Resolução Exercício 1 – DMPL

Alternativa C é a única viável

17.6 DFC – Demonstração do Fluxo de Caixa

Tem por objetivo:
- Avaliar a futura geração de caixa para pagamento de obrigações, despesas correntes e de lucros e dividendos aos sócios.
- Identificar futuras necessidades de financiamento.
- Compreender as diferenças entre o resultado e o fluxo de caixa líquido das atividades operacionais.

- Evidenciar o efeito das atividades de financiamento e investimento sobre a posição financeira.

Os fluxos são segregados em 3 atividades:
- Atividades operacionais
- Atividades de investimento
- Atividades de financiamento.

17.6.1 Atividades Operacionais

São as entradas e saídas de caixa diretamente relacionadas às operações principais e acessórias da empresa, como, por exemplo:
- Os recebimentos de vendas/prestação de serviços
- Os pagamentos de compras/fornecedores de serviços
- Os pagamentos de despesas (salários/aluguéis etc.)
- Os recebimentos de outras receitas (aluguéis, juros, *royalties* etc.)

A DRE é a fonte principal para a montagem do fluxo de atividades desse demonstrativo.

17.6.2 Atividades de Investimentos

As entradas e saídas de caixa provenientes de:
- Aquisição (-) ou venda (+) de ativo financeiros
- Aquisição (-) ou venda (+) de participações permanentes em outras sociedades
- Aquisição (-) ou venda (+) de bens de uso

O Ativo do BP é a fonte principal para montagem do fluxo de investimentos desse demonstrativo.

ATIVO	(+)	Saída
	(-)	Entrada

Todo aumento do Ativo (p. ex. investimento) provoca uma saída de Caixa.

Toda diminuição do Ativo (p. ex. venda) provoca uma entrada no Caixa.

17.6.3 Atividades de Financiamentos

- São as captações de recursos próprios ou de terceiros, bem como sua amortização e remuneração (juros):
- As entradas (+) ou pagamento (-) de empréstimos

Capítulo 17 – Demais Demonstrações Contábeis   231

- Os aumentos do capital social em dinheiro
- As entradas de reservas de capital
- Os pagamentos de juros e outros encargos sobre financiamentos
- Os pagamentos de juros e dividendos relacionados ao capital próprio

PASSIVO	(+)	Entrada
	(−)	Saída

- Todo aumento do Passivo (p. ex. novo financiamento) provoca uma entrada de Caixa.
- Toda diminuição do Passivo (p. ex. pagamento de um financiamento) provoca uma saída no Caixa.

17.6.4 Método Direto

Está baseado no regime de caixa, ou seja, procura apresentar todos os pagamentos e recebimentos ocorridos no período considerado, independentemente deles se referirem a operações apropriáveis ao resultado de períodos anteriores ou posteriores. Ou seja, opera sob o regime de caixa e não sob o regime de competência.

Para sua utilização no Brasil, se faz necessária a realização de uma conciliação com o lucro contábil, devendo apresentar separadamente, por categoria, os principais itens a serem conciliados.

Exemplo

ATIVO	x3	x2
Caixa	7.000	5.000
Clientes	18.000	16.000
Mercadorias	21.000	14.000
Título a receber	5.000	5.000
Terrenos	13.000	10.000
Total do Ativo	**64.000**	**50.000**

PASSIVO	x3	x2
Fornecedores	22.000	11.000
Empréstimos	5.000	12.000
PL		
Capital	20.000	20.000
Reservas	6.000	6.000
Lucros Ac	11.000	1.000
Total do Passivo + PL	**64.000**	**50.000**

DRE	x3
Vendas	130.000
(−) CMV	− 85.000
Lucro Bruto	45.000
Despesas Administrativas	25.000
Despesas com vendas	10.000
Lucro Líquido	**10.000**

Efeitos sobre o Caixa	x3	x2	Aumento/Diminuição
Fornecedores	22.000	11.000	11.000
Clientes	18.000	16.000	− 2.000
Mercadorias	21.000	14.000	− 7.000

DFC Método Direto	x3
Atividades Operacionais	12.000
Lucro Líquido	10.000
(+) Aumento de Fornecedores	11.000
(−) Aumento de Clientes	2.000
(−) Aumento de Mercadorias	7.000
Atividades de Investimentos	
(−) Compra de Terreno	3.000
Atividades de Financiamento	
(−) Pagamento de Empréstimos	7.000
Caixa Gerado	2.000
Caixa Inicial	5.000
Caixa Final	7.000

17.6.5 Método Indireto

Realiza-se uma conciliação do resultado líquido, por meio de adições e subtrações, para se chegar ao caixa líquido resultante das operações. Ou seja, se parte do resultado final.

Na apuração do movimento de caixa originário das operações (fluxo das operações), deve-se levar também em consideração os acréscimos e decréscimos nos ativos e passivos circulantes operacionais.

Em função disso é também chamado de método da reconciliação.

ATIVO	x3	x2	PASSIVO	x3	x2
Caixa	7.000	5.000	Fornecedores	22.000	11.000
Clientes	18.000	16.000	Empréstimos	5.000	12.000
Mercadorias	21.000	14.000	PL		
Título a receber	5.000	5.000	Capital	20.000	20.000
Terrenos	13.000	10.000	Reservas	6.000	6.000
			Lucros Ac	11.000	1.000
Total do Ativo	64.000	50.000	Total do Passivo + PL	64.000	50.000

DRE	x3
Vendas	130.000
(-) CMV	- 85.000
Lucro Bruto	45.000
Despesas Administrativas	25.000
Despesas com vendas	10.000
Lucro Líquido	10.000

Recebimento de Vendas	
Saldo de Clientes em x2 (BP)	16.000
(+) Vendas em x3	130.000
(-) Saldo de clientes em x3	18.000
(=) recebimento em caixa	128.000

Compras	
Saldo inicial de mercadorias	14.000
(-) saldo final de mercadorias	- 21.000
(-) CMV	- 85.000
(=) compras (à vista e a prazo)	- 92.000

Pagamento de Fornecedores	
Saldo inicial de Fornecedores	11.000
(+) Compras	92.000
(-) saldo final fornecedores	- 22.000
(=) pagamento via caixa	81.000

DFC Método Direto	x3
Atividades Operacionais	
(+)Recebimento de Vendas	128.000
(-)Pagamento de Fornecedores	- 81.000
(-)Pagamento de despesas	- 35.000
Atividades de Investimento	
(-) Compra de Terreno	3.000
Atividades de Financiamento	
(-) Pagamento de Empréstimos	7.000
Caixa Gerado	2.000
Caixa Inicial	5.000
Caixa Final	7.000

17.6.6 Diferenças Direto x Indireto

A diferença básica está no processo de cálculo do fluxo de caixa operacional. Embora o resultado líquido final seja igual, o caminho percorrido em cada um dos métodos é completamente diferente.

As atividades de investimentos e financiamentos, além do resumo final são exatamente iguais entre os dois métodos.

17.7 Exercícios Resolvidos – DFC

Exercício 1 – DFC

(SFE – CESGRANRIO/2009)

O Art. 188 da lei nº 6.404/1976, com redação da lei nº 11.638/07 determina no inc. I: *"... as alterações ocorridas, durante o exercício, no saldo de caixa e equivalentes de caixa, segregando-se essas alterações em, no mínimo 3 fluxos"*

Os fluxos a que se refere a legislação são:

Resolução Exercício 1
Operações, Financiamentos, Investimentos

Exercício 2 – DFC
(SEFIN-RO – FCC/2010)

Na DFC, são itens classificados como fluxo de caixa das atividades de financiamento:

a) Os pagamentos de caixa para resgatar ações da entidade e para reduzir o passivo relativo a arrendamento mercantil financeiro

b) O caixa recebido proveniente da emissão de debêntures e os pagamentos para aquisição de ações ou instrumentos da dívida de outras entidades

c) Os pagamentos de caixa para aquisição de ativo intangível e o pagamento de dividendos

d) Os pagamentos de caixa a fornecedores de mercadorias e serviços e o caixa recebido pela emissão de instrumentos patrimoniais

e) Os recebimentos de caixa decorrentes de royalties, honorários, comissões e outras receitas e a amortização de empréstimos e financiamentos

Resolução Exercício 2

Para resolver esse exercício temos que recorrer ao CPC 09 R2 item 18 que diz o seguinte:

"Exemplos de FC decorrentes de atividades de financiamento

[...]

A. numerário recebido pela emissão de ações ou outros instrumentos de capital

B. pagamentos em caixa a investidores para adquirir ou resgatar ações da entidade

C. numerário recebido proveniente da emissão de debêntures, empréstimos, títulos e valores, hipotecas e outros empréstimos a curto e longo prazos

D. amortização de empréstimos a pagar

E. pagamentos em caixa por um arrendatário, pela redução do passivo relativo a um arrendamento mercantil"

Analisando cada uma das alternativas:

a) **Correta**, pois ambas as afirmativas atendem o CPC 09 item 18

Os pagamentos de caixa para resgatar ações da entidade (B) e para reduzir o passivo relativo a arrendamento mercantil financeiro (E)

b) **Errada**, pois a segunda afirmativa se trata de um investimento.

O caixa recebido proveniente da emissão de debêntures (A) e os pagamentos para aquisição de ações ou instrumentos da dívida de outras entidades *(investimento)*

c) **Errada**, pois a primeira afirmativa se trata de um investimento.

Os pagamentos de caixa para aquisição de ativo intangível *(investimento) e o pagamento de dividendos (B)*

d) **Errada**, pois a primeira afirmativa se trata de uma atividade *operacional*.

Os pagamentos de caixa a fornecedores de mercadorias e serviços (operacional) e o caixa recebido pela emissão de instrumentos patrimoniais (A)

e) **Errada**, pois a primeira afirmativa se trata de uma atividade operacional.

Os recebimentos de caixa decorrentes de royalties, honorários, comissões e outras receitas *(operacional) e a amortização de empréstimos e financiamentos (D)*

Exercício 3 – DFC
(Casa da moeda – CESGRANRIO/2009)

A DFC pelo método indireto também é conhecida como o método do(a):

a) Fluxo de operações

b) Ajuste a valor presente

c) Equivalente de caixa

d) Reconciliação (correta)

e) Caixa virtual

Resolução Exercício 3

Este método é chamado de método da reconciliação, pois é elaborado a partir de um ajuste no lucro e de uma análise da variação de todas as contas do circulante (ativo e passivo)

Exercício 4 – DFC
(CFC – 2020-1)

Uma sociedade empresária após conciliação das contas constantes de seu Balanço Patrimonial e da Demonstração do Resultado do Exercício, relativas ao exercício social de 2017, apurou as seguintes informações necessárias à elaboração da DFC – Demonstração dos Fluxos de Caixa do mesmo exercício social, conforme a seguir:

Aumento de Capital Social (em moeda corrente)	15.000,00
Aumento de Clientes	(18.000,00)
Venda do Imobilizado	23.000,00
Aumento de Estoques	(45.000,00)
Aumento de Duplicatas descontadas	12.000,00
Empréstimo de curto prazo	34.000,00
Depreciação	8.000,00
Aquisição de Imobilizado	(42.500,00)
Aumento de Fornecedores	32.800,00
Redução de salários a pagar	(13.400,00)
Lucro Líquido do Exercício	22.300,00

Considerando apenas as informações apresentadas anteriormente, após a elaboração da DFC – Demonstração dos Fluxos de Caixa, é correto afirmar que as atividades de:

a) Financiamento e Operacionais geraram caixa.

b) Financiamento e Investimento geraram caixa.

c) Financiamento e Investimento consumiram caixa.

d) *Investimento e Operacionais consumiram caixa.*

Resolução Exercício 5 – DFC

Os valores já vieram ajustados/interpretados. Note que não se trata de uma DRE e que os valores já se encontram indicados para adição ou subtração. Então, só temos que separar os grupos (Operacional, Investimento e Financiamento).

Aumento de Capital Social (em moeda corrente)	Financiamento	15.000,00
Aumento de Clientes	Operacional	(18.000,00)
Venda do Imobilizado	Investimento	23.000,00
Aumento de Estoques	Operacional	(45.000,00)
Aumento de Duplicatas descontadas	Operacional	12.000,00
Empréstimo de curto prazo	Financiamento	34.000,00
Depreciação	**Ajuste do Lucro**	8.000,00
Aquisição de Imobilizado	Investimento	(42.500,00)
Aumento de Fornecedores	Operacional	32.800,00
Redução de salários a pagar	Operacional	(13.400,00)
Lucro Líquido do Exercício		22.300,00

Atividades Operacionais	
1- Lucro Líquido Ajustado	22.300,00
Lucro Líquido do Exercício	8.000,00
Depreciação	
2- Variação dos AC operacionais	(18.000,00)
Aumento de Clientes	(45.000,00)
Aumento de Estoques	
3- Variação dos PC operacionais	12.000,00
Aumento das duplicatas descontadas	32.800,00
Aumento dos fornecedores	(13.400,00)
Redução dos salários a pagar	**(1.300,00)**

Atividades Investimentos	
Venda do Imobilizado	23.000,00
Aquisição do Imobilizado	(42.500,00)
	(19.500,00)
Atividades Financiamentos	
Aumento do Capital Social	15.000,00
Empréstimos de curto prazo	34.000,00
	49.000,00

Como as atividades operacionais e de investimentos resultaram em valores negativos, isso significa que consumiram Caixa, ao contrário das atividades de financiamentos que contribuiu com o Caixa.

17.8 DVA – Demonstração de Valores Adicionados

O objetivo do CPC 09 é estabelecer critérios para elaboração e apresentação da DVA, a qual representa um dos elementos componentes do Balanço Social e tem por finalidade evidenciar a riqueza criada pela entidade e sua distribuição, durante determinado período.

A distribuição da riqueza criada deve ser detalhada, minimamente, da seguinte forma:

(a) pessoal e encargos;

(b) impostos, taxas e contribuições;

(c) juros e aluguéis;

(d) juros sobre o capital próprio (JCP) e dividendos;

(e) lucros retidos/prejuízos do exercício.

Modelo I – aplicável as empresas em geral

Modelo II e III – atividades de intermediação e seguros

17.8.1 Modelo I simplificado da DVA

DVA
1.Receitas
2.Insumos adquiridos de terceiros
3.Valor Adicionado Bruto (1-2)
4.Depreciação/Amortização/Exaustão
5.Vaçor Adicionado Líquido (3-4)
6.Valor Adicionado Recebido em transferência
7.Valor Adicionado a Distribuir (5-6)
8.Distribuição do Valor Adicionado
8.1 Pessoal e Encargos
8.2 Impostos/Taxas/Contribuições
8.3 Remuneração do Capital de terceiros
8.4 Remuneração do Capital Próprio
8.5 Lucros Retidos/Prejuízo do Exercício

1. **Receitas**
   - Valor Bruto das Vendas (origem DRE)
   - Com IPI se indústria
   - Outras receitas (também com tributos)
   - PCLD (pode entrar somando na constituição ou subtraindo na reversão)

2. **Insumos adquiridos de terceiros**
   - CPV, CMV, CSP (com tributos), portanto, não é possível buscar direto da DRE.
   - CPV (MP, MO, CIF) – normalmente somente a MP é adquirida de terceiros. Eventualmente algum CIF.
   - Demais materiais, energia, serviços de terceiros (com respectivos tributos)
   - Perda / Recuperação de ativos (pode entrar somando na recuperação ou subtraindo na perda)
   - **Exemplo:**
   - CMV apurado na DRE = R$ 100.000,00 (valor líquido)
   - Supondo que todos comprados com ICMS de 12%
   - Na DVA aparecerá acrescido dos 12% ou R$ 112.000,00 (Valor Bruto)

4. **Depreciação/Amortização/Exaustão**
   - Origem DRE

6. **Valor Adicionado recebido em transferência**

- Origem DRE
- Resultado da equivalência patrimonial (+-)
- Receitas financeiras
- Outras receitas (dividendos, aluguéis)

17.8.2 Exemplo da DVA (método tradicional conforme lei n° 6.404/1976)

DRE	x3
Receita Bruta sobre Vendas	100.000
(-) ICMS sobre Vendas	- 17.000
(=) Receita Líquida de Vendas	83.000
(-) CMV	- 25.000
Lucro Bruto	58.000
(-) Despesas Operacionais com Pessoal	- 11.000
	- 8.000
Depreciação	- 3.000
(=) Lucro antes do financeiro	47.000
(-) Despesas Financeiras	- 5.000
(+) Receitas Financeiras	1.000
(=) Lucro antes dos tributos	43.000
(-) Tributos sobre os lucros	- 9.000
(=) Lucro Líquido do exercício	34.000

DVA	x3
1.Receitas	100.000
2.Insumos adquiridos de terceiros	- 25.000
3.Valor Adicionado Bruto (1-2)	75.000
4.Depreciação/Amortização/Exaustão	- 3.000
5.Valor Adicionado Líquido (3-4)	72.000
6.Vlr.Adc.Recebido em transferência	1.000
7.Valor Adicionado a Distribuir (5-6)	73.000
8.Distribuição do Valor Adicionado	
8.1 Pessoal e Encargos	8.000
8.2 Impostos/taxas/contribuições	26.000
8.3 Remuneração do capital de 3os.	5.000
8.4 Remuneração do capital próprio	-
8.5 Lucros retidos/Prejuízo do exercício	34.000
Total do valor adicionado distribuído	73.000

17.8.3 Exemplo da DVA conforme CPC 09

DRE	x3
Receita Bruta sobre Vendas	100.000
(-) ICMS sobre Vendas	- 17.000
(=) Receita Líquida de Vendas	83.000
(-) CMV	- 25.000
Lucro Bruto	58.000
(-) Despesas Operacionais com Pessoal	- 11.000
	- 8.000
Depreciação	- 3.000
(=) Lucro antes do financeiro	47.000
(-) Despesas Financeiras	- 5.000
(+) Receitas Financeiras	1.000
(=) Lucro antes dos tributos	43.000
(-) Tributos sobre os lucros	- 9.000
(=) Lucro Líquido do exercício	34.000

CMV	25.000
CMV com ICMS	28.000
Diferença	- 3.000
ICMS sobre Vendas	17.000
Total	14.000
alíquota ICMS	12,00%

DVA	x3
1.Receitas	100.000
2.Insumos adquiridos de terceiros	- 28.000
3.Valor Adicionado Bruto (1-2)	72.000
4.Depreciação/Amortização/Exaustão	- 3.000
5.Valor Adicionado Líquido (3-4)	69.000
6.Vlr.Adc.Recebido em transferência	1.000
7.Valor Adicionado a Distribuir (5-6)	70.000
8.Distribuição do Valor Adicionado	
8.1 Pessoal e Encargos	8.000
8.2 Impostos/taxas/contribuições	23.000
8.3 Remuneração do capital de 3os.	5.000
8.4 Remuneração do capital próprio	-
8.5 Lucros retidos/Prejuízo do exercício	34.000
Total do valor adicionado distribuído	70.000

17.9 Exercício Resolvido – DVA
Exercício 1 – DVA
(CNAI/2008)

A DVA de que trata a lei n° 11.638/2007 e a resolução n° 1.010/2005:

a) Substitui a DOAR a partir de 01/01/2009

b) É de divulgação obrigatória para todas as sociedades anônimas

c) Apresenta valores/informações que não são necessariamente extraídas da contabilidade

d) Se destina a evidenciar a riqueza gerada pela entidade em determinado período e sua distribuição

Resolução Exercício 1 – DVA

a) Substitui a DOAR a partir de 01/01/2009 *(errada) a lei 6.404/76 alterada pela lei 11.638/2007 no art. 188, substitui a DOAR pela DFC e DVA... Não apenas pela DVA*

b) É de divulgação obrigatória para todas as sociedades anônimas *(errada) é obrigatória apenas para S/A de capital aberto*

c) Apresenta valores/informações que não são necessariamente extraídas da contabilidade *(errada) é construída exclusivamente com informações da contabilidade, sobretudo a partir da DRE*

d) **Destina-se a evidenciar a riqueza gerada pela entidade em determinado período e sua distribuição** *(lei 6.404/76, Art. 188, inc. II)*

Exercício 2 – DVA

(CFC 2020-1)

A sociedade empresária apresentou, em 31/12/2016, a seguinte DRE – Demonstração do Resultado do Exercício:

DRE	x3
Receita Bruta sobre Vendas	328.000
(-) ICMS sobre Vendas	- 59.040
(=) Receita Líquida de Vendas	268.960
(-) CMV	- 146.600
Lucro Bruto	122.360
(-) Despesas Operacionais	- 34.200
Salários e encargos	- 12.200
Depreciação	- 8.000
Aluguéis	- 14.000
(=) Lucro antes do financeiro	88.160
(-) Despesas Financeiras	- 6.400
(+) Receitas Financeiras	16.500
(=) Lucro antes dos tributos	98.260
(-) Tributos sobre os lucros	- 24.500
(=) Lucro Líquido do exercício	73.760

Considerando apenas as informações da DRE é correto que o valor adicionado a distribuir é:
a) R$ 183.500,00
b) R$ 173.400,00
c) R$ 189.900,00
d) R$ 130.860,00

Resolução Exercício 2 – DVA

DRE	x3
Receita Bruta sobre Vendas	328.000
(-) ICMS sobre Vendas	- 59.040
(=) Receita Líquida de Vendas	268.960
(-) CMV	- 146.600
Lucro Bruto	122.360
(-) Despesas Operacionais	- 34.200
Salários e encargos	- 12.200
Depreciação	- 8.000
Aluguéis	- 14.000
(=) Lucro antes do financeiro	88.160
(-) Despesas Financeiras	- 6.400
(+) Receitas Financeiras	16.500
(=) Lucro antes dos tributos	98.260
(-) Tributos sobre os lucros	- 24.500
(=) Lucro Líquido do exercício	73.760

DVA	x3
1.Receitas	328.000
2.Insumos adquiridos de terceiros	- 146.600
3.Valor Adicionado Bruto (1-2)	181.400
4.Depreciação/Amortização/Exaustão	- 8.000
5.Valor Adicionado Líquido (3-4)	173.400
6.Vlr.Adc.Recebido em transferência	16.500
7.Valor Adicionado a Distribuir (5-6)	189.900
8.Distribuição do Valor Adicionado	
8.1 Pessoal e Encargos	12.200
8.2 Impostos/taxas/contribuições	83.540
8.3 Remuneração do capital de 3os.	6.400
8.4 Remuneração do capital próprio	14.000
8.5 Lucros retidos/Prejuízo do exercício	73.760
Total do valor adicionado distribuído	189.900

A distribuição não era solicitada no enunciado, mas coloquei para que entendam a distribuição.

17.10 Notas explicativas

Conforme lei nº 6.404/1976 art. 176 temos:

"[...]

§ 5º As notas explicativas devem: (Redação dada pela Lei nº 11.941, de 2009)

I – apresentar informações sobre a base de preparação das demonstrações financeiras e das práticas contábeis específicas selecionadas e aplicadas para negócios e eventos significativos;

II – divulgar as informações exigidas pelas práticas contábeis adotadas no Brasil que não estejam apresentadas em nenhuma outra parte das demonstrações financeiras;

III – fornecer informações adicionais não indicadas nas próprias demonstrações financeiras e consideradas necessárias para uma apresentação adequada; e;

IV – indicar:

a) os principais critérios de avaliação dos elementos patrimoniais, especialmente estoques, dos cálculos de depreciação, amortização e exaustão, de constituição de provisões para encargos ou riscos, e dos ajustes para atender a perdas prováveis na realização de elementos do ativo;

b) os investimentos em outras sociedades, quando relevantes (art. 247, parágrafo único);

c) o aumento de valor de elementos do ativo resultante de novas avaliações (art. 182, § 3º);

d) os ônus reais constituídos sobre elementos do ativo, as garantias prestadas a terceiros e outras responsabilidades eventuais ou contingentes;

e) a taxa de juros, as datas de vencimento e as garantias das obrigações a longo prazo;

f) o número, espécies e classes das ações do capital social;

g) as opções de compra de ações outorgadas e exercidas no exercício;

h) os ajustes de exercícios anteriores (art. 186, § 1º); e

i) os eventos subsequentes à data de encerramento do exercício que tenham, ou possam vir a ter, efeito relevante sobre a situação financeira e os resultados futuros da companhia.

[...]"

As notas explicativas complementam, detalham e explicam as informações divulgadas através das demonstrações contábeis. É fundamental para que os usuários possam entender como determinados valores foram calculados, possibilitando a elaboração de indicadores financeiros-contábeis ou mesmo comparar com mais realismos com informações contábeis de outras empresas. Além disso, deve apresentar informações importantes que não estejam explicitadas nas demonstrações, mas que tenham relevância tanto positiva quanto negativa na saúde da empresa.

As notas explicativas é o demonstrativo de maior volume publicado e em muitos casos é o primeiro a ser analisado na elaboração de indicadores e pesquisa de futuros investidores e credores. É de fundamental importância, mas nem sempre estudado em detalhes nas disciplinas dos cursos de contabilidade.

18 Contabilidade Ambiental

A inclusão desse tópico deve-se ao crescimento da importância de assuntos relativos ao Meio Ambiente e a atenção com que grande parte da sociedade e dos governos passaram a tratá-lo, além da globalização dos negócios e da internacionalização dos padrões de qualidade ambiental (ISO 14.000).

Assim, muitas empresas, há alguns anos, começaram a se preocupar em ter uma operação mais sustentável, preservando (ou degradando minimamente) o meio ambiente. Muitas dessas notaram que além de mitigar problemas legais com leis ambientais, preservar a natureza agregaria um bom valor a seus produtos. As empresas passaram a ver essa questão do meio ambiente não só como uma obrigação, mas também pelas possibilidades de ganhos econômicos e estratégicos.

Hoje reconhecemos muitas marcas no mercado brasileiro que tem a sua imagem ligada a operações sustentáveis e preservação da natureza.[32] Por exemplo, a Natura, com movimentos como "Amazônia Viva" ou "Mais beleza, menos lixo".

Por outro lado, as empresas precisam de ferramentas para gerenciar e divulgar suas ações específicas ao assunto. Surgiu assim aos poucos, até se tornar um "ramo" da contabilidade, a chamada contabilidade ambiental.

Na verdade, não é uma contabilidade separada da financeira, mas um complemento com dados tanto qualitativos quanto quantitativos agregados ou complementando a contabilidade financeira tradicional.

A contabilidade ambiental emerge como ferramenta para uma gestão sustentável, fornecendo informações que demonstrem soluções para equacionar danos ambientais.

---

[32] "Questão ambiental tem se tornado muito importante no setor frigorífico". BM&CNews. Sophia Bernardes. Disponível em: < https://www.bmcnews.com.br/2022/01/04/questao-ambiental-tem-se-tornado-muito-importante-no-setor-frigorifico-diz-analista/>. Acessado em: 07/jan/2022.

18.1 Princípios ambientais previstos na legislação brasileira

Em 1981 foi sancionada a lei nº 6.938 que dispõe sobre a Política Nacional do Meio Ambiente (PNMA), seus fins e mecanismos de formulação e aplicação que em seu art. 2º "DA POLÍTICA NACIONAL DO MEIO AMBIENTE", diz:

> "Art. 2º A Política Nacional do Meio Ambiente tem por objetivo a preservação, melhoria e recuperação da qualidade ambiental propícia à vida, visando assegurar, no País, condições ao desenvolvimento socioeconômico, aos interesses da segurança nacional e à proteção da dignidade da vida humana, atendidos os seguintes princípios:
>
> I - ação governamental na manutenção do equilíbrio ecológico, considerando o meio ambiente como um patrimônio público a ser necessariamente assegurado e protegido, tendo em vista o uso coletivo;
>
> II - racionalização do uso do solo, do subsolo, da água e do ar;
>
> III - planejamento e fiscalização do uso dos recursos ambientais;
>
> IV - proteção dos ecossistemas, com a preservação de áreas representativas;
>
> V - controle e zoneamento das atividades potencial ou efetivamente poluidoras;
>
> VI - incentivos ao estudo e à pesquisa de tecnologias orientadas para o uso racional e a proteção dos recursos ambientais;
>
> VII - acompanhamento do estado da qualidade ambiental;
>
> VIII - recuperação de áreas degradadas;
>
> IX - proteção de áreas ameaçadas de degradação;
>
> X - educação ambiental a todos os níveis de ensino, inclusive a educação da comunidade, objetivando capacitá-la para participação ativa na defesa do meio ambiente.

Também o art. 225 da Constituição Federal de 1988:

> "Todos têm direito ao meio ambiente ecologicamente equilibrado, bem de uso comum do povo e essencial a sadia qualidade de vida, impondo-se ao poder público e a coletividade o dever de defendê-lo para a presente e futuras gerações.
>
> [...] § 3º As condutas e atividades consideradas lesivas ao meio ambiente sujeitarão os infratores, pessoas físicas ou jurídicas, a sanções penais e administrativas, independentemente da obrigação de reparar os danos causados."

18.1.1 Princípio do desenvolvimento sustentável

O desenvolvimento sustentável deverá estar associado, conforme previsto legalmente, no caso das empresas:

- a prevenção ligada aos investimentos aplicados para eliminação, redução ou minimização dos efeitos negativos de sua atividade sobre o meio ambiente
- a reciclagem, aumentando o ciclo de vida dos produtos (diminuição de dejetos)

Esse princípio remete, em relação à contabilidade, a necessidade de uma gestão ou gerenciamento ambiental, com elaboração de rotinas, processos e procedimentos para promover uma administração eficaz e eficiente na relação das atividades operacionais da empresa com o meio ambiente.

18.2 Gestão Ambiental

A gestão ambiental é baseada na utilização dos recursos naturais de maneira mais adequada possível, e nesse contexto os conceitos de estudo e avaliação do impacto ambiental, a criação de certificações para padronização de atividades e auditoria ambiental.

Entretanto, os resultados não são imediatos o que torna necessário um planejamento e organização e a interiorização da variável ambiental na organização possibilitando atingir a excelência ambiental em um prazo menor.

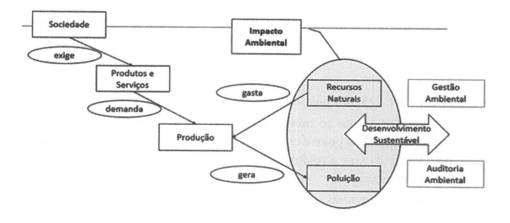

18.2.1 Benefícios da gestão ambiental
Conforme TINOCO, KRAEMER (2011) temos:

Benefícios Econômicos
- Economia de Custos
- Redução do consumo de água, energia e outros insumos
- Reciclagem, venda e aproveitamento de resíduos e diminuição de efluentes
- Redução de multas e penalidades
- Incremento da Receita
- Aumento da contribuição marginal de "produtos verdes" que podem ser vendidos a preços mais altos.
- Aumento da participação de mercado, devido a inovação dos produtos e à menor concorrência
- Linhas de novos produtos para novos mercados
- Aumento da demanda para produtos que contribuem para diminuição da poluição

Benefícios Estratégicos
- Melhoria da imagem institucional
- Renovação da carteira de produtos
- Aumento da produtividade
- Alto comprometimento do pessoal
- Melhoria nas relações de trabalho
- Melhoria da criatividade para novos desafios
- Melhoria das relações com os órgãos governamentais, a comunidade e os grupos ambientalistas
- Acesso assegurado ao mercado externo
- Melhor adequação aos padrões ambientais

18.3 Demonstrações Contábeis
Os mesmos instrumentos utilizados pela contabilidade financeira tradicional são adequados e suficientes para demonstração de fatos ambientais, ou seja, BP, DRE, DRA, DMPL, DVA e Notas Explicativas, além dos relatórios internos da empresa, todos são instrumentos que devem viabilizar as informações de fatos ambientais.

18.4 Plano de Contas Ambiental

O *Plano de Contas da Entidade é único*, e dependendo da sua postura em relação ao meio ambiente a entidade deve apenas separar as contas que sejam de importância "ambiental", das demais contas normais. (tudo dentro do mesmo plano de contas). Essa separação de contas, possibilita a apresentação das demonstrações contábeis mais detalhadas, ficando evidentes, não só os ativos ambientais, bem como os passivos ambientais. Nesse caso, as empresas devem também se preocupar para observar os aspectos sociais e as pressões de organizações para que adotem posturas preventivas, e não só reativas (reparadoras) de eventuais prejuízos causados.

Conforme NBC TE XXX, temos que a *"Contabilidade Ambiental tem o objetivo de identificar, mensurar, reconhecer e divulgar os aspectos econômico-financeiros inerentes aos eventos e às transações relacionados à interação da entidade com o meio ambiente; está inserida no sistema contábil, não se configurando como uma contabilidade à parte".*

Conforme Ferreira (2009) adaptado pelo autor pode-se propor o seguinte modelo de plano de contas, considerando somente as informações ambientais a serem inseridas no plano de contas normal da empresa:

ATIVO
Ativo Circulante (AC)
  Estoques
    Matéria-prima
- Renovável
- Não Renovável
- Reciclada
- Reutilizável

    Produtos Acabados
- Renovável
- Não Renovável
- Reciclada
- Reutilizável

    Serviços de Sequestro de Carbono
- Sequestro de Carbono em andamento
- Sequestro de Carbono Certificado

Ativo não circulante (ANC)
Realizável a Longo Prazo (RLP)

Praticamente as mesmas contas componentes do ativo circulante, porém com prazos de realização no exercício subsequente

Investimentos
    Certificados Negociáveis
    Reflorestamento para sequestro de carbono
    Direitos sobre recursos naturais

Imobilizado

Ativos usados na produção de bens ou serviços ou usados na recuperação ou proteção ao meio ambiente.

    Tecnologia limpa
    Tecnologia poluente
    Tecnologia de recuperação
    Tecnologia de prevenção
    Tecnologia de conservação
    (-) Depreciação acumulada
    (-) Amortização acumulada
    (-) Exaustão acumulada

Software (quando essenciais ao funcionamento do equipamento. Ex.: sistema operacional Android, Windows etc.)

PASSIVO

Passivo Circulante (PC)

    Provisão para contingências ambientais:
        Meio ambiente a recuperar
            Contingências de impactos causados pela água
            Contingências de impactos causados pelo solo
            Contingências de impactos causados pelo ar
        Indenizações por doenças causadas
            Contingências de impactos causados pela água
            Contingências de impactos causados pelo solo
            Contingências de impactos causados pelo ar
        Multas prováveis
            Contingências de impactos causados pela água
            Contingências de impactos causados pelo solo

Contingências de impactos causados pelo ar
Aposentadorias precoces
Contingências de impactos causados pela água
Contingências de impactos causados pelo solo
Contingências de impactos causados pelo ar
Compensações diversas
Contingências de impactos causados pela água
Contingências de impactos causados pelo solo
Contingências de impactos causados pelo ar

Passivo não circulante (PNC)

Praticamente as mesmas contas componentes do passivo circulante, porém com prazos de vencimento no exercício subsequente.

Patrimônio Líquido (PL)

Reserva para contingências ambientais esperadas

Com relação a Despesas, Custos e Receitas temos conforme Ferreira (2009):

Custos Ambientais

Custo do serviço de sequestro de carbono

Degradação Produzida

Despesas Ambientais

Recuperação de áreas degradadas
Degradação do ar
Degradação do solo
Degradação da água
Depreciação de equipamentos
Tecnologia limpa
Tecnologia poluente
Tecnologia de limpeza
Tecnologia de prevenção de emissão de resíduos
Tecnologia de mitigação
Tecnologia para conservação de recursos

Outras despesas ambientais
Prevenção
Treinamento

Indenizações a terceiros
Receitas Ambientais
De serviços ambientais
De venda de certificados de redução de emissões
De venda de material reciclado.

18.5 Conceitos

- **Ativo Ambiental** – é o recurso controlado pela entidade, cujos benefícios futuros esperados estejam diretamente associados com a proteção do meio ambiente, ou com a recuperação daquele já degradado. Incluem-se também as áreas nativas mantidas para conservação.

    ◊ Não se confunde com ativo ambiental aquele cujo objetivo principal esteja ligado ao processo produtivo e que opera com menor grau de agressividade ao meio ambiente (tecnologia limpa). Entretanto, embora não se caracterizando como ambiental, tal ativo também deve ter um subgrupo segregado dentro do grupo de ativos operacionais.

- **Compensação Ambiental** – é o benefício concedido à comunidade para minimizar os efeitos da agressão provocada pela atividade da entidade.

- **Contingência Ambiental** – é o risco de natureza ambiental a que se sujeita a entidade em função de sua interação com o meio ambiente. Tal risco envolve aspectos econômico-financeiros e sua definição depende de fato futuro.

- **Crédito de Carbono**[33] – é um certificado que comprova que uma tonelada de dióxido de carbono (CO_2) deixou de ser emitida para a atmosfera. Ao comprar esses créditos, você está investindo em projetos que visam capturar o excesso de dióxido de carbono, reduzindo assim o efeito estufa e o aquecimento global.

- **Custo Ambiental** – são consumos de recursos incorridos e reconhecidos pela entidade relacionados ao processo produtivo que tenham por objetivo mitigar e prevenir danos ambientais causados pelas atividades operacionais ou outros consumos vinculados à produção.

- **Despesa Ambiental** – são gastos gerais que tenham relação com o meio ambiente, realizados no período, e que não estejam relacionados especificamente com o processo produtivo da entidade.

---

33 Tratamento contábil dos créditos de carbono – uma análise a luz das normas do Comitê de Pronunciamentos contábeis – vide referências bibliográficas

- **Estudo Prévio de Impacto Ambiental (EIA)** – é a análise ampla e profunda dos impactos ambientais e das medidas mitigadoras ao meio ambiente apresentadas em virtude do funcionamento de empreendimento de acordo com a legislação ambiental vigente.
- **Impacto ambiental** – é qualquer alteração, positiva ou negativa, das propriedades do meio ambiente causada por entidade, comparativamente com a situação existente antes do início de determinada atividade.
- **Impacto ambiental positivo ou mitigação ambiental** – refere-se às medidas realizadas pela entidade com objetivo de reduzir os danos ou a degradação ambiental causada ao meio ambiente em decorrência das suas atividades.
- **Impacto ambiental negativo** – refere-se aos danos ou à degradação causada ao meio ambiente em decorrência das atividades da entidade.
- **Interação da entidade e meio ambiente** – é a entrada e a saída de recursos da entidade para o meio ambiente e vice-versa durante o desenvolvimento das atividades operacionais, como, por exemplo, na extração de matérias-primas ou descartes de resíduos e embalagens de produtos e insumos.
- **Meio ambiente** – é o conjunto de condições, leis, influências e interações de ordem física, química e biológica, que permite, abriga e rege a vida em todas as suas formas.
- **Obrigação construtiva** – é a obrigação assumida pela organização de origem ética e moral, decorrente da conscientização oriunda de sua responsabilidade para com o meio ambiente.
- **Passivo ambiental** – são obrigações para com terceiros resultantes de impactos causados ao meio ambiente. Pode se constituir na obrigação de recuperação de áreas degradadas, indenização de terceiros em função dos efeitos de danos ambientais, obrigações de criar meios de compensação para minimizar danos ambientais e, ainda, multas e penalidades semelhantes por infração à legislação ambiental.
- **Receita de serviço ambiental** – envolve, exclusivamente, os serviços de preservação ou conservação, no estado natural, de elementos da natureza como água, ar, flora ou fauna, isoladamente ou em conjunto.
- **Receita pró-ambiental** – são decorrentes de atividades executadas pela entidade e que têm por finalidade a redução dos impactos ambientais provocadas por suas atividades.
- **Recuperação ambiental** – são esforços realizados para restabelecimento das condições naturais ou minimização dos efeitos nocivos provocados pela atividade da entidade.
- **Serviço ambiental** – são prestações de serviços para manutenção de florestas, visando criar condições para que estas possam conservar a biodiversidade,

propiciar estabilidade climática e contribuir para o equilíbrio natural, entre outros benefícios.

18.6 Exercícios Resolvidos

Exercício 1

Muitos são os aspectos que levam as empresas a se preocupar com o Meio Ambiente, principalmente de alguns anos para cá. Isso decorre de uma série de ocorrências (positivas e negativas), não só no Brasil, mas em todo o mundo. Dentre as alternativas abaixo, qual aspecto não teria influência (ao menos imediata) em relação à preocupação ambiental por parte das empresas e dos empresários:

a) Legislações reguladoras

b) Redução dos investimentos

c) Desastres ecológicos

d) Boicote de consumidores

e) Ataques da opinião pública

Exercício 2

O desenvolvimento sustentável nas empresas deve estar associado, conforme previsto em alguns princípios. Quais das afirmativas abaixo estão corretas em relação às empresas que procuram um desenvolvimento sustentável:

I. a prevenção ligada aos investimentos aplicados para eliminação, redução ou minimização dos efeitos negativos de sua atividade sobre o meio ambiente.

II. o aumento do ciclo de vida dos produtos.

III. a diminuição de dejetos.

Estão corretas somente as alternativas:

a) somente I e II

b) somente II e III

c) I, II, III

d) somente I e III

e) nenhuma está correta

Exercício 3

Após décadas de problemas ambientais decorrentes de uma preocupação com a produtividade, que era o grande objetivo das empresas, estas, por questões diversas se viram direcionadas para um novo desafio: a importância da questão ambiental (tanto para os órgãos ambientais quanto para a sociedade). No âmbito das empresas, um novo tipo de ferramenta surgiu para dar conta dessa necessidade. Qual o nome mais apropriado para essa ferramenta:

a) *gestão ambiental*
b) gestão contábil
c) impacto ambiental
d) auditoria externa
e) políticas públicas

Exercício 4

Dentre os benefícios da gestão ambiental temos os benefícios econômicos e benefício estratégicos. Das alternativas abaixo, escolha aquela em que todos os itens se relacionem a **benefícios econômicos**:

a) Reciclagem, venda e aproveitamento de resíduos e diminuição de efluentes; Linhas de novos produtos para novos mercados; Melhoria nas relações de trabalho

b) Melhoria da imagem institucional; Aumento da produtividade; Alto comprometimento do pessoal

c) Renovação da carteira de produtos; Redução do consumo de água, energia e outros insumos; Aumento da participação de mercado, devido a inovação dos produtos e à menor concorrência

d) Melhoria das relações com os órgãos governamentais, a comunidade e os grupos ambientalistas; Acesso assegurado ao mercado externo; Redução de multas e penalidades

e) Aumento da contribuição marginal de "produtos verdes" que podem ser vendidos a preços mais altos; Aumento da participação de mercado, devido a inovação dos produtos e à menor concorrência; Linhas de novos produtos para novos mercados

Exercício 5

Seguindo a mesma linha da questão anterior, dentre os benefícios da gestão ambiental temos os benefícios econômicos e benefício estratégicos. Das alternativas abaixo, escolha aquela em que todos os itens se relacionem a benefícios estratégicos:

a) Reciclagem, venda e aproveitamento de resíduos e diminuição de efluentes; Linhas de novos produtos para novos mercados; Melhoria nas relações de trabalho

b) Melhoria da imagem institucional; Aumento da produtividade; Alto comprometimento do pessoal

c) Renovação da carteira de produtos; Redução do consumo de água, energia e outros insumos; Aumento da participação de mercado, devido a inovação dos produtos e à menor concorrência

d) Melhoria das relações com os órgãos governamentais, a comunidade e os grupos ambientalistas; Acesso assegurado ao mercado externo; Redução de multas e penalidades

e) Aumento da contribuição marginal de "produtos verdes" que podem ser vendidos a preços mais altos; Aumento da participação de mercado, devido a inovação dos produtos e à menor concorrência; Linhas de novos produtos para novos mercados

Gabarito dos exercícios propostos

1.10 1 C; 2 C; 3 E; 4 C
2.7   1 D; 2 E; 3 $ 15; 4 ($ 5); 5 $ 5; 6 D
3.6   1 $ 20; 2 AC $ 130 ANC $ 100; 3 B; 4 C; 5 D

4.2
1) a)

Caixa	10.000	Capital	12.000
Equipamentos	2.000		
Total	**12.000**	**Total**	**12.000**

b)

Caixa	10.000	Fornecedores	8.000
Mercadorias	8.000	Capital	12.000
Equipamentos	2.000		
Total	**20.000**	**Total**	**20.000**

c)

Caixa	16.000	Fornecedores	8.000
Mercadorias	4.000	Capital	12.000
Imóveis	2.000	Lucros Acumulados	2.000
Total	**22.000**	**Total**	**22.000**

Receita de Vendas	6.000
Custo da Mercadoria Vendida	4.000
Resultado do Exercício	**2.000**

2) a)

Caixa	5.000	Capital	5.000
Total	5.000	Total	5.000

b)

Caixa	3.000	Capital	5.000
Imóveis	2.000		
Total	5.000	Total	5.000

c)

Caixa	3.000	Contas a pagar	1.500
Instalações	1.500		
Imóveis	2.000	Capital	5.000
Total	6.500	Total	6.500

d)

Caixa	4.000	Contas a pagar	1.500
Instalações	1.500		
Imóveis	1.000	Capital	5.000
Total	6.500	Total	6.500

e)

Caixa	3.500	Contas a pagar	1.000
Instalações	1.500		
Imóveis	1.000	Capital	5.000
Total	6.000	Total	6.000

5.8 1 C; 2 A; 3 C; 4 A
6.3 1 D; 2 A
8.3 1

Livro Diário

São Paulo, 20 de dezembro de 2021		
Contas	Histórico	Valor em R$
D- Mercadorias C- Fornecedores	Compra 100 caixas de macarrão extrafino nº 5 da marca O Melhor conforme NF 123456 do fornecedor y CNPJ.....	300,00

Livro Razão

Nome da Conta: *Mercadorias*			
Contas	Histórico	D/C	Valor em R$
20/dez/21	Compra 100 caixas de macarrão extrafino nº 5 da marca O Melhor conforme NF 123456 do fornecedor y CNPJ.....	D	300,00

Nome da Conta: *Fornecedores*			
Contas	Histórico	D/C	Valor em R$
20/dez/21	Compra 100 caixas de macarrão extrafino nº 5 da marca O Melhor conforme NF 123456 do fornecedor y CNPJ.....	C	300,00

Referências Bibliográficas

ALMEIDA, M.C. Curso básico de contabilidade. 6ª ed. São Paulo. Editora Atlas. 2010.

ALMEIDA, J.E.F. Contabilidade de pequenas e médias empresas. Rio de Janeiro. Elsevier Editora Ltda. 2014.

ANTONOVZ, T. Contabilidade ambiental. Curitiba. Ed. Intersaberes. 2014.

ARAÚJO, A.M.P; ASSAF NETO, A. Aprendendo contabilidade. Ribeirão Preto. Inside Books Ltda. 2010.

ARAÚJO, I.P.S. Introdução à contabilidade. 3ª ed. São Paulo. Editora Saraiva. 2009.

BRASIL. Resolução CFC nº 774/94. Conselho Federal de Contabilidade. 1994. Disponível em: <https://www1.cfc.org.br/sisweb/SRE/docs/RES_774.pdf>. Acessado em: 16 de novembro de 2021.

_____. Decreto 3.048/99. Regulamento da Previdência Social. Casa Civil da Presidência da República. 1999. Disponível em: <http://www.planalto.gov.br/ccivil_03/decreto/d3048compilado.htm>. Acessado em: 03 de janeiro de 2022.

BRUNI, A.L. A administração de custos, preços e lucros com aplicações na HP12C e Excel. 5ª ed. São Paulo. Editora Atlas. 2012.

CFC Pronunciamentos. Disponível em: http://www.cpc.org.br/CPC/Documentos-Emitidos/Pronunciamentos. Acessado em: 25 de novembro de 2021.

COMITÊ DE PRONUNCIAMENTOS CONTÁBEIS. Conheça o CPC. Disponível em: http://www.cpc.org.br/CPC/CPC/Conheca-CPC. Acessado em: 18 de novembro de 2021.

___. Pronunciamento técnico CPC 00 R2. Estrutura Conceitual para Relatório Financeiro. 2019. Disponível em: http://static.cpc.aatb.com.br/Documentos/573_CPC00(R2).pdf. Acessado em: 10 de dezembro de 2021.

___. Pronunciamento Técnico CPC 12. Ajuste a valor presente. 2008. Disponível em: http://static.cpc.aatb.com.br/Documentos/219_CPC_12.pdf. Acessado em: 20 de dezembro de 2021.

___. Pronunciamento técnico CPC 16. Estoques. 2009. Disponível em: http://static.cpc.aatb.com.br/Documentos/243_CPC_16_R1_rev%2013.pdf. Acessado em 23 de dezembro de 2021.

___. Pronunciamento técnico CPC 26 R1. Demonstrações Contábeis. 2011. Disponível em: http://static.cpc.aatb.com.br/Documentos/312_CPC_26_R1_rev%2014.pdf. Acessado em: 10 de dezembro de 2021.

_____. Pronunciamento técnico CPC 27. Ativo Imobilizado. 2009. Disponível em: http://static.cpc.aatb.com.br/Documentos/316_CPC_27_rev%2014.pdf. Acessado em 22 de dezembro de 2021.

_____. Pronunciamento Técnico CPC 28 rev 12. Propriedade para investimento. 2009. Disponível em: http://conteudo.cvm.gov.br/export/sites/cvm/menu/regulados/normas-contabeis/cpc/CPC_28_rev_12.pdf. Acessado em: 20 de dezembro de 2021.

_____. Pronunciamento técnico CPC 29. Ativo Biológico e Produto Agrícola. 2009. Disponível em: http://static.cpc.aatb.com.br/Documentos/324_CPC_29_rev%2019.pdf. Acessado em: 26 de dezembro de 2021.

_____. Pronunciamento técnico CPC 38. Instrumentos Financeiros: Reconhecimento e Mensuração. 2009. Disponível em: http://static.cpc.aatb.com.br/Documentos/406_CPC_38_rev%2017.pdf. Acessado em: 28 de dezembro de 2021

_____. NBC TE XXX interação da entidade com o meio ambiente. Disponível em: http://www.cfc.org.br/uparq/nbc_te_interacao_da_entidade_meio_ambiente.pdf. Acesso em: indisponível em 7 de janeiro de 2022.

CRCSC. História da contabilidade. Conselho Regional de Contabilidade de Santa Catarina. Disponível em http://www.crcsc.org.br/pagina/view/6. Acessado em: 4 de 2021.

DSI Publicações. Fatos contábeis: Permutativos, Modificativos e Mistos. Disponível em: https://dsipublicacoes.com.br/fatos-contabeis-permutativos-modificativos-e-mistos/. Acessado em: 19 de novembro de 2021.

EBRACON. Patrimônio líquido é passivo? Disponível em: http://www.ebracon.com.br/artigos/27/patrimonio-liquido-e-passivo. Acessado em: 5 de dezembro de 2021.

FERREIRA, A.C.S. Contabilidade Ambiental – Uma informação para desenvolvimento sustentável. 2ª ed. São Paulo, Ed. Atlas. 2009.

FRANCO, H. Contabilidade Geral. 23ª ed. São Paulo. Editora Atlas. 1997.

GUERRA, L. Contabilidade descomplicada. 2ª ed. São Paulo. Editora Atlas. 2010.

IUDÍCIBUS, S. et al. Contabilidade introdutória. 11ª ed. São Paulo, Editora Atlas. 2010.

LEMES, S.; CARVALHO, L.N. Contabilidade internacional para graduação: texto, estudos de casos e questões de múltipla escolha. São Paulo. Editora Atlas. 2010.

MONTOTO, E. Contabilidade geral e avançada. 6ª ed. São Paulo. Editora Saraiva. 2019.

MULLIS, D.; Orloff, J. *The accounting game – Updated and Revised – Basic accounting fresh from the lemonade stand.* Illinois. Sourcebooks. 2008.

PADOVEZE, C.L. Manual de Contabilidade Básica. 8ª. ed. São Paulo. Editora Atlas. 2012.

PORTAL TRIBUTÁRIO. PIS e COFINS. Disponível em: http://www.portaltributario.com.br/guia/pis_cofins.html. Acessado em 10 de dezembro de 2021

SANTOS, J.L. Contabilidade Geral. 4ª ed. São Paulo. Editora Atlas. 2014.

SANTIAGO, E. Falência, Recuperação judicial e extrajudicial. Disponível em: https://www.infoescola.com/direito/falencia-recuperacao-judicial-e-extrajudicial/. Acessado em: 15 de dezembro de 2021.

SEFAZ-RJ. Quais são os Livros Fiscais? Disponível em: http://www.fazenda.rj.gov.br/sefaz/faces/menu_structure/legislacao/legislacao-tributaria-basica-navigation/folder/basicaEstadual?_afrLoop=59248867879917258&datasource=UCMServer%23dDocName%3A98593&_adf.ctrl-state=4bbdiazmk_90. Acessado em: 17 de novembro de 2021.

TINOCO, J.E.P.; KRAEMER, M.E.P. Contabilidade e gestão ambiental. 3ª ed. São Paulo: Atlas, 2011.

UHLMANN, V.O. et al. Tratamento contábil dos créditos de carbono – Uma análise à luz das normas do Comitê de Pronunciamentos Contábeis. Disponível em: <cbc,+XVIIICongresso_artigo_0245.pdf>. Acessado em: 08 de janeiro de 2022. XVIII Congresso Brasileiro de Custos – Rio de Janeiro – RJ, Brasil, 07 a 09 de novembro de 2011.

Índice Remissivo

A

Abatimentos sobre vendas *166*
Ações em tesouraria *44, 68, 73, 74, 136*
Adiantamento a fornecedores *40, 73, 74*
Ágio *43, 76, 260*
Ajuste de avaliação patrimonial *43*
Amortização *33, 41, 210, 217, 219, 237, 247, 260*
Aplicações financeiras *20, 260*
Ativo *16, 17, 21, 26, 28, 31, 32, 33, 34, 35, 36, 38, 39, 40, 41, 42, 46, 47, 48, 49, 52, 55, 60, 61, 62, 65, 67, 76, 77, 78, 79, 80, 94, 105, 109, 110, 111, 112, 113, 119, 128, 130, 132, 135, 136, 139, 142, 143, 144, 147, 148, 151, 153, 155, 168, 170, 171, 174, 178, 184, 185, 190, 192, 214, 217, 218, 219, 220, 226, 230, 246, 249, 258, 260*
Ativo circulante *39, 40, 50, 60, 61, 62, 65, 80, 143, 144, 147, 148, 246, 247*
Ativo não circulante *40, 41, 148, 246*
Ativo realizável a longo prazo *60, 61, 62*
Ativo imobilizado *43, 60, 63, 214, 217, 218, 226, 258*
Ativo intangível *63, 219, 220, 226, 233, 234*
Avaliação do ativo *65*
Avaliação do passivo *65*

B

Balancete de verificação *105, 115, 120*
Balanço patrimonial *23, 24*
Balanços sucessivos *52, 56, 57, 93, 106, 108, 112*
Bancos *10, 12, 20, 39, 40, 46, 48, 105, 122, 125, 126, 127*
BP *9, 23, 24, 25, 26, 33, 39, 44, 52, 55, 56, 57, 60, 72, 77, 79, 93, 96, 104, 107, 108, 109, 110, 111, 112, 113, 117, 119, 120, 121, 130, 132, 135, 137, 139, 142, 151, 153, 155, 168, 170, 172, 184, 188, 190, 192, 213, 215, 216, 219, 220, 230, 245*

C

Caixa *9, 20, 22, 35, 39, 40, 44, 46, 47, 49, 50, 51, 52, 53, 54, 55, 56, 57, 58, 59, 61, 73, 79, 80, 89, 97, 101, 102, 105, 108, 109, 110, 111, 112, 113, 118, 119, 120, 121, 122, 124, 125, 126, 127, 128, 129, 130, 131, 132, 133, 134, 135, 137, 138, 139, 140, 141, 142, 150, 151, 152, 153, 154, 155, 166, 167, 168, 169, 170, 173, 174, 175, 176, 177, 182,*

Índice Remissivo   261

183, 184, 185, 189, 190, 191, 192, 200, 204, 205, 214, 219, 229, 230, 231, 234, 235, 236, 254, 255
Caixa flutuante *44*
Capital nominal *69*
Ciclo operacional *38*
Capital social *43, 46, 48, 49, 50, 52, 53, 54, 55, 59, 60, 67, 69, 70, 71, 74, 75, 76, 77, 81, 105, 107, 108, 109, 110, 111, 113, 117, 118, 120, 130, 132, 138, 150, 153, 155, 196, 228, 229, 231, 235, 236, 241*
Clientes *20, 39, 42, 46, 47, 48, 50, 53, 54, 73, 74, 79, 80, 88, 89, 105, 108, 109, 124, 129, 130, 137, 138, 139, 140, 141, 142, 150, 172, 173, 235, 236*
Comitê de pronunciamentos contábeis *3, 10, 249, 257, 259*
CMV *34, 37, 56, 83, 84, 85, 91, 92, 115, 117, 118, 119, 120, 121, 138, 139, 140, 142, 144, 146, 148, 149, 150, 151, 152, 153, 154, 155, 156, 158, 159, 160, 161, 162, 163, 164, 165, 166, 167, 168, 169, 170, 171, 182, 183, 184, 187, 189, 190, 191, 192, 237*
Contabilidade ambiental *257*
CPC *2, 3, 4, 5, 6, 10, 17, 23, 24, 34, 35, 36, 39, 40, 41, 42, 44, 45, 47, 48, 61, 64, 65, 66, 67, 77, 81, 83, 84, 123, 124, 135, 143, 145, 147, 217, 222, 223, 225, 226, 227, 233, 236, 238, 257, 258*
Custo das mercadorias vendidas *34*
CVM *3, 4, 8, 10, 11, 16, 71, 226*
Custo histórico *15, 65, 66*
Custos e Despesas *133*

D

Debêntures *42, 78, 79*
Deduções *83, 84, 85, 195*
Depreciação *33, 41, 47, 48, 73, 74, 115, 210, 211, 213, 214, 215, 217, 235, 236, 237, 247, 248*
Deságio *33, 43*
Descontos concedidos *35*
Despesas *9, 34, 36, 37, 42, 82, 83, 84, 85, 86, 87, 90, 91, 105, 107, 114, 115, 119, 122, 123, 125, 126, 128, 129, 130, 131, 132, 133, 136, 138, 139, 140, 141, 142, 146, 149, 152, 153, 154, 155, 156, 168, 170, 171, 176, 183, 184, 190, 192, 199, 204, 205, 214, 248*
Devoluções *83, 84, 166*
DFC *9, 23, 24, 124, 135, 229, 232, 233, 234, 235, 239*
Disponível *6, 7, 13, 39, 46, 47, 48, 136, 202, 242, 257, 258, 259*
Dividendos *33, 42, 71, 72, 73, 74, 86, 229*
DLPA *23, 229*
DMPL *24, 135, 226, 227, 228, 229, 245*
DRA *24, 135, 225, 226, 245*
DRE *9, 23, 24, 34, 52, 81, 82, 83, 84, 85, 87, 88, 89, 90, 91, 92, 119, 121, 131, 133, 135, 137, 140, 142, 149, 152, 154, 156, 168, 171, 183, 184, 188, 190, 192, 194, 225, 226, 229, 230, 235, 237, 238, 239, 240, 245*

Duplicatas *20, 39, 42, 46, 47, 48, 75, 76, 78, 94, 105, 108, 111, 119, 121, 124, 235*
DVA *23, 87, 236, 237, 238, 239, 240, 245*

E

Empréstimos *20, 42, 49, 69, 78, 79, 80, 136, 138, 139, 140, 141, 142, 236*
Equivalência *41, 86, 238*
Estoques *20, 40, 45, 47, 58, 59, 143, 144, 147, 166, 177, 235, 236, 246, 257*
Exaustão *33, 41, 73, 74, 78, 220, 237, 247*
Exercício social *24, 38, 61, 234*

F

Fair-value *66*
Fato gerador *122*
Financiamento *49, 50, 53, 54, 108, 112, 113, 118, 136, 154, 155, 178, 194, 196, 235*
Fornecedores *11, 20, 42, 46, 47, 49, 50, 53, 54, 56, 57, 73, 74, 75, 76, 79, 80, 94, 108, 109, 111, 118, 119, 121, 125, 138, 139, 140, 141, 142, 235, 254, 256*

I

Impairment *66*
ICMS *21, 83, 84, 85, 91, 117, 178, 179, 181, 182, 183, 184, 185, 186, 187, 188, 189, 190, 191, 192, 193, 194, 195, 196, 197, 237*
Imobilizado *32, 41, 46, 47, 48, 60, 63, 75, 80, 135, 136, 212, 214, 215, 217, 218, 226, 235, 236, 247, 258*
Investimento *3, 46, 47, 60, 219, 220, 235*
Inventário permanente *148, 149, 156, 160, 169*
Inventário periódico *148, 156, 160, 169*
IPI *22, 85, 89, 178, 179, 181, 186, 187, 188, 190, 191, 192, 194, 195, 196, 237*
IR *75, 76, 83, 84, 123, 171, 194*
IRPJ *194, 195, 196, 197*
ISS *83, 84, 85, 88, 89, 178, 181, 195, 196, 197*

L

Lucro *9, 10, 43, 56, 60, 68, 82, 83, 84, 85, 88, 91, 114, 118, 119, 134, 138, 139, 140, 141, 151, 186, 194, 195, 196, 197, 198, 235, 236*

M

Método das partidas dobradas *103*
Método direto *231*
Método dos balanços sucessivos *52, 106, 108, 112*
Método indireto *232, 234*
MPF *156, 160*
MPM *156, 159, 160, 161, 163*

N

Notas Explicativas *4, 24, 104, 245*

O

Origem dos recursos *77*

P

Partidas dobradas *1, 99, 103, 106*
Passivo *15, 16, 17, 26, 27, 28, 31, 33, 34, 35, 36, 38, 41, 43, 46, 47, 48, 49, 52, 55, 60, 64, 65, 67, 69, 75, 76, 77, 78, 79, 105, 109, 110, 111, 112, 113, 119, 128, 130, 132, 135, 136, 139, 142, 151, 153, 155, 168, 170, 171, 172, 174, 184, 185, 190, 192, 231, 247, 248, 250*
Passivo a descoberto *28*
Passivo circulante *26, 27, 41, 43, 60, 64, 247, 248*
Passivo não circulante *43, 65, 248*
Patrimônio líquido *67, 69, 258*
PEPS *156, 157, 158, 159, 160, 162*
Plano de contas *32, 38, 39, 46, 47, 48, 49, 246*
Princípios contábeis *12, 123*
Provisão *33, 39, 42, 78, 79, 81, 88, 89, 146, 171, 247*

R

Razão *22, 93, 101, 102, 106, 199, 256*
Razonetes *93, 106*
Receitas *9, 34, 35, 36, 82, 83, 84, 87, 91, 105, 107, 114, 119, 122, 123, 124, 126, 127, 128, 130, 131, 133, 149, 152, 154, 156, 168, 171, 183, 184, 190, 192, 214, 237, 238, 248, 249*
Regime de caixa *122, 128, 131, 133, 134, 135, 231*
Regime de competência *87, 122, 123, 124, 125, 128, 129, 133, 134, 135, 136, 176, 177, 199, 206, 207, 226, 231*
Reserva *43, 47, 48, 49, 50, 68, 73, 74, 75, 76, 78, 79, 228, 248*

U

UEPS *156, 158, 159, 160, 161, 162*
Usuários *10, 11*

V

Valor de mercado *43, 66, 147, 210*
Valor residual *210, 211, 213, 214*